本书为国家社科基金一般项目：要素市场扭曲下不同地域农民增收路径优化与支持政策创新研究（17BJY110）的结项成果。

YAOSU SHICHANG NIUQUXIA
BUTONG DIYU NONGMIN ZENGSHOU LUJING YOUHUA
YU ZHICHI ZHENGCE CHUANGXIN YANJIU

要素市场扭曲下
不同地域农民增收路径优化
与支持政策创新研究

吴国松 ◎ 著

中国财经出版传媒集团

经济科学出版社
Economic Science Press

图书在版编目（CIP）数据

要素市场扭曲下不同地域农民增收路径优化与支持政策
创新研究/吴国松著. —北京：经济科学出版社，2021.5
ISBN 978－7－5218－2592－3

Ⅰ.①要… Ⅱ.①吴… Ⅲ.①农民收入－收入增长－
研究－中国 Ⅳ.①F323.8

中国版本图书馆 CIP 数据核字（2021）第 095880 号

责任编辑：李　雪　高　波
责任校对：王苗苗
责任印制：王世伟

要素市场扭曲下不同地域农民增收路径优化与支持政策创新研究

吴国松　著

经济科学出版社出版、发行　新华书店经销

社址：北京市海淀区阜成路甲 28 号　邮编：100142

总编部电话：010－88191217　发行部电话：010－88191522

网址：www. esp. com. cn

电子邮箱：esp@ esp. com. cn

天猫网店：经济科学出版社旗舰店

网址：http://jjkxcbs. tmall. com

北京季蜂印刷有限公司印装

710×1000　16 开　17.25 印张　232000 字

2021 年 5 月第 1 版　2021 年 5 月第 1 次印刷

ISBN 978－7－5218－2592－3　定价：76.00 元

（图书出现印装问题，本社负责调换。电话：010－88191510）

（版权所有　侵权必究　打击盗版　举报热线：010－88191661

QQ：2242791300　营销中心电话：010－88191537

电子邮箱：dbts@ esp. com. cn）

前　　言

　　最近十几年，出于促进农民增收的目的，国家制定和实施了一系列农业政策，农民农业收入和非农收入水平均有一定幅度提高。但近十年来中国农民收入年均增长速度仍然较低，不同农民收入差距呈现逐年扩大趋势，而且由于中国农村人口比重大，农民收入增速缓慢，无法拉动中国内需，长期将阻碍中国经济的快速发展，在后疫情时期尤为如此。本书结合中国改革开放和农村社会制度变革，以及中国要素市场发展变革，研究要素市场扭曲下的不同地域农民收入增长路径优化与政策调整，从农民收入的构成、要素市场扭曲的计算、农民收入结构变迁等方面进行量化分析，为相关领域的后续研究奠定基础。

　　本书主要涉及要素市场扭曲背景下，不同地域农民收入增长与结构变动，系统探究要素市场扭曲对不同地域农民收入增长影响的时空演变特征、农民收入增长地域差异的收敛性及深层次原因，探讨要素市场扭曲对农民收入增长的空间影响机制，挖掘不同地域农民收入增长潜力。本书从中国农民收入总水平和四大收入来源视角分析了中国农民收入总体和东部省份、中部省份、西部省份三大地域差异显著的农民收入变化，并着重从中国农民收入结构变迁入手，分析四大收入来源在农民收入总水平提升中的作用，并按照东部省份、中部省份、西部省份分析不同地域农民收入来源结构变化，探讨中国农民收入增长与结构变迁的影响因素。本书采用超越对数函数测算了劳动力和资本市场的扭曲程度，并采用土地出让金收入占财政收入比重去衡量各地区的土地市场扭曲程度。本书得出中国各类要素市场扭曲状况呈现改善的趋势，劳动力市场正向扭曲程度在降低，资本市场则存在负向价格扭曲，资本市场扭曲度在一定时期内大于劳动力市场扭曲程度，土地市场存在较为严重的市场价格扭曲程度。本书测算农业全要素生产率和农业绿色全要素生产率，通过空间计量模型得出农业生产经营效率在一定程度上影响着农民收入，要素市场扭曲对农业生产存在显著的抑制效应，要素市场扭曲对农业全要素生产率和农业绿色全要素生产率的增长都存在显著阻碍效应，并存在一定程度上的空间溢出性。

基于农民收入增长结构调整，本书通过空间滞后模型、空间误差模型、空间效应分解模型进行实证检验，得出制约农民总收入增长及四大来源调整的因素具有显著的空间影响，呈现空间溢出效应，收入来源结构在空间地域上相互影响，农民收入提高受其他地域经济发展环境影响。本书提出，未来一段时间内，要全面提升农业规模经营水平，提高农村市场经济水平，进一步优化地区产业布局，提升地区工业化水平，破除制度障碍，合理合法发挥政府效能，完善各类涉农政策。基于要素市场扭曲下中国农民收入地域差异，采用基尼系数、泰尔指数和对数离差值综合量化分析农民收入地域差异，并运用 Shapley 值分解方法对要素市场扭曲下农民收入地域差异的影响因素进行分解，并测度其贡献度。本书得出农民收入地区差异呈逐年扩大趋势，虽有所波动，但是总体数值趋向于国际收入差距警戒线。不同地区要素市场扭曲对农民收入增长具有显著负向影响，而农村人力资本、农村金融发展规模、农业贸易开放度、农业规模经营水平、地区工业化水平、涉农政策调整等因素均对农民收入增长有显著的正向影响。要素市场扭曲是造成农民收入地域差异扩大的首要因素，涉农政策调整是唯一缩小农民收入地区差异的影响因素，其余因素都在一定程度上扩大了农民收入的地域差异。

本书进一步分析要素市场扭曲下的农民增收空间影响因素，以资本市场扭曲值、劳动力市场扭曲值、土地市场扭曲值和农民收入为核心的解释变量和被解释变量构建普通面板模型和空间面板模型实证分析三大要素市场扭曲对农民收入增长的空间影响。研究表明，农民收入具有较强的空间依赖性，不同地区农民收入存在显著空间关联效应。资本市场、劳动力市场、土地市场等要素市场存在较为严重的市场扭曲对农民收入增长起到显著的阻碍作用。要素市场扭曲不仅对本地区农民收入增长起到抑制作用，还存在显著的空间负向溢出效应，制约着邻近地区农民收入的提升，今后需要进一步理顺各影响因素，充分发挥各类因素增收效能。本书最后全面分析要素市场扭曲下不同地域农民收入变动与结构优化，探讨要素市场扭曲下农民收入总水平增长和不同收入来源变化的地域差异，采用夏普利值分解法量化分析包括要素市场扭曲等七大影响因素对不同地域农民收入差异的贡献率和贡献排序。研究得出农民收入总水平地域差异呈逐年扩大趋势，工资性收入的基尼系数值明显高于家庭经营性收入，农民收入总水平和工资性收入的基尼系数值趋向于国际收入差距警戒线。要素市场扭曲阻碍了不同地域农民总收入及不同来源的收入增长，而其他因素具有显著的增收效应。要素市场扭曲、农村人力资本、地区工业化水平是导致不同地域农民总收入差异和不同收入来源地域差异扩大的前 3 位因素，涉农政策调整能够缩小农民收入总水平和各类收入来源的地域差异。

结合研究结论，要缩小农民收入地域差异，全面提升农民收入总水平，优化农民收入不同来源构成，需要结合各地区经济发展的实际差异化制定相应政策。因此本书提出五个方面的对策建议：

第一，破除制度性障碍，建立持久长效的农民收入增长机制。继续深化资本、劳动力、土地等要素市场改革，加快推进农业供给侧改革，推进农村集体产权制度改革，提高各类要素市场配置效率，改善城乡收入分配格局，构建农民利用和参与市场的路径，不断提高农民的非农工资收入水平，确保农民农业收入和财产性收入稳步增长。架构完善的竞争性要素市场体系，兼顾控制地域收入差异和农民持续增收的利益联结机制，通过深化包括户籍、土地、金融等制度创新在内的要素市场改革，不断优化要素市场资源配置机制，提升资本、劳动力、土地等各类要素市场化水平，充分利用公平合理的市场交易机制促进农民增收。通过深化要素市场改革，不断优化要素市场资源配置机制，提升资本、劳动力、土地等各类要素市场化水平，充分利用公平合理的市场交易机制，发挥各类要素资源配置的市场作用，提升农民参与市场交易的水平。通过明晰各类产权，赋予农民更多的财产权利，完善农村产权交易制度，激活农村"沉睡"资产，保障农民财产在市场交易获得应有价值水平。要通过金融制度改革，提升农业生产经营中的金融资本规模，减少金融漏出效应。大力支持返校农民创业创新，激活潜能，通过各类政策激励更多懂经营、会管理的人扎根农村，增加返乡农民的家庭经营性收入和工资性收入。

第二，继续优化调整涉农政策组合，进一步理顺各类涉农政策的增收机理。对不同地域农民增收受阻所面临的主客观因素，采取差异化的涉农政策，提升不同地域的涉农政策支持的精准性。持续加大涉农政策调整，发挥各项政策对农业农村生产经营的促进作用，大力吸引各类人才回流农村，改善农业高素质人才不足的问题，不断加快农业科技创新，发挥农业高质量发展的科技进步效应。优化各类涉农保障措施，建立现代农业高质量绿色发展的政策体系。大力提升农村人力资本水平，推进农民身份转变，让更多有能力、有想法的人加入农民职业，为现代绿色农业发展奠定人才基础，加快各类涉农绿色技术应用，实现农业绿色经济效应提升。合理合法发挥政府效能，完善各类涉农政策。通过合理的制度设计完善农业补贴制度，有效提升农民转移性收入水平。通过制度创新实现农民增产增收，完善各类政策着力点，实现农业增产增效。进一步优化调整土地制度和金融制度，最大限度地实现农民财产价值。协调不同地区涉农政策，减少地区间的政策竞争，避免短视行为，切实长效提升农民收入。完善区域政策，加快区域协调快速均衡高质量发展。加快区域联动，打破一定范围内的地域行政障碍，发挥各类涉农政策的空间溢出效应，规避消除要素市场流动障碍，调整区域考核标准，实现不同地域农民利益共享联结，避免总体利益受损的区域间竞争，整合区域要素资源，开展区域专业化分工协作。

第三，优化农业生产区域格局，筑牢农民增收基础。持续加大涉农政策调整，充分发挥各类资源要素的空间溢出效应，制定合理区域农业发展战略，通过农业生产技术帮扶和管理经营传授等方式推动东部省份农业生产效率向中西部省份的空间梯度转移。统筹谋划不同地域各类土地资源的开发规划，结合不同地域农业生产经营特点，深化涉农土地制度改革，制定涉农土地流转、使用相关政策，增强农民收入可持续提升的要素资源基础。不同地域依据本地域特点建立统一惠农、支农的各类补贴综合平台，打造公开透明的发放流程，打通各类平台数据通道，实现不同平台间相关数据的共享。运用好国家各类政策，精准足额对涉农相关补贴进行及时发放，确保政策有效性。依据不同地域农业发展实际，加快促进贫困户、低收入农户的收入增长，充分了解不同地域农民增收难的关键所在，通过输血式帮扶搞活农业生产方式，多种方式促使农民广泛参与到各类帮扶措施中，确保转移性支出能够落到实处，最终通过转移性收入来确保农民总收入的增长。包括推动多要素集聚、多产业叠加、多领域联动、多环节增效等，优化调整涉农政策组合，因地制宜提升农业规模经营水平，全面提高农民自身素质，全面提升农业全要素生产率，充分发挥农村金融发展规模效应，为农民增收打下坚实基础。通过各类政策激励各类人才返乡创业，改善农业高素质人才不足，发挥农业高质量发展的科技进步效应，全面均衡中国农业生产总体效率。在"两山"理念指引下，采用绿色生产要素投入组合，有效降低农业生产所带来的环境污染等非期望产出水平，确保农村生态不被破坏，实现农业生态资源价值向经济价值转变，稳步提升农业生态环境效应。

第四，改善农民收入结构，优化农民收入来源。建立健全覆盖不同层级的分级分类教育培训，强化各类涉农政策保障和技能教育培训，加大对返乡就业创业的农民培训教育，丰富农民各类就业技能，促进不同地域农民实现充分就业。依据不同地域资源要素特征，进一步优化营商环境，推动三大产业协调健康发展，提升农民本地非农就业机会，大幅提高农民非农工资性收入。深入推进"三变""三权分置"等集体所有制下的产权制度改革，完善农村各类资源要素的产权交易平台，通过市场机制实现资源要素的市场交易，通过不断深化农村改革，通过市场化交易方式提高农民财产收入所占的份额。通过制度创新组建培育农业现代经营主体，共同参与长期分享集体资产的收益，实现农民财产性收入的持续增长。通过布局调整提高农业生产效率和农业综合效益，不断提升优势农产品质量，引导各地生产具有国际竞争力的特色农产品，适度加强对农业生产的合理支持力度，加大农业基础设施建设，抵御农业生产经营风险，发挥国内外需求市场对农民收入增长的带动作用。完善整合各类农村教育基础工程，消除城乡教育资源投资不均，加大对农村基础教育投入，完善农村各类职业教育和技能培训，提高持续增加农村人力资本，提高农业劳动生产率，扩大农民非农就业渠道，解决农村剩余劳动力转移。不断加大对农业农村生产经营的金融资源投入，采取切实可行的措施，确保农村金融水平的提升，改善农村金融发展效率，引导各类金融机构开展涉农贷款等支农活动，解决农业生产经营规模扩大过程中的资金限制，不断提升农业生产经营规模，发挥农业生产的规模效益，提升各类农业生产要素投入效率。加强自然环境整治与保护投入，全面提升农业规模经营水平。不断优化农业产业结构，发展生态绿色农业，加大对农业新兴产业的培育力度，实现农业身份向农业职业的观念转变，吸引新农人加入、留在农村，用科技改造传统农业，融合农村三大产业，推进农业和旅游业的深度融合，将生态绿色优势转化为生态产业的经济优势。依据不同地域自然禀赋特点大力培养农村新兴绿色高效产业，推进农业生产的生态化、规模化，通过市场风险管理大幅提高农业全要素生产率，通过农业市场竞争能力持续健康保持实现农业持续增产增效，从而增加农民经营性收入。

第五，优化不同地域农民收入结构，挖掘不同地域要素市场化改革对农民收入结构优化的作用。发挥不同地域区位优势，建立现代农业产业体系，推进农业三产融合，实现农业生产价值链的完善，提升农业整体附加值，优化农民收入增长路径。多方助力，进一步降低农民负担，提高农民家庭经营性收入总量，增加土地规模化经营主体的经营性收入，保护农民的土地承包权等财产权利，切实加快"三变"改革进程，增加农民的财产性收入，探索建立要素市场改革进程下的促进农民收入增长和收入来源结构优化的支持补偿机制。通过结构转型升级，壮大实体经济，拓宽就业渠道，因地制宜地持续转移农业就业人口，就地解决农民非农就业需要依靠地区产业发展水平的提高，提升农民工资性收入。离土不离乡，因地制宜发展具有当地优势产业，避免雷同产业布局，加大对农民培训，引导农民就地就业，增加其工资性收入。不同地域要针对已有工业基础和资源要素禀赋，尤其是中西部地区要大力调整产业体系，为农民增加就业岗位，吸引农民参加非农就业，提高工资性收入，进而缩小农民总收入的地域差异。继续保持农村义务教育水平，不断扩大对农民的各类培训，全面提升农民自身素质，使农民具备农业就业和非农就业的基本技能，为缩小地域差异积淀人力资本。不断挖掘农业产业内部的各种增收路径潜力，调整优化农业生产经营结构，依据市场规律和资源要素等特点将农业生产调整为生产各类市场紧缺的农产品，以及各类优质特色农产品，通过创设品牌培养优势特色农产品，通过延伸价值链和产业链不断提高各类农产品市场价值，拓展农业增值增效空间。因地制宜提升农业规模经营水平，加大对农业技术研发投入支持力度，加快土地流转规模，全面提升农业全要素生产率，让部分农民获得稳定的农业生产经营收益，优化农民收入构成。大力扶持各类农民创业创新，给予各类扶持补贴，通过培育新农人带动农业经济增长，充分发挥新农人敢闯敢拼的创业创新的自身优势，拓宽其获得收入的来源渠道。建立健全各类涉农产业政策，着力推进各类小城镇建设，延长涉农产业链和价值链，结合地域特色加快各类地区产业建设力度，大力发展能广泛吸纳非农就业的第二、第三产业，促使剩余劳动力本地非农就业，增加农民非农就业选择机会。

本书在撰写过程中，借鉴参考了国内外大量相关文献，均已在参考文献中一一列出，如有疏漏，敬请相关作者谅解并表示最诚挚的歉意。

由于作者学术水平和学识有限，本书难免存在一些缺陷与不足，恳请读者批评与指正，不胜感激。

吴国松

2021 年 5 月

目　　录

第1章 导 论

1.1 研究背景与意义

中国幅员辽阔，各地人文自然地理环境差异明显，地域地理条件、资源禀赋、经济和社会发展存在巨大地域差距。地理要素作为区域经济发展的天然起点，显著制约甚至决定其经济发展水平，区域经济发展经常显示出一定的地理特征（见表1-1）。

表1-1　　　　　　　要素的地域划分

要素种类	地域要素	非地域要素
内涵	一个地域固有的各种要素禀赋	普遍存在可跨地域移动
包含内容	天然地理要素：区位、气候条件、自然资源禀赋状况等 后天固化人文社会要素：文化习惯、制度政策等	可移动的资本、劳动力等
特征	非流动性、不可复制性、不可替代性、排他性、动态性	可移动性、短期可变性

中国不同地域农村地区的地理条件和自然环境差异较大，改革开放以来，农村地区各类惠农发展政策地域差异性，虽然极大提高了农民生产积极性，农村原有的各种资源要素得到充分利用，农民收入也在提高。但由于地域自然条件存在差异，在一定程度上造成了农民收

入的地域差异。目前，不同地域的农民收入水平出现了发展不协调的问题，不同地域农民收入差距也呈现出不断加大的趋势。而这些差距的存在为实现我国农民收入稳步增长、协调发展，以及缩小地域间农民贫富差距，带来了一定困难。不同地域的农民收入增长的地域空间分布、演化等研究，对于深刻认识农民收入不同地域的时空差异具有一定意义，并为解决由此引发的一系列地域间农村发展不平衡问题提供了依据。因此，深入研究不同地域农民收入增长的来源、影响因素、潜力等，对于统筹解决一系列"三农"问题具有重要意义。

中国不同地域农民收入增长差异表面上反映的是不同地域农民收入增长和来源问题，实质上则涉及不同地域农村经济社会发展的道路和模式问题。自然地理、历史和政策可以增进理解不同地域农民收入增长，以及由此带来的地域间农民收入水平的初始差异。但目前，中国不同区域的经济运行在日趋不平衡的背景下，仍然恪守整齐划一的农业农村政策，而不是根据不同地域经济发展的现实差异，因地制宜地调整农村政策调控的力度和方式，不利于缩小原本存在的地域间农民收入初始差异。因中国地域各自不同的人文自然资源要素禀赋在发展中不断分化，地域间农民的收入差距呈现不断扩大趋势。而区域经济发展微观上以地缘、人缘、业缘为纽带，地理空间和社会空间都是难以分割的主客体单元，经济行为在自组织机制下的行为会发生自动演化。因此，促进地域发展的相关政策措施应该因地域自然地理、人文地理和经济地理的差异而呈现个性化和差异化。造成农民收入增长地域差距的主要原因有：要素投入、经济结构、政策和制度因素、地理位置和资源禀赋等。现有研究认为，通过对一定地域范围内的因长期经济发展过程中人类经济活动和区位选择的累积结果的地域自然要素、经济要素的相对区位关系和分布形式等研究，可以较为精确地反映出区域农业经济空间格局。事实上，目前我国农业要素禀赋条件整体上呈现出土地、劳动力要素变得愈发稀缺，且价格不断上升，资本要素所占比重呈现逐步增长的变化趋势。但地域间的农业要素禀赋条件及其变化存在明显差异。地域农业经济的空间格局变化是由自然、社会、经济、生态要素的空间趋同与分异引起的，传统的度量方法因忽视空间位置的影响而无法真正反映地域差异变化的空间特征。进而源于地域差异的资源要素禀赋则决定了地域农业发展的基础条件，相关的区域发展政策同时影响着要素的空间配置，区域经济平衡发展与区域差异协调问题，是"三农"差异化区域政策制定关注的重点。

最近十几年来，出于促进农民增收目的，国家制定和实施了一系列农业政策，农民农业收入和非农收入水平均有一定幅度提高。但近十年来，中国农民收入年均增长速度仍然较低，不同农民收入差距呈现逐年扩大趋势，而且由于中国农村人口比重大，农民收入增速缓慢导致其无法拉动中国内需，并将长期阻碍中国经济的快速发展，在后经济危机时期尤为如此。同时，地域间人文自然资源禀赋的差异会引发各地农村经济发展不平衡，进而又会导致自然资源和生产要素的大规模跨区域流转。由于不同地域农村生产要素分布的不均衡和各地域长期生产发展的结构、规模、水平的不同，各地域在流量经济要素（如物资、资本、劳动力、信息技术水平等）和非流量经济要素（土地、资源等）方面都有很大差异，要素市场和要素配置对于经济发展起着至关重要的作用。不同地域间的农村要素市场不完全和要素配置不合理都会导致地域经济关系扭曲，影响经济运行效率，而且还可能引起一系列矛盾，带来许多社会问题。农村发展与区域资源条件有着密切的关系，尤其作为农村发展基础的土地资源、水资源、生物资源等对农村经济的发展有着较强的作用力。地域间资源的数量、质量与开发利用状况不仅决定了农村经济发展的水平、结构，且在很大程度上反映了农村经济发展条件的优势和潜力，而包含产业结构、就业结构、土地利用结构在内的农村产业结构的不同，体现了农村经济发展的质态，是农村发展地域差异主要表现形式之一。农民收入表现出地域性的差异，这是因为农民收入受到农村区域经济环境的影响。因此，厘清并进一步辨析影响不同地域农民增收的因素，甄别影响区域农民收入差异的路径，对于科学制定农村和农业发展政策，有效促进农民增收，缩小农民收入地域差异具有重要现实意义。

蔡昉等（2001）等研究认为：生产要素市场，特别是劳动力市场发育滞后，导致资源配置扭曲情况在不同地区间存在差异。由于自然人文要素区域间流动和聚集的不均衡状况，已经严重影响农村经济可持续增长。因此，探究地域要素市场和要素配置等问题，通过科学的途径和方法实现要素合理配置，实现地域农村经济协调增长已成为当前学界和政府关注的焦点。当前，由于地域性、政策性和制度性障碍，劳动力、土地、资本等各类生产要素还不能按照市场的信号，无条件配置到效益较高的环节和领域，因而极大地限制着农民收入的增长。

经典理论研究收入分配与增长的分析框架隐含着两点前提：第一，制度是不变的，或者至少是稳定的；第二，要素市场管理体制比较完善，要素配置方式完全市场化。但目前，中国要素的市场化严重滞后于产品市场化，要素市场化水平仍然很低，出现要素市场化与产品市场"不对称"的现象。目前，中国的劳动力资源、土地资源等生产要素市场仍然是高度扭曲的，劳动力市场的不完全、土地和资本市场的市场运行机制缺失，都将对农民收入水平提高和收入来源结构调整产生影响，进而制约农民福利的改善。近期，国内外学者关注了要素市场不完全对农民收入的影响（Daudey et al.，2007），要素市场扭曲已经成为阻碍农民收入增长的重要障碍。美国芝加哥大学的约翰逊认为，农民福利的改善不仅取决于农民所拥有的包括：人力、物质和金融等的各类资源数量，还取决于劳动、土地和资本等各类资源要素所在的要素市场的运作状况和机制。他还提出，长久确保农民群体充分分享经济增长成果路径是改善各类要素市场的运作机制。农民收入来源中的工资性收入、家庭经营收入、财产性收入属于要素性收入，转移性收入属于非要素性质的农业政策引致收入（见表1-2）。目前，中国农民收入的绝大部分都来源于要素性收入，要素市场扭曲对农民收入增长起着相当重要的作用，要素市场的发展对于解决农民增收问题显得尤为重要。中国未来要素市场的表现，将影响农民增收、收入结构优化和总体福利的改善。那么，不同地域要素市场扭曲对不同地域的农民各种收入来源的影响如何？不同地域要素市场的扭曲对农民总收入的影响又是如何？在要素市场的市场化改革进程下，应如何挖掘和开发不同地域农民收入增长的潜力？这些问题在要素市场扭曲条件下开展的农民收入增长、结构优化及增长潜力等研究中具有显著的现实意义，能为切实提升不同地域农民收入提供政策参考依据。

表 1 - 2 农村居民收入来源结构

项目	来源结构	来源途径	收入性质	影响要素
农村居民收入	工资性收入	工资	非农收入	劳动力、教育、地域等
	家庭经营收入	工业、建筑业、交通运输业、批发零售贸易餐饮业、社会服务业、文教卫生业及其他家庭经营		劳动力、资本、教育、健康、地域等
		农、林、牧、渔	农业收入	劳动力、土地、地域等
	财产性收入	财产	财产性收入	资本、土地、地域等
	转移性收入	转移支付	转移性收入	涉农政策、地域等

当前，由于人文自然地理条件的地域差异，加上地域政策性和制度性阻碍，今后一段时间内的农业劳动力、土地和资本等生产要素还不能按照市场经济运行规律因势利导地配置到效益较高的环节和领域中。要素市场化进程的严重滞后引致的要素市场扭曲，将导致不同地域农民收入来源和增长幅度存在差异，也将导致地域农民收入差异的扩大，所以要通过一系列涉农、惠农政策调整来提高农民收入水平，改善农民收入结构；同时，必须正视现实存在的地域要素市场扭曲的影响。因势利导地提高地域要素市场化程度，使各种要素按照市场信号有序流动，是增加农民收入重要途径之一。用要素市场全面发展解决农民增收难问题是一个有效的办法。因此本书将以地域差异和要素

市场扭曲为切入点，将要素市场不完全引致的三类要素市场扭曲纳入不同地域农民收入增长问题研究框架中；在量化三类要素市场扭曲的基础上，探究地域差异影响下的要素市场扭曲对不同地域农民收入增长和结构变动的空间差异、驱动机制和演变规律。基于此，本书将重点研究地域差异、要素市场扭曲对不同地域农民收入水平增长、收入差异和收入来源结构变动的空间影响机理，并预测地域差异和要素市场扭曲对不同地域农民收入未来增长趋势和时空分异。

1.2　研究文献综述

1.2.1　国内外研究现状及发展动态

本书主要探讨不同地域差异基础上的要素市场扭曲对中国农民增收问题的影响，并将地域差异和要素市场扭曲纳入中国农民收入增长和结构优化的分析框架中，进而探讨农民收入增长的影响因素、收入来源结构变动，挖掘和开发农民收入增长潜力等问题。为了实现这一目标，本节将从区域发展与差异、农民收入增长、要素市场扭曲等方面对先前研究者研究成果进行回顾，为本书建立研究框架、选择研究方法提供参考和借鉴。

1.2.1.1　关于区域发展与差异相关研究

全球范围内对区域差异的研究普遍存在，现有研究对韩国、加拿大、日本及欧洲等发达国家和地区经济差异和收敛情况进行了研究（Kim，2008；James，2008；Nagayasu，2011；Libman，2012），对墨西哥和印度等发展中国家的区域经济差异进行了研究（Aroca，2005；Das，Sinha、Mitra T，2010），区域经济差异的研究在世界范围内向前推进着。中国作为世界上区域差异较为明显的国家之一，对中国区域差异的研究引起各国学者的高度关注，对区域经济差异的测度及收敛展开了大量研究。早期，魏后凯（1997）利用人均 GDP 作为研究指标，检验中国几大区域板块的经济差异情况。藤田昌久（2001）等利用泰尔指数分解来研究中国改革开放以来的区域经济差异问题，分析了中国省域内整体差异的趋势，发现了改革开放以来中国省域单元上，区域的不平衡性呈现 U 型分布，并进一步对区域经济的差异的变化做出预测。顾朝林（2006）从不同时间尺度用统计方法发现中国区域差异在逐渐扩大，并认为在做出区域经济政策时要考虑区域差异的短期性和长期性。刘树成、张晓晶（2007）、郭岚（2008）、潘文卿（2010）等研究发现，用不同指标测算的区域间差距均显示出明显的倒 U 型，说明区域间差异经历了先扩大后缩小的动态过程。而就研究的区域层面，区域差异的研究又有基于以省域或地市级为单元的全国层面，以省域或市域为单位的东、中、西三大板块层面，以及基于县市级的省域或流域层面（徐建华等，2005；胡俊等，2007；彭文斌等，2010；王洋等，2011；刘炟孜，2012；赵琳，2012；程新宇，2013；陈景华等，2020；田凤平等，2021 等）。

现有研究也有对区域经济差异机制和影响因素的研究，徐勇等（2014）研究认为，区域发展差距是自然、经济和社会等多种因素共同作用的结果，并优化了相关指标评价体系。对于影响区域经济差异的成因方面的研究，现有研究主要围绕着三个方面：①区位条件和历史因素。吴传钧等（1996）认为地理要素差异是区域经济发展和产业聚集产生"路径依赖"的内在原因。德缪杰（2002）等认为，地理区位、交通运输是省域单元经济差异的重要来源。李兴江等（2004）、楠玉（2020）认为中国区域间经济差异的形成是随历史发展而来的，地理要素作为区域经济发展的天然起点，显著地制约甚至决定各地区的经济发展历程（张吉鹏，2004）。陈钊（2007）、陈全才等（2019）研究认为，地理位置和发展历史是确定区域经济开放的初始条件，经济的开放加速了区域的市场开发和产业的集聚，从而导致区域间经济差距的加大。②要素投入方面。蔡昉等（2001）研究了劳动力关系因素与区域经济差异之间的关系，发现劳动力市场要素资源配置扭曲，从而产生效率的差异是区域间经济差异的重要原因。何艳（2007）、兰秀娟等（2020）、刘丽波（2020）研究了区域间投资分布的差异与区域经济的不均衡程度，他们认为，人力资本和技术效率对我国经济增长的作用越来越大，地区间的投资数量和投资效率对区域差异产生明显影响。王少泉（2020）等发现，改革开放后，区域经济在逐渐扩大，并进一步表明低膨胀率、交通和通信基础设施、对外开放及人力资本是经济增长差异的重要因素。③政策和制度层面。覃成林（1997）认为，中国改革开放以来，中国推行的沿海地区率先发展的战略，渐进式发展推进模式是国家特殊历史时期的发展需要，但在客观上造成了区域间发展机会的不均等，是区域差异扩大的主要原因。崔光庆（2006）、尹秀等（2019）在分析区域经济差异和政府行为关系时认为，政府在对外开放、财政金融等制度安排上的区域差异是造成区域间经济差异的因素之一。邵源春等（2018）研究了中国从计划经济到市场经济体制期的改变带来的经济快速发展，但同时也带来了区域间的经济差异，并认为政策的变化是造成区域差异的主要原因。

近年来由于空间分析方法的发展，借助空间视角来研究区域差异的学者越来越多。空间中心统计是一种简单有效地刻画要素空间分布的方法，王劲峰等（2007）对空间分析理论体系做出了详细论述，区别了不同的空间分析方法的内涵。廖婴露（2009）比较系统地研究了经济空间结构的特征，认为经济空间与地理空间具有紧密的联系，经济空间是在地理空间的基础上发展演化而来，并强调要素空间联系和相互作用。赵睿琪（2010）认为，区位关系和分布形式是区域经济空间结构的重要组成部分，不仅可以反映出区域经济活动的特点，而且还能反映出其间的相互作用关系。由于区域具有空间性，单纯利用统计指标容易忽视空间属性特征，很难将区域间的差异进行反映和可视化处理。伴随着GIS等技术的发展，利用空间软件研究，区域差异的时空动态成为一种新趋势。鲁风（2007）、苟兴朝等（2020）利用探索性空间分析方法，对各省人均生产总值及差异的空间动态演变特征进行分析，分析了省域单元区域经济发展水平差异的空间动态演变和空间异质性，揭示了经济发展差异的空间分布特征。靳诚等（2009）通过空间探索分析方法，对江苏省县域经济的差异全局和局域空间自相关性进行了测度，系统地分析了江苏省县域单元经济差异的时空演变情况。孟斌等（2005）采用空间分析方法对中国区域社会经济发展差异问题进行了实证研究。基于空间分布的地域差异和区域发展水平差异，要素会发生物理性位置的移动，即空间流动，林肯堂（2004）、潘桔等（2020）、李晓钟等（2020）认为，区域要素流动是指可流动的区域经济发展要素在区内和区域之间的地域空间的位移。陈洪全等（2016）利用地理加权回归研究方法对江苏省的区域经济差异进行研究，结果显示，区域间的差异在逐渐变大，差异主要是由于苏南地区经济的快速发展造成。因此可以认为，区域之间发展具有较强的空间相关性。

1.2.1.2　关于农民收入增长相关研究

现有研究认为农民收入增长问题是一个系统性工程，既包括宏观经济因素，又包括微观经济因素，还包括制度因素，只有明确了各类影响因素的理论基础，才能为政府出台应对措施提供坚实的平台（Kooreman，1986；Becker，1990；Hatton，1992；Grossman et al.，1994）。国外学者（Bateman，1995；Martin，1999；Michael，2001；William，2012）对农民收入来源构成多样化演变进行了研究，得出农民的收入逐步由农业经营收入转变为多种收入来源的结论。部分学者（Haton，1995；Grossman，1999；William et al.，2011）针对不同历史阶段、不同文化背景下的农民收入来源构成，运用多种方法研究得出的结论是：农业部门生产效率不断提高，导致农业部门对劳动力的需求逐渐下降，许多劳动力将从农业部门转移到其他产业，由此带来农民家庭资源配置行为与收入结构的相应变化。国内学者倪志伟（1994）对改革开放前后我国农村家庭收入的流动性进行研究，发现中国经济制度的改革深刻改变了农村的收入分配结构，农村居民的收入流动性明显加快。三泽（1995）分析了日本的土地改革制度、农民就业、农民劳动生产率、非农就业、农民工资、经济发展、农业土地政策、农业价格政策等方面因素对农村居民收入增长的影响，认为农村居民收入水平受多种因素的综合影响，尤其受制于国家各项农业政策的制约，同时，认为结构因素应该是政府在政策方面考虑的重点，如农业整合和土地利用率等。彼得斯（2006）考察了马拉维在国家发生剧烈变化时面临的农村居民收入状况和农村贫困问题，从土地、劳动和农业产出等方面解析了引致该地区农村居民收入相对较低的因素，认为政府应该构建一个相对完善的农村社会保障制度来保证农村居民收入增长与经济增长协调发展。同时，国外研究认为，非农收入是一种稳定的增收策略，而政府补贴会增加务农农民人数、增加农业收入，减少非农收入的可能性（Mishra，2008；Brian et al.，2007），并得出耕地等资源禀赋是确保农业收入稳定的基础性因素的结论（Mathijs，2004；Iddo Kan et al.，2006），同时，增加资本投入是提高农场收入的重要途径（Balint，2006；Bruce et al.，2012）。也有研究认为，提高农场商业化程度可以促进农场收入、减少农场收入分配不均等问题（Iddo Kan，2006；Lerman，2005）。农民收入结构变动受自身与外界条件多重因素的影响，是家庭各种收入来源非均衡增长的结果与表现，也是农民收入问题的重要组成（Mafimisebi，2008）。研究发现，要素市场发展状况直接制约着农村居民收入水平的提高，劳动力市场的相对放开，有利于农村居民收入水平的提高（Benjamin，2007；Walder，2009；Du，2012）。

近年来，国内研究学者对农民收入问题给予了高度关注，主要集中在农民收入的影响因素、农民收入来源结构、有关政策对农民收入的影响等方面（钟甫宁等，2007；白云，2010；张翼，2011；刘玉春等，2013；潘海英等，2013；张德华，2013等；尹文静等，2015）。陈锡文（2001）、王春超（2004）、蔡昉等（2005）、钟甫宁等（2007）、徐勇等（2009）分别采用不同的实证研究方法，强调了非农就业收入和提高非农就业机会对提高农民收入的重要作用。沈坤荣等（2007）、杨灿明等（2007）、张秀生等（2007）的研究强调了政府对农村的公共支出，尤其是农村公共产品对提高农民收入的重要影响。郭志仪等（2007）认为，人力资本投资能显著提高农民收入。张晓山等（2007）认为，农民组成的合作社成为龙头企业，是发展现代农业、增加农民收入的最佳途径。董全瑞等（2006）强调了制度激励是农民增收的决定性因素。张晓山等（2007）也评价了农业结构调整、产业化经营等政策在农民增收方面的作用。陆学艺（2005）强调了户籍制度对农民就业和提高农民收入的影响。上述研究分别从不同的侧面探讨了增加农民收入的关键因素和主要对策，强调了制约农民收入增长的不同因素。也有国内学者（李宁辉等，2006；柯炳生，2006；蒋和平，2009；杨东火，2012；张德华，2013）研究得出：价格因素、耕地面积和粮食播种面积、农业生产成本、农业劳动力比重等方面对农民收入的影响巨大。现有研究认为，农民收入既受资源禀赋差异制约，又受农村剩余劳动力的影响（陈锡文，2001；王雅鹏等，2001；陈艳，2002；吴敬琏，2002；李国祥，2005；张瑞红，2011）。而城乡二元结构和农业结构两方面也会在一定程度上制约农民收入的增长（张英红，2002；胡鞍钢，2002；韩俊2009，2004；朱腾明，2011；余家凤等，2014），与此同时，收入分配体制不合理也制约了农民收入增长（张晓山等，2001；王娟娟，2006；郑逸，2012）。宋莉莉（2011）从宏观、中观和微观三个层面对我国农民收入增长及差异进行了深入探讨、分析，并针对我国整体及不同地区提出了促进农民增收和缩小收入差异的政策建议。赵晓锋（2013）、涂正革等（2019）从微观和宏观两个层面剖析了农业结构调整影响农民收入（包括收入增长和收入差距两方面）的机制。张德华（2013）评价了黑龙江省农民收入贡献的合理性，探寻影响黑龙江省农民收入增长的主要因素。

随着农村经济体制市场化改革的深入推进，影响农民收入增长的微观与宏观因素更加趋于复杂化，一些学者从农民自身发育与环境变化对农民收入的影响进行了多角度分析。白菊红等（2003）、司睿（2012）、钱良泽（2012）、田万慧等（2020）等分析了农村家庭人力资本投资对其收入增长的作用。许经勇（1999）、雷玉明等（2003）、王恩胡（2010）、梁淑英（2012）等研究了农民收入增长的制度约束，并提出了相应的应对性策略。张车伟等（2004）通过分析农民收入的性质来说明农民收入结构变动受体制变革与宏观环境的影响，农民收入问题的关键就在于解决农民的非农就业问题。李秉强（2008）通过构建衡量各要素对农村居民收入增长贡献的模型，得出各要素的弹性系数，计算出各要素的收入贡献。蒲艳萍（2010）研究得出农村劳动力流动对增加农村居民收入、缓解农民家庭贫困、改善农民家庭福利状况具有积极效应。杨柳（2012）认为要素市场的发展对于解决农民增收问题显得尤为重要，通过发展县域经济，使之成为农村和城市之间的纽带，实现城市和农村的产业互动，带动农民增收，切实提高农民收入水平。

在我国，农民家庭经营主体地位的确立，使得研究农民收入结构问题的理论与现实意义凸显（王秀杰，2001；李优树，2002；何晓蓉等，2003；郭敏英，2013；关浩杰，2013；郜亮亮，2014；涂正革等，2019）。在农民收入的阶段性变化过程中，姜长云（1992）、温思美等（2002）、胡浩等（2003）等学者的研究涉及了农民兼业经营方面的内容。杨灿明等（2007）从研究我国农民收入来源的分类与构成特点入手，提出增加农民收入需要通过提高农业生产效率，优化农村劳动力就业结构，加强农民收入支持政策体系建设和实施制度创新四方面共同完成。吴海涛等（2009）利用抽样调查资料分析得出家庭经营收入是农民最主要的收入来源。叶彩霞等（2010）通过研究城市化进程中的农民收入来源变动特征，运用灰色关联理论分析城市化对农民收入来源的影响程度。陈小军等（2010）对非农产业和农村劳动力转移与农民收入增长的关系及动力机制进行了实证研究，得出非农产业和农民收入增长之间具有一致性，并对农民收入增长有长期且积极的影响。关浩杰（2013）、贾晋等（2019）从收入结构视角对我国农民收入问题展开研究，对我国农民收入各构成部分波动及其与农民收入波动关系进行比较分析，并且对各部分波动特征及其原因进行了深入分析。李晖等（2013）、何蒲明（2020）将我国农村居民收入变动分解为技术、最终需求结构、国内生产总值等因素的变动，找出了促进和削弱我国农村居民收入增加的关键因素。朱学新（2014）、陈斌开等（2020）从多个层次深入探讨不同收入等级的农民人均纯收入的结构性状况，阐释农民纯收入结构性差异，以及农村内部贫富差距的成因。

部分学者从地区或地理特征视角展开了对区域农村收入差距产生并扩大原因的研究，将收入差距直接分解为地区内收入差距和地区间收入差距，或者将地区或地理特征作为回归方程中的一个解释变量，或者在农村居民收入方程的基础上，考察该解释变量对收入差距的贡献大小。万广华等（2008）借助泰尔指数，把农村居民收入不平等分解为地区内和地区间的不平等，得出东、中、西三大地区间收入差距对农村收入差距的贡献率，并在地区间不平等扩大的速度比地区内不平等要快。李实等（1998）、世界银行（1997）、邢鹂等（2008）、翟彬等（2012）、贺振等（2014）、吕屹云等（2020）以省份或更小的行政单位作为地区的划分标准，他们认为地区间差距对我国农村收入差距的贡献会越来越大。万广华（2005，2008）、许庆等（2008）分别通过设置地区或地理特征虚拟变量的方式，将农户所在的村，以及东、中、西部的大地区和县设置为虚拟变量进行回归分析，他们均认为地区或地理特征虚拟变量对农村收入差距有着显著影响。地区或地理特征在农村收入差距的产生及变化中所起的作用是非常突出的，国内外对乡村收入差异的研究逐渐转向对差异机制的深入阐释上，研究表明结构因素、政策因素、要素因素等均会造成农村居民收入差异（赵勇智等，2019；王健等，2019；孙大岩等，2020；李泉等，2020）。万广华（2005，2008）对中国农村收入不平等因素进行分析，得出的主要结论是资本要素对农村收入差异的影响逐渐增大，地理因素则逐渐下降。李小建等（2008）基于乡镇小尺度数据，通过回归等方法认为，在河南省地理因素、人均土地拥有量等方面，依然深刻影响着农民的人均收入。李兴绪等（2010）、张海霞（2020）则发现，地理环境因素能通过直接和间接两种方式对农户收入产生影响。

我国加入世界贸易组织后的要素市场、政策调整和农民收入之间关系的研究颇丰（Bemard，2004；Terrie，2005；朱晶等，2007；郑素芳，2010；税尚楠，2011；黄丹，2012；程国强，2012；王军英等，2012；倪洪兴，2013；杨晶等，2019）。国家政策支持与农民收入有一定关联，学者们（寥红丰等，2004；楚永生，2004；高建军，2007；郭英等，2011；李明桥，2012；夏兰，2012；赵桂芝等，2012；刘楚杰等，2020）从财政支出、农村教育投入等方面对农民收入的影响展开了实证研究，得出农业财政支出没有起到应有效果的结论，农村公共品供给不足导致农民收入增长缓慢（廖清华，2006；吴振鹏等，2013；杨建利等，2013；程逸斐等，2020）。张怿（2004）对各地市场化程度与农民收入数据进行分析，并提出相应的政策建议。许经勇（2008）、李敏等（2020）认为因势利导地提高劳动力和土地市场化程度，使其按照市场信号导向自由地流动，是提高农业劳动生产率和土地生产率以及增加农民收入的重要途径。朱晶等（2010）得出全国、东中部、东西部地区农民非农收入都存在收敛行为，贸易开放有利于非农收入的增长，对地区间的非农收入收敛有正向影响。苏华等（2012）、张益丰等（2020）研究得出要素配置的差异对城乡收入差距具有决定性作用。赖文燕（2012）、吴庆田等（2020）研究得出土地要素和劳动力要素对城乡居民收入差距的影响最大，应采取完善要素市场配置体制，促进劳动力、土地、资本等要素合理配置，完善政府宏观调控职能等政策，缩小城乡居民收入差距。彭定赟（2013）通过各要素价格与收入差距变化的动态关联研究，验证了劳动报酬过低、地价和首席执行官（CEO）收入偏高等要素价格失衡是导致收入差距逐年扩大的重要原因。汪海洋等（2014）在建立结构式向量自回归模型的基础上，运用广义脉冲响应函数和预测方差分解的方法，考察我国财政支农的各类支出与农民收入增长之间的动态相关性。

　　大量文献对农民收入增长的内外部因素进行了研究，却少有文献关注农民所处的市场环境，尤其是农村要素市场化发育状况与农民收入增长之间的关系。如果从中国农村发展的实际情况和趋势上看，中国的农民已经成为市场化或者正在市场化的农户（曹阳等，2009；金丽馥等，2019；杨宏力等，2020），其参与市场的各种经济行为也取决于其家庭经济资源的配置。因此，对农民收入增长问题的研究，不能仅仅停留在对农户内外部各种因素的简单分解上，而需要认识农民所处的市场化环境及其发展的趋势，并将农民参与市场化进程中所需的各种要素的配置状况进行深入研究。

1.2.1.3　关于要素市场扭曲研究

　　要素市场扭曲，也就是不完全是指由于市场不完善而导致的生产要素资源在国民经济中的非最优配置，即要素的市场价格与其机会成本之间发生偏差或背离（Bhagwati，1968；Chacholiades，1978）。西方学者（Kumbhakar，1992；Kwon and Paik，1995；Sedden et al.，2002）从资源配置效率、全要素生产率和社会福利损失等方面对要素价格扭曲的经济效应进行了研究，基本达成了共识，即存在要素市场价格扭曲的国家，社会福利将会因贸易自由化而受到损失（Lindeck，1997；Levnsion，1999；Seddon，2002；Restuccia，2008；Hsieh，2009；Hsieh，2012；Gollin et al.，2012）。麦基（1971）指出，要素市场的不完全具有 3 种主要的形式：要素流动障碍、要素价格刚性及要素价格差别化。部分学者（Skoorka，2000；Restuccia，2008；Gollin et al.，2012）利用随机前沿分析法、数据包络分析法、影子价格法等方法，全面综合测度了要素市场不完全程度。费希尔（2000）运用可计算的一般均衡（简称 CGE）方法对韩国、中国、加拿大 3 国的要素市场扭曲进行测算，并在此基本上估算要素市场扭曲对各国福利成本造成的影响。巴纳吉（2005）、雷斯图怡（2008）发现，产品或要素市场的扭曲阻碍了经济资源在不同企业之间的再配置过程，从而导致了同一产业内不同企业之间持续存在的生产率差异。谢地（2009）进一步证实，市场扭曲引起的经济资源在企业间的不合理配置，能够解释发达国家和不发达国家之间生产率和人均收入差距的实质性部分。

我国要素市场不完全主要体现在：要素供给扭曲、要素价格扭曲、要素配置扭曲3个方面，要素市场扭曲将影响我国经济增长的路径。国内学者（张幼文，2008；顾海兵，2009；窦勇，2010，2012；赵新宇等，2020）的研究指出，国内经济市场化程度中得分最低的是要素市场，扭曲原因主要是政府对于要素价格的控制政策所致（徐长生等，2008；钱忠好等，2012、2013）。林毅夫（1998）研究结果显示，中国的国有企业和集体企业的劳动力价格存在扭曲现象。盛仕斌等（1999）侧重研究了要素价格扭曲对于中国就业的影响，研究显示中国资本要素和劳动力要素都存在价格扭曲，且对中国的就业产生了负向效益。林毅夫（2004）认为，要素价格的扭曲会导致资源使用结构的扭曲，进而影响资源配置效率，最终会影响一国的总体经济发展水平。盛誉（2005）通过实证研究证明，中国要素市场扭曲既影响了中国的资源配置效率，也降低了中国在对外开放过程中应获得的福利水平。盛仕斌等（1999）、蔡昉等（2001）、许经勇（2007）、袁志刚等（2011）、耿伟等（2012）、王必锋（2013）、解晋（2020）认为，我国要素市场的发展滞后于产品市场，存在普遍的部门（经济类型、行业、地区）之间的要素价格的扭曲，并且由于制度性的原因，这种扭曲难以在短期内消除。近年来，对要素市场扭曲的研究总结起来可以分为三类：第一类主要集中在要素市场扭曲对中国微观主体——企业行为的影响研究，比如，要素市场扭曲对工业企业出口行为的影响研究（冼国明等，2013；毛其淋，2013；施炳展等，2012）；要素市场扭曲对中国企业研究与开发（R&D）投入的影响研究（张杰等，2011；蒋含明等，2018）。第二类主要是要素市场扭曲对中观层面的影响研究，比如，对不同产业的全要素生产率的影响研究（朱喜等，

2011；邵宜航等，2013；陈艳莹等，2013；聂辉华等，2011；金本庆等，2020）；对不同产业的效率损失的影响研究（赵自芳等，2006；陈永伟等，2011；魏庆文等，2019）。第三类主要是要素市场扭曲对宏观经济的影响研究，比如，要素市场扭曲对经济结构的影响，包括：投资结构、需求结构、贸易结构等（盛仕斌等，1999；黄益平等，2011；陈秋锋，2013；孙湘湘等，2020）；要素市场扭曲的就业效应研究（雷鹏，2009）等。

国内学者的研究（盛誉，2005；赵自芳等，2006；杨帆等，2009；郝枫等，2010；黄益平等，2011；罗德明等，2012；王静娴，2014；周一成等，2018；曹亚军，2020）多数使用了参数化随机前沿法或数据包络法对要素市场扭曲进行了测度。赵自芳等（2006）发现，如果消除要素市场不完全对技术效率损失的影响，可以使全国制造业总产出提高很多，而且在不同行业和不同的地区，要素扭曲程度各不相同。张少杰等（2007）研究得出要素市场的不完全性在收入分配差距不合理扩大的过程中起到了至关重要的作用，需要通过完善要素市场来公平收入分配。杨帆等（2009）得出中国要素市场扭曲程度的地区分布主要与其经济发展水平正相关，经济不发达的西部地区的要素市场扭曲程度最高。黄益平等（2011）测算了劳动力、资本、土地、能源和环境等要素扭曲，结果表明劳动力和资本要素扭曲占总扭曲比重较大，从要素扭曲趋势来看，劳动力和资本要素扭曲呈持续上升态势，而土地扭曲比较平稳，能源和环境扭曲则显示出持续改进态势。罗德明等（2012）定量考察了我国偏向国有企业政策的效率损失，刻画了要素市场面临政策扭曲的国有与私有企业，得出了源于政策扭曲的资源错置会降低全要素生产率。窦勇等（2012）研究得出，劳动力市场扭曲已经影响了农村剩余劳动力的进一步转移，深刻阻碍了我国二元经济转型，应借助一系列体制机制改革，消除各种形式的劳动力市场扭曲。钱忠好等（2012，2013）研究表明我国土地市场化综合水平不高且呈现下降趋势，东、中、西部三大区域表现出一定的差异性，土地市场化综合水平下降的原因在于农地非农化市场化水平的下降。王必锋（2013）、吴国松（2020，2021）对劳动力和资本的价格扭曲进行了测算，发现中国资本要素价格扭曲比劳动力要素价格扭曲更为严重，并且通过实证检验证明是要素市场扭曲导致了中国经济的外部失衡。

1.2.2　研究述评

综上所述，国内外学术界对区域发展、农民收入增长、要素市场扭曲等相关问题进行了大量研究，为本研究提供了重要基础。但也还存在一些薄弱的领域：

虽然已有部分研究关注了区域发展差异中的地域因素，也有部分研究在探讨农民收入增长问题时涉及了地理和地域因素，但是分析的不够深入具体，即没有探讨不同地域背景下的农民收入增长差异、收入来源、增长潜力等空间作用机理；没有从生产要素的时间序列动态特征和地区空间的分布特征角度，解析区域经济和农村地区可持续增长的要素结构、时间结构和空间结构，研究经济要素空间配置效应和不同地域农民收入增长的文献较少。

虽然已有研究定性定量分析了要素市场扭曲测度测算及要素市场扭曲所产生的经济效益，但是对要素市场扭曲的研究也存在一定的局限性，现有研究只是强调要素价格的扭曲，而忽略了要素供给的扭曲和要素配置效率的扭曲。不同地域的要素市场扭曲特点及分类，以及不同地域要素市场扭曲的测度等，是研究要素市场扭曲对不同地域农民收入增长问题的基础。

虽然已有部分研究探讨了要素市场扭曲和要素市场不完全与农民增收的关系，但很少有学者就要素市场扭曲对不同地域农民收入增长差异等相关问题的空间作用机理和传导机制进行研究。在不同地域差异视角下探究要素市场扭曲对农民收入增长、结构优化调整与增长潜力的空间机制分析，以及具体的定量测算尚无论证和深入的分析。

虽然已有大量文献探讨了农民增收问题，研究了影响农民增收因素，但缺乏要素市场扭曲下的农民增长路径研究，缺乏不同地域、不同收入来源结构的农民增收差异性研究，对于现有农业政策调整对不同地域、不同类别农民增收的综合效应尚未全面定量测度，缺乏农民增收地域差异的效率和潜力评价。

目前，国内研究尚未将地域差异、要素市场扭曲、农民收入变动、收入结构、农业政策实施等纳入一个理论框架下探讨"三农"问题中的农民收入增长问题，这对于认识、综合解决相关问题会产生一定的偏差。由于农民收入增长问题涉及的因素很多，各变量之间存在复杂的相互作用机制，采用传统的基于时间维度、不考虑空间因素和地理效应的计量方法进行统计分析，无法有效探究不同地域下要素市场扭曲对农民增收的空间效应问题。本书拟在理论假设方面引进空间联系和异质性假设；在地理空间效应的基础上，将多维要素引入研究框架，构建地域农民收入增长问题研究的理论框架，并进行实证验证研究。

1.3　研究框架及思路

本书在地域差异和要素市场扭曲视角下，从理论上阐释了将地域差异和要素市场扭曲纳入不同地域农民收入增长问题的分析框架中的意义和作用。进一步在要素市场扭曲条件下修正、创新不同地域的农民收入增长研究框架，并通过数据收集实证研究地域差异程度；要素市场扭曲对不同地域的农民收入增长、收入结构变动、增长潜力等方面的空间影响程度、作用方向，为今后更加有效的、合理体现地域差异和要素市场现状，以及促进不同地域农民收入有效增长的政策提供决策参考。研究方案共分五个步骤：

（1）运用不完全市场理论、经济地理学、空间经济学、农业经济学等相关理论，对地域差异、要素市场扭曲、农民收入增长的相互关系进行深入探讨，建立包括地域差异和要素市场扭曲的不同地域农民增收研究的理论分析框架。

（2）在现有课题研究方案的基础上，进一步细化研究实证分析方案设计和变量指标体系构建，同时，通过对农村固定观察点的农户资料的获取和初步分析，以及进行所需的不同地域的实地调研，为模型的最终构建、变量的选取等提供依据和更为科学、符合实际的方案选择。

（3）在定性分析要素市场扭曲的基础上，量化要素市场供给扭曲、要素市场价格扭曲、要素市场配置效率扭曲程度，初步构建测算要素市场扭曲对不同地域农民增收、收入结构优化、收入增长潜力等研究的实证分析框架，在模型构建的基础上完成东、中、西三大地域的数据处理等工作。

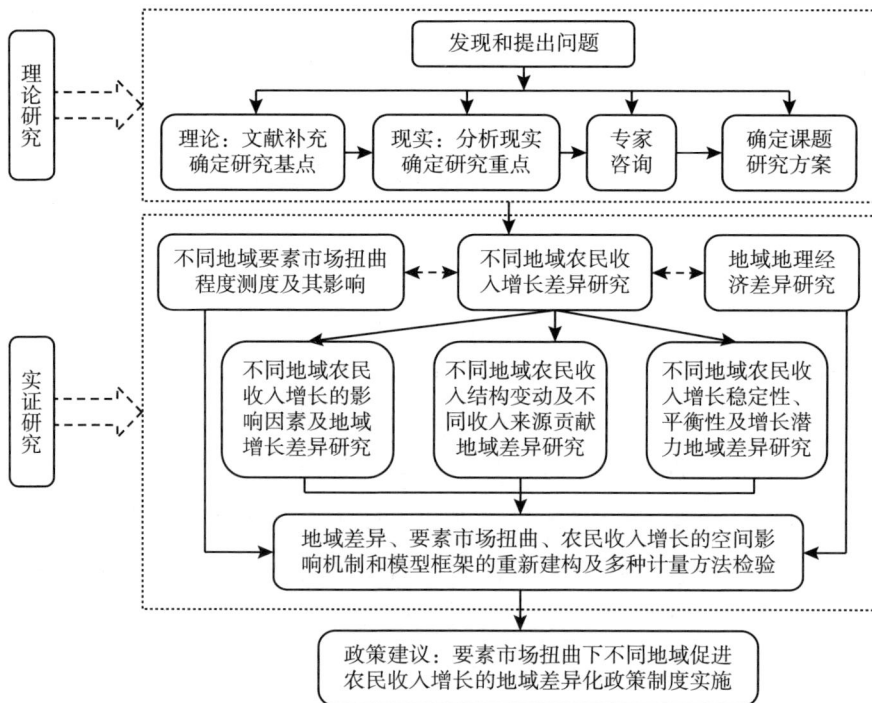

图 1-1　技术线路

（4）实证分析，在市场不完全分析框架下，对包含地域差异和要素市场扭曲等因素在内的影响不同地域的农民收入增长、收入来源结构变动、农民收入增长潜力等方面关系进行实证分析。对不同地域农民收入增长的影响因素、收入来源结构、收入增长潜力等方面展开对比测度，探讨要素市场扭曲对不同地域农民收入增收等问题的空间影响机理和程度。

（5）在实证分析基础上，结合不同地域的要素市场状况、要素资源禀赋等因素，在要素市场扭曲条件下对今后不同地域的农民有效增收、农业政策调整实施等方面提出差异化的政策建议和决策参考。

1.4 研 究 方 法

1.4.1 超越对数生产函数分析法

近年来，随机前沿分析法常用以测度要素市场扭曲，通过对各国的最优要素生产可能性曲线与实际生产可能性曲线之间的差距测度，只要根据各个部门实际生产中的资本、劳动投入和产出关系确定要素使用在各个行业中的效率，那么要素市场扭曲的行业结构就被确定出来。从效果方面衡量要素市场的扭曲程度，直接被用来进行要素市场扭曲程度的比较。根据昆巴卡纳（2000）的总结，随机前沿生产函数模型一般可表述为：

$$Y_{it} = F(X_{it}, t) \exp(v_{it} - u_{it}) \tag{1-1}$$

式（1-1）中，Y_{it} 表示生产者 i 在时期 t 的产出，X_{it} 是各生产要素的投入向量，t 表示前沿技术进步趋势，$F(\cdot)$ 是前沿生产函数，$\exp(-u_{it})$ 表示技术效率，v_{it} 为观测误差和其他随机因素。构建模型的核心步骤是对上述表达式的具体函数形式进行设定，进而再测度扭曲程度。在生产函数选择上，最常见的函数形式有 C-D 生产函数，不变替代弹性（CES）生产函数和超越对数生产函数。

1.4.2 基于回归的 Shapley 值分解方法

回归分析方法为进一步探索农民收入影响因素的相对重要性奠定了基础，研究将基于回归的 Shapley 值分解方法来分解各个影响因素对农民收入增长的贡献情况（Bourguignon，2001；Cowell，2011）。该方法由肯罗克（2012）基于合作博弈理论而提出，对收入不平等的要素贡献进行分解的可行性，用以解释收入方程中的各解释变量对收入差距的贡献情况。因此，在收入不平等的回归分解中，Shapley 值分解法通过逐个考察引起收入不平等的模型自变量的边际贡献而分析该自变量对总的不平等的贡献。尽管基于回归分析的 Shapley 值分解法在实际应用中也存在一些问题（Sastre，2002；Chantreuil，2011），但是由于它符合自然分解原理，可以对任何的不平等指标进行分解，对回归模型的限制也较少，所以得到较为广泛的应用（Bargain，2010；郭继强，2011）。

使用基于回归 Shapley 值分解方法时，首先，需要确定用于分解的回归方程，借鉴万广华（2004）对于固定效应的截面虚拟变量，可以将其看成是中国不同地域固定差异，而且这种差异各年都相同，所以在分解中用回归得到的截面虚拟变量值构造一个新的变量 d 来代表区域固定因素的影响，其影响系数为 1，进而可以得到不同地区农民收入增长分解的回归方程。其次，在 Shapley 值做分解前，需要选取较好地反映农民收入增长差异的指标，研究将选取基尼系数、对数离差均值、泰尔系数 3 个指标。其中，基尼系数一般对中等收入水平的变化特别敏感，而泰尔系数对上层收入水平的变化敏感，对数离差均值对底层收入水平的变化敏感，3 个指标可以综合反映总体变化的敏感程度。计算出 3 种差异系数后，借鉴李敬等（2007）研究，用 Shapley 值进行分解，并对引起农民收入增长贡献程度进行排序。

1.4.3　时间序列、截面数据和面板数据模型相结合的空间计量模型分析法

借鉴国内外相关学者的实证研究方法与思路，结合对要素市场扭曲理论的思考，构建地域差异、要素市场扭曲、农民收入增长、结构优化、农业政策实施的实证分析框架，采用时间序列数据的协整回归、截面与面板数据的最小二乘回归等方法分别进行实证检验。由于面板数据兼具截面和时间特性，在对模型进行估计之前，必须对模型的设定形式进行检验才能得到有效的参数估计，考察是否通过 Hausman 检验分为固定效应模型和随机效应模型。同时，截面与面板数据的回归则是通过采用不同的数据集，进一步针对要素市场扭曲下的不同地区、不同群组的农民收入决定和农民福利变动进行实证检验，主要考察农业政策实施在要素市场扭曲下，对不同地区和不同群组农民收入增长差异的影响。为了保证课题研究结果的科学性，实证模型将依据模型的拟合优度逆向选择，从中选择与理论和实际更贴合的方法，作为构建要素市场扭曲下不同地域的农民增收问题研究的依据。

此外，在对地域差异、要素市场扭曲、农民收入的研究中如果不考虑空间效应的影响势必会产生误差，必须要考虑空间效应对不同地域农民收入的影响。空间计量经济模型可以分成两种类型，其一是常系数模型，假设观测地区具有相同的回归系数，常系数模型包括空间滞后模型（SLM）和空间误差模型（SEM）；其二是变系数模型，假设观测地区的回归系数不同，较常用的变系数回归模型是地理加权回归模型（GWR）。实证研究将分两种情形展开实证：即对不考虑空间因素和考虑加入空间的影响因素进行分析。

1.5 研究的特色与创新

1.5.1 研究特色

已有研究中，中国农民增收机制多数是在市场完全竞争假设条件下展开。然而，这一假设是否切合实际？现实中存在的要素市场供给、价格、配置效率等扭曲是否影响了为促进中国农民收入增长而实施的农业政策的预期效果？中国地域自然人文禀赋存在显著地域差异，现有政策的实施有没有实现农民收入增长差距的缩小，现有一刀切、整齐划一的"三农"政策是否可行？忽视地域差异和要素市场扭曲的农民增收政策的调整效果如何？改革开放至今，地域差异和要素市场扭曲可能影响到不同地域农民收入增长水平、收入来源结构、增长潜力等方面的差异。现阶段，中国特色的市场经济条件下的农民增收问题的研究套用传统西方收入分配分析框架结论可能有偏差，需要在地域差异和要素市场扭曲视角下探讨不同地域的要素市场扭曲对农民收入增长等问题的内在关系和空间影响机制。在阅读大量国内外文献的基础上设计了本书的研究思路和框架：即地域差异和要素市场扭曲视角下，对不同地域农民收入增长影响因素、收入结构变动、收入增长预测等方面研究，从地域差异和要素市场扭曲视角创新不同地域农民增收的理论模型和实证框架，并对未来发展趋势做出合理的判断，并提出可行的对策。

本书研究特色在于：将要素市场扭曲纳入不同地域农民增收研究框架体系中，论证不同地域要素市场扭曲对农民收入增长和结构调整的空间地域影响，对相关理论方法进行适当拓展和丰富，为今后科学调整政策提供决策依据。

1.5.2 研究创新

研究视角方面，学术界对于农民收入增长因素、预测、农业政策调整等方面的研究丰富且翔实，基本都是建立在市场完全竞争假设前提下，而在中国要素市场不完全和要素价格严重扭曲的现状下，忽略地域差异和要素市场扭曲对不同地域农民增收问题的影响，有可能导致促进农民增收的措施难以奏效，以及预测结果可能存在偏差。研究将基于地域差异和要素市场扭曲并存视角，将要素市场扭曲纳入不同地域农民增收相关问题的分析框架中，不仅对已有研究进行了深化，而且在实证分析和考察角度方面更为系统、全面。

研究内容方面，改革开放以来，涉农政策调整及其对"三农"问题产生的影响是目前学术界关注的重点，而将农民增收与要素市场扭曲、地域差异相结合的研究较为缺乏。目前，有关地域差异和要素市场扭曲程度测算方法的成熟，为本书探讨不同地域的要素市场扭曲对农民增收问题的空间影响机理、影响程度等方面提供了可能和深入研究的空间。基于此，在探讨地域差异和要素市场扭曲的基础上，不仅对要素市场供给、价格、配置效率等方面的扭曲程度展开测算，同时，还关注要素市场扭曲对不同地域的农民收入增长和收入结构变动的影响，并在要素市场扭曲下预测不同地域农民收入未来的增长趋势、影响因素和增长潜力，是对"三农"问题和区域协调发展等相关研究的进一步丰富。

研究方法方面，研究借鉴现有地域差异、要素市场扭曲测算、农民增收等研究方法，首先，运用序列方差、参数化随机前沿分析法、数据包络分析等方法测度要素市场供给、价格、配置效率的扭曲程度；其次，利用基于回归的 Shapley 值分解方法对地域差异和要素市场扭曲视角下不同地域农民收入增长因素进行全面系统分析，并对不同地域农民收入展开预测，并确定影响未来农民收入增长的主要因素的地域差异；最后，构建要素市场扭曲下不同地域的农民收入增长与结构变动实证模型，采用多种类型数据展开空间计量实证分析，特别强调地理空间与农民收入的耦合作用。本书在精确测度地域差异和要素市场扭曲视角下，不同地域农民增收研究领域的有益尝试，为测度和预测要素市场扭曲下的不同地域农民收入增长的科学评价打下了坚实基础。

1.6 本 章 小 结

本章介绍了研究背景，结合中国改革开放和农村社会制度变革，以及中国要素市场发展变革，研究要素市场扭曲下的不同地域农民收入增长路径优化与政策调整，是凸显通过不断深化要素市场改革，实现中国农民收入持续健康提升，并实现四大来源结构的优化调整。为确保后续研究过程的科学性、严谨性，在规范地整理数据基础上，应用符合具体实际的科学方法，从农民收入的构成、要素市场扭曲的计算、农民收入结构变迁等方面进行量化分析，并提供了数据，便于对结果可重复、可验证，为相关领域的后续研究奠定基础。

参 考 文 献

［1］蔡昉，王德文．经济增长成分变化与农民收入源泉［J］．管理世界，2005（5）．

［2］曹亚军．要素市场扭曲如何影响了资源配置效率：企业加成率分布的视角［J］．社会科学文摘，2020（3）：49－51.

［3］曹跃群，杨婷，刘源超，等．农民收入增长波动关系预测分析：基于小波变换［J］．数理统计与管理，2009（7）．

［4］陈斌开，马宁宁，王丹利．土地流转、农业生产率与农民收入［J］．世

界经济，2020，43（10）：97 - 120.

［5］陈景华，陈姚，陈敏敏．中国经济高质量发展水平、区域差异及分布动态演进［J］．数量经济技术经济研究，2020，37（12）：108 - 126.

［6］陈秋锋．贸易结构调整、要素市场扭曲与要素收入分配［J］．经济经纬，2013（9）.

［7］陈全才，冒小栋．长江经济带区域发展差异分析——基于基尼系数及泰尔指数视角［J］．统计科学与实践，2019（12）：8 - 11.

［8］陈秀山，徐瑛．中国区域差距影响因素的实证研究［J］．中国社会科学，2004（5）.

［9］陈永伟，胡伟明．价格扭曲、要素错配和效率损失［J］．经济学季刊，2011（4）.

［10］程燕，潘兴良．西部大开发农民收入增长趋势分析——基于 Mann - Kendall 非参数检验模型［J］．农业技术经济，2012（5）.

［11］程逸斐，曹正伟．都市农区农民收入结构及影响因素分析［J］．浙江农业科学，2020，61（8）：1649 - 1652.

［12］樊琦，韩民春．劳动力流动成本和工资性收入对地区间农民收入差距的影响研究［J］．农业技术经济，2009（7）.

［13］高梦滔，姚洋．农户收入差距的微观基础：物质资本还是人力资本？［J］．经济研究，2007（12）：71 - 80.

［14］郜亮亮．我国农民收入地区差距探源［J］．财经问题研究，2014（4）.

［15］苟兴朝，张斌儒．黄河流域乡村绿色发展：水平测度、区域差异及空间相关性［J］．宁夏社会科学，2020（4）：57 - 66.

［16］关浩杰．收入结构视角下我国农民收入问题研究［D］．北京：首都经济贸易大学，2013.

［17］郝枫．价格体系对中国要素收入分配影响研究——基于三角分配模型之政策模拟［J］．经济学（季刊），2013（10）.

［18］何蒲明．农民收入结构变化对农民种粮积极性的影响——基于粮食主产区与主销区的对比分析［J］．农业技术经济，2020（1）：130 - 142.

［19］何一鸣，罗必良，等．农业要素市场组织契约关联逻辑［J］．浙江社会科学，2014（7）.

[20] 贺振，贺俊平. 基于空间自相关的农民纯收入地域差异及空间格局演化 [J]. 测绘科学 2014 (5).

[21] 贾晋，李雪峰. "富人治村"是否能够带动农民收入增长——基于 CFPS 的实证研究 [J]. 农业技术经济，2019 (11)：93 - 103.

[22] 蒋含明. 要素价格扭曲与我国居民收入差距扩大 [J]. 统计研究，2013 (12).

[23] 蒋含明，曾淑桂. 要素市场扭曲与中国制造业全球价值链攀升 [J]. 经济体制改革，2018 (6)：39 - 44.

[24] 金本庆，汪浩瀚. 要素市场扭曲对产业结构优化升级的存在性检验 [J]. 科技与管理，2020，22 (1)：10 - 16.

[25] 金丽馥，史叶婷. 乡村振兴进程中农民财产性收入增长的瓶颈制约和政策优化 [J]. 青海社会科学，2019 (3)：87 - 93.

[26] 金相郁. 中国区域经济不平衡与协调发展 [M]. 上海：上海人民出版社，2007.

[27] 赖文燕. 要素市场配置与我国城乡居民收入差距研究 [J]. 当代财经，2012 (5).

[28] 兰秀娟，张卫国. 经济集聚、空间溢出与区域经济发展差异——基于"中心—外围"视角分析 [J]. 经济问题探索，2020 (10)：68 - 80.

[29] 李敏纳，蔡舒，等. 要素禀赋与黄河流域经济空间分异研究 [J]. 经济地理，2011 (1)：20.

[30] 李敏，姚顺波. 村级治理能力对农民收入的影响机制分析 [J]. 农业技术经济，2020 (9)：20 - 31.

[31] 李清彬，金相郁，张松林. 要素适宜度与中国区域经济协调：内涵与机制 [J]. 中国人口资源与环境，2010 (7)：55 - 59.

[32] 李泉，张涛. 经济政策不确定性、农村投资与农民收入增长 [J]. 福州大学学报（哲学社会科学版），2020，34 (4)：64 - 72.

[33] 李小建，周雄飞，郑纯辉. 河南农区经济发展差异地理影响的小尺度分析 [J]. 地理学报，2008 (2).

[34] 李晓钟，王欢. 互联网对我国经济发展影响的区域差异比较研究 [J]. 中国软科学，2020 (12)：22 - 32.

［35］李兴绪，刘曼莉，葛珺沂．西南边疆民族地区农户收入的地理影响因素分析［J］．地理学报，2010（2）：235 – 243.

［36］林正雨，何鹏，李晓．基于 GIS 的区域农业经济空间特征研究——以四川省为例［J］．江苏农业科学，2014，（8）：433 – 436.

［37］刘楚杰，江文曲．乡村振兴战略下农村人力资本对农民收入增长的影响路径研究［J］．新疆农垦经济，2020（11）：12 – 21.

［38］刘慧．区域差异测度方法与评价［J］．地理研究，2006，25（4）：710 – 718.

［39］刘丽波．基于区域差异的经济高质量发展水平测度与进程监测［J］．统计与决策，2020，36（8）：110 – 114.

［40］刘清泉，王铮．中国区域经济差异形成的三次地理要素［J］．地理学报，2009，28（2）.

［41］刘小勇．中国区域间农村居民收入差异及极化研究［J］．财经论丛，2009（1）.

［42］陆大道．中国区域发展的新因素与新格局［J］．地理研究，2003，22（3）：261 – 271.

［43］吕屹云，蔡晓琳．农业科技投入、区域经济增长与农民收入关系研究——以广东省 4 个区域为例［J］．农业技术经济，2020（4）：127 – 133.

［44］罗德明，李晔，史晋川．要素市场扭曲、资源错置与生产率［J］．经济研究，2012（3）.

［45］孟斌，王劲峰，张文忠，等．基于空间分析方法的中国区域差异研究［J］．地理科学，2005（8）.

［46］楠玉．区域协调发展背景下经济规模与增长效率差异收敛性研究［J］．首都经济贸易大学学报，2020，22（3）：3 – 11.

［47］欧向军，沈正平，王荣成．中国区域经济增长与差异格局演变探析［J］．地理科学，2006，26（6）：641 – 648.

［48］潘桔，郑红玲．区域经济高质量发展水平的测度与差异分析［J］．统计与决策，2020，36（23）：102 – 106.

［49］钱忠好，牟燕．土地市场化是否必然导致城乡居民收入差距扩大［J］．管理世界，2013.

［50］邵源春，陆峻波，罗晓云．中国区域经济发展差异及其原因的多尺度分析［J］．金融经济，2018（22）：45－46．

［51］孙大岩，华志强，陈文茹．基于 SVAR 模型的中国农民不同类型收入与"四化"关系［J］．重庆社会科学，2020（4）：15－27．

［52］孙虎，刘彦随．山东乡村居民收入地域差异及其形成机制研究［J］．地域研究与开发，2011（2）．

［53］孙姗姗，朱传耿．区域经济发展差异研究进展与展望［J］．人文地理，2008，23（2）．

［54］孙湘湘，周小亮．中国省级要素市场扭曲程度的时空格局及影响因素［J］．地理科学，2020，40（2）：182－189．

［55］覃成林．中国区域经济差异变化的空间特征及其政策含义研究［J］．地域研究与开发，1998，17（2）：36－39．

［56］田凤平，秦瑾龙，杨科．中国三大城市群经济发展的区域差异及收敛性研究［J/OL］．系统工程理论与实践，2020－10－21．

［57］田万慧，张永凯．乡村振兴发展水平评价及区域差异分析——基于甘肃深度贫困地区的调研［J］．福建农林大学学报（哲学社会科学版），2020，23（6）：1－10．

［58］涂正革，甘天琦．中国农业绿色发展的区域差异及动力研究［J］．武汉大学学报（哲学社会科学版），2019，72（3）：165－178．

［59］万广华，张藕香，伏润民．1985—2002 年中国农村地区收入不平等：趋势、起因和政策含义［J］．中国农村经济，2008（3）．

［60］王春超．农村土地流转、劳动力资源配置与农民收入增长：基于中国17 省份农户调查的实证研究［J］．农业技术经济，2011（1）．

［61］王海江，苗长虹，茹乐峰．我国省域经济联系的空间格局及其变化［J］．经济地理，2012，32（7）：18－23．

［62］王健，胡美玲．农村投资、农业生产率对农民收入影响的实证检验［J］．统计与决策，2019，35（17）：100－104．

［63］王静娴．要素市场扭曲对外贸转型升级的影响研究［D］．沈阳：辽宁大学，2014．

［64］王鹏飞，彭虎锋．城镇化发展影响农民收入的传导路径及区域性差异

分析——基于协整的面板模型［J］. 农业技术经济, 2013 (10).

　　［65］王少泉. 大数据发展水平的影响因素与我国区域差异化发展［J］. 东南学术, 2020 (6): 106 – 118.

　　［66］王小鲁, 樊纲. 中国收入差距的走势和影响因素分析［J］. 经济研究, 2005 (10): 24 – 36.

　　［67］魏后凯. 论我国区际收入差异的变动格局［J］. 经济研究, 1992 (4).

　　［68］魏后凯. 中国市场转型中的区域经济差距: 社会影响与政策调整［J］. 开发研究, 2007 (4).

　　［69］魏庆文, 杨蕙馨. 中国分行业要素市场扭曲与 TFP 损失［J］. 经济问题探索, 2019 (9): 9 – 18.

　　［70］吴爱芝, 杨开忠, 李国平. 中国区域经济差异变动的研究综述［J］. 经济地理, 2011, 31 (5): 705 – 711.

　　［71］吴国松, 姚升. 要素市场扭曲下农业绿色全要素生产率测度及效应研究［J］. 生态经济, 2021, 37 (1): 96 – 102, 115.

　　［72］吴国松, 姚升. 要素市场扭曲下中国农民收入地域差异及其影响因素［J］. 湖南农业大学学报 (社会科学版), 2020, 21 (4): 12 – 18, 44.

　　［73］吴庆田, 蒋瑞琛. 农村地区金融包容性对农民收入的影响［J］. 江汉论坛, 2020 (11): 31 – 38.

　　［74］解晋. 要素市场扭曲的增长方式效应研究［J］. 云南财经大学学报, 2020, 36 (3): 20 – 30.

　　［75］徐建华, 鲁风, 苏方林. 中国区域经济差异的时空尺度分析［J］. 地理研究, 2005 (1).

　　［76］徐勇, 樊杰. 区域发展差距测度指标体系探讨［J］. 地理科学进展, 2014 (9).

　　［77］许月卿, 贾秀丽. 近 20 年来中国区域经济发展差异的测度与评价［J］. 经济地理, 2005 (9): 600 – 603.

　　［78］杨宏力, 李宏盼. 农地确权对农民收入的影响机理及政策启示［J］. 经济体制改革, 2020 (4): 86 – 93.

　　［79］杨晶, 孙飞, 申云. 收入不平等会剥夺农民幸福感吗——基于社会资本调节效应的分析［J］. 山西财经大学学报, 2019, 41 (7): 1 – 13.

［80］杨开忠. 中国区域经济差异变动研究［J］. 经济研究，1994（12）：28－33.

［81］尹文静，Ted McConnel. 农村公共投资对农民收入影响地域差异的时变分析［J］. 河北经贸大学学报，2015（1）.

［82］尹秀，刘传明. 中国经济发展的区域差异及其收敛机制检验［J］. 统计与决策，2019，35（8）：112－116.

［83］游绚，晏路明. 基于 ESDA－GIS 的区域农业经济时空格局研究［J］. 农业系统科学与综合研究，2010（3）：257－263.

［84］余家凤，易发云，孔令成. 农业结构调整与农民收入相互关系的实证研究［J］. 统计与决策，2014（1）.

［85］翟彬，童海滨. 我国东中西部地区农民收入差距的实证研究——基于收入来源视角的分析［J］. 经济问题探索，2012（8）.

［86］张朝. 我国区域经济发展差异的全要素生产率分析——基于 DEA 模型的 Malmquist 指数视角［J］. 技术经济与管理研究，2020（9）：118－122.

［87］张海霞. 电子商务发展、非农就业转移与农民收入增长［J］. 贵州社会科学，2020（10）：126－134.

［88］张杰，周晓艳，郑文平，芦哲. 要素市场扭曲是否激发了中国企业出口［J］. 世界经济，2011（8）.

［89］张曙光，程炼. 中国经济转轨过程中的要素价格扭曲与财富转移，世界经济，2010（10）.

［90］张显峰，崔伟宏. 基于 GIS 与空间统计分析的可持续发展度量方法研究［J］. 遥感学报，2001（5）：34－40.

［91］张益丰，王晨. 项目资助能有效提高异质性条件下农民收入吗？［J］. 西北农林科技大学学报（社会科学版），2020，20（5）：134－142.

［92］赵新宇，郑国强. 地方经济增长目标与要素市场扭曲［J］. 经济理论与经济管理，2020（10）：37－49.

［93］赵永，王劲峰. 中国市域经济发展差异的空间分析［J］. 经济地理，2007，27（3）.

［94］赵勇智，罗尔呷，李建平. 农业综合开发投资对农民收入的影响分析——基于中国省级面板数据［J］. 中国农村经济，2019（5）：22－37.

［95］周一成，廖信林. 要素市场扭曲与中国经济增长质量：理论与经验证据［J］. 现代经济探讨，2018（8）：8 - 16.

［96］周玉翠，齐清文，冯灿飞. 近 10 年中国省际经济差异动态变化特征［J］. 地理研究，2002，21（6）：781 - 790.

［97］朱晶，滕瑜. 贸易开放对农民非农收入及地区收敛的影响［J］. 国际贸易问题，2010（4）.

［98］朱喜，史清华，盖庆恩. 要素配置扭曲与农业全要素生产率［J］. 经济研究，2011（5）.

［99］朱学新. 我国农民收入的结构性差异与内部分化研究［J］. 财政研究，2014（11）.

［100］Anselin L, Bongiovanni R G, Lowenberg D J. A Spatial Econometric Approach to the Economics of Site - Specific Nitrogen Management in Corn Production［J］. American Journal of Agricultural Economics, 2004, 86（3）：675 - 687.

［101］Balint, B&Wobst, P. Institutional factors and market participation by individual farmers：the case of Romania［J］. Post - Communist Economies, 2006, 18（1）：101 - 121.

［102］Bibhunandini. Diffusion Old Information and Communication Technologies in Disseminating Agricultural Knowledge：An Analysis of Farmers' Income. African Journal of Science, Technology, Innovation and Development, 2013, 5（3）.

［103］Bruce. Measuring market distortion：international comparisons, policy and competitiveness［J］. Applied Economics, 2000（32）：253 - 264.

［104］Daudey, E. and Garcia Penalosa, C. , The Personal and the Factor Distributions of Income in a Cross - Section of Countries［J］. Journal of Development Studies, 2007, 43（5）：812 - 829.

［105］Debarsy N, Ertur C. Testing for Spatial Autocorrelation in Fixed Effects Panel Data Model［J］. Regional Science and Urban Economics, 2010, 40（1）：453 - 470.

［106］Du Y, Park A, Wang SG. Migration and rural poverty in China［J］. Journal of Comparative Economics, 2012, 33：688 - 709.

［107］Iddo Kan, Ayal Kimhi, Zvi Lerman. Farm output, non-farm income andcommercialization in rural Georgia [J]. Agricultural and Development Economic, 2006, 3: 276 – 286.

[108] Justin. Baker, Bruce. McCarl, Brian. Murry. Net Farm Income and Land Use under a U. S. Greenhouse Gas Cap and Trade [J]. Policy Issues and the Agricultural & Applied Economics Association, 2010, 4: 1 – 5.

[109] Loren, Trevor, Xiaodong Zhu. Factor market distortions across time, space and sectors in China [J]. Review of Economic Dynamics, 2013, 16 (1).

[110] Mutl J, Pfafermary M. The Spatial Random Effects and the Spatial Fixed Effects Model: The Hausman Test in a Cliff and Ord Panel Model [M]. Economics Series from Institute for Advanced Studies, 2011.

[111] S. Niggol Seo. Is an integrated farm more resilient against climate change? A micro econometric analysis of portfolio diversification in African agriculture [J]. Food Policy, 2010, 35: 32 – 40.

[112] Wei W, Lee L F. Estimation of Spatial Panel Data Models with Randomly Missing Data in the Dependent Variable [J]. Regional Science and Urban Economics, 2013, 43 (1): 521 – 538.

[113] YING. Understanding China's recent growth experience: a spatial econometric perspective. Annals of Regional Sciences, 2003, 37: 613 – 628.

[114] Yiping Huang, Jian Chang, Lingxiu Yang. Consumption Recovery and Economic Rebalancing in China. Asian Economic Papers, 2013, 12 (1): 47 – 67.

第 2 章　中国农民收入水平
变化与结构变迁

2.1　引　　言

　　2014 年 12 月中旬习近平总书记在江苏调研时首次提出"四个全面"战略目标①,涉及农村居民家庭人均纯收入,党的十八大提出:确保到 2020 年实现全面建成小康社会宏伟目标。而"三农"问题事关全面建成小康社会和实现两个一百年奋斗目标等重大社会发展问题。对于广大农村地区的农民居民来讲,与全国人民同步进入小康社会,最直观、最真实的感受应该源于实实在在的收入增长和收入不同来源渠道优化。"小康不小康,关键看老乡②",要稳定不同地域农民收入总水平,拓宽不同地域农民增收渠道尤为重要。近 20 多年,在一系列强农、惠农、富农等宏观、微观政策措施调整、优化、引导下,中国农民人均可支配收入保持较快增长势头。尤其自党的十八大会议后,即 2012 ~ 2020 年,农民收入总体水平年均增长率都在 8% 左右,年均增长数额超过千元,农民收入年均增速持续超过国内生产总值年增速,也超过了城镇居民收入增速,最终带动城乡收入差距

---

　　① 郭俊奎. 习近平首提"四个全面"吹响治国理政"集结号"［N/OL］.（2014 - 12 - 17）［2020 - 10 - 20］. http：//opinion. people. com. cn/n/2014/1217/C1003 - 26224297. html.

　　② 国家统计局. 中国统计年鉴 2020［M］. 北京：中国统计出版社,2020.

进一步缩小①。总体来看，农民家庭经营性收入和工资性收入在四大收入来源中占据绝对地位，是农民有效增收的中流砥柱和动力源泉。近年来，不同地域农民家庭经营性收入在原有基础上虽有下降，但依然占据了农民收入半数左右的份额。近 10 年来，乡村旅游等农业与其他产业融合发展，带动了农村交通运输服务、乡村旅游餐饮业等相关行业发展，农民非农工资性收入、财产性收入的增加也能够确保农民收入健康持续增长。然而受国内外经济形势影响，以及自然灾害等各类不确定因素频发，在宏观经济下行压力不断加大的背景下，不同地域农民增收形势不容乐观，需综合采取农民增收保障措施，着重稳定现有收入增长渠道，不断拓宽其他增收途径，优化各类来源收入在农民总收入中的构成比例。

2.2　中国农民收入总水平

2.2.1　中国农民收入

中国农民收入水平增长经历了曲折波动，体现了农民收入易受宏观、微观经济环境的变化。中国农民收入水平在改革开放后不断提升的过程具有显著的时代变化特征，与中国经济改革是密不可分的。因此，基于历年统计数据分析，并总结农民收入变化特征能够帮助我们了解中国农民收入长期变化规律，并探寻中国农民收入持续有效增长的路径。

第一阶段：1949 年 10 月 1 日新中国成立后到 1978 年 12 月 18 日改革开放前，出于当时特殊的国内外经济政治环境，中国农业完全属

---

① 人民网. 中央农村工作会议：小康不小康　关键看老乡 ［N/OL］. （2013 - 12 - 24）［2020 - 9 - 30］. http：//finance. people. com. cn/n/2013/1224/C1004 - 23936455. html.

于计划经济。在严格计划经济体制框架下，农业生产经营没有自主决策权，生产什么、生产多少都由国家计划决定，农业产出也实行统购统销，没有反馈出真实的农业生产投入产出关系。新中国成立后至改革开放前，为了迅速摆脱当时一穷二白的经济落后局面，为了打牢经济发展的工业基础，在很长一段时间内，中国实行重工业优先发展战略，完善中国工业格局，适当提高各类工业产品销售价格，降低大多数农产品原料收购价格，全力支持中国经济全面复兴，工农业产品价格"剪刀差"现象不断显现，国民收入分配格局向工业严重倾斜，致使农民收入增长缓慢，逐渐落后于经济发展总体水平。1952～1978 年间，中国农村居民家庭人均纯收入总体累计只增加了 76.6 元，年均增长 3.3%（见表 2 - 1）。其中 1965～1978 年的 13 年间，农民收入年均增长仅为 1.89%，总体来讲农民年均收入水平长期停滞不前。

表 2 - 1　　　1952～1978 年中国农民人民纯收入和农业总产值

年份	人均纯收入（元、现价）	农业总产值（亿元、现价）
1952	57.00	396.00
1957	73.00	443.90
1962	—	494.70
1965	107.20	684.30
1970	—	838.40
1975	—	1020.50
1977	117.10	1253.00
1978	133.60	1117.50

资料来源：国家统计局. 新中国五十年［M］. 北京：中国统计出版社，1999.
　国家统计局. 中国统计年鉴 1984［M］. 北京：中国统计出版社，1984.

第二阶段：自 1978 年改革开放开始，中国农民收入总水平在波动中呈现年年上升的趋势，农民收入年均水平增速总体上保持稳定。1978 年农民人均收入仅为 133.6 元，到 2000 年上升为 2282.1 元（见

表2-2），增长了近17倍。

表 2 - 2　　　　1979～2000 年中国农民人民纯收入和农业总产值

年份	人均纯收入 （元）	农业总产值 （亿元）	年份	人均纯收入 （元）	农业总产值 （亿元）
1979	160.2	1697.6	1990	686.3	7662.1
1980	191.3	1922.6	1991	708.6	8157.0
1981	223.4	2180.6	1992	784.0	9084.7
1982	270.1	2483.3	1993	921.6	10995.5
1983	309.8	2750.0	1994	1221.0	15750.5
1984	355.3	3214.1	1995	1577.7	20340.9
1985	397.6	3619.5	1996	1926.1	22353.7
1986	423.8	4013.0	1997	2090.1	23788.4
1987	462.6	4675.7	1998	2162.0	24541.9
1988	544.9	5865.3	1999	2210.3	24519.1
1989	601.5	6534.7	2000	2282.1	24915.8

资料来源：国家统计局. 新中国五十年 ［M］. 北京：中国统计出版社，1999.
国家统计局. 中国统计年鉴2001 ［M］. 北京：中国统计出版社，2001.

　　30 年城乡不平衡发展战略导致的农民收入禁锢，因改革开放带来的春风激发了农民收入的快速增长。1978～1989 年的改革开放初期，中国农民收入增长速度曾呈现先增速后减缓的现象。中国农民人均收入水平从 1978 年的 133.6 元，经过 6 年时间，增长到 1984 年的 355.3 元，增长了近 2.7 倍。农民收入激增源于改革开放带来的经济体制变革的政策效应，家庭联产承包责任制赋予了农民家庭生产的积极性和灵活性，改变了一段时间内"大锅饭"体制的严重弊端，家庭联产承包责任制解放了农村生产力，农民生产经营自负盈亏使得农民自主决定生产什么、生产多少、怎么生产。自主的农业生产经营模式使得农民生产积极性大增，农业生产效率大幅提升。为解决改革开放带来的农业农村发展中面临的新问题、新挑战，党中央加快了农村农业生产经营体制改革，连续三年发布涉农的"一号文件"等农业农村发展的政策措施，加速了计划经济时代根深蒂固的农产品统购统销制度的完结。改革开放初期释放的巨大经济活力极大地推动了农村集体、个体、私营企业等被约束的经济实体实现超高速发展，非农行业的全要素生产率的增长充分吸纳农业劳动力转移，使得被释放的农业剩余劳动力投入到非农业生产经营中，使得农民收入来源渠道变宽，增收方式多样化。为扭转日趋严重的农业工业产品价格剪刀差，不断降低涉农工业产品的市场价格，降低农业生产经营的成本，各级政府提高粮食等农作物的收购价格，促进了农民农业生产经营收入的提高，大幅度提升了农民收入总水平。1985～1989 年，中国农民收入增速较前期出现下降，但总体平均水平仍处于上升阶段。家庭联产承包责任制等改革下的农村经营体制系列调整已在 1984 年基本完成，系列涉农政策调整带来收入增长刺激效应减弱。计划经济向市场经济转变过程中，各类市场渠道没有完全建立，农产品生产流通基础设施尚未完善，短期内农产品供过于求的状况难以改变，出现了结构性农产品过剩，阻碍了农民收入的持续增长。中国农民收入由 1985 年的 397.6 元增长到 1989 年的 601.5 元，绝对数确有增长，但年均增长率却在 4.2% 左右，增速在 1989 年呈现为负的 1.6%。然而，农产品统购统销制度的逐渐取消，是粮食流通体制等事关农产品流通的市场自由化改革真正的开始。在农业生产经营面临诸多困境的同时，全国各地乡镇企业异军突起、迅猛发展，在农业收入有所降低的同时，非农工资性收入有所增加。农民农业生产经营性收入和非农工资性收入发生了此消彼长的收入结构变化，优化了农民收入增长结构，从而保障了不同地域农民收入总水平的增长趋势。

1990～1996 年，中国农民收入经过快速增长后迅速下降，农民收入不正常变化牵动着中央决策层。为了稳定农民收入，中央决策聚焦于与农业生产经营密切相关的土地资源配置利用政策，开始从农民所拥有的土地等要素禀赋视角关注农民收入问题。然而，中国改革开放后，经济快速发展出现的经济过热状态，中央政府采取了系列经济调整政策应对通货膨胀引发的经济过热问题，一段时间内采取的通货紧缩政策，在一定范围内调整了三大产业结构，在抑制经济过热政策措施的同时，也抑制了农民收入持续增长态势。而市场机制的不健全、不完善，农业生产经营中的农产品市场供求不匹配，信息不对称导致农产品供需数量、品种、品质严重不对称，致使农业生产增产不增效，无法有效拉动农民收入持续增长。因抑制经济过热所采取的一系列宏观调控政策措施，也在一定程度上抑制了乡镇企业健康快速发展，大量中小企业被迫面临生存危机，无奈关停或转型，大量企业职工面临下岗再就业问题，各级各地政府为缓解城镇失业人群的就业压力，也在一定范围内采取限制农村劳动力向城镇流动，农民的非农收入无法保障，因而阻碍了农民收入来源的优化。所有这些因素交织在一起，限制了农民收入总水平增长。经历过经济过热调整后的中国农民收入水平有了一定幅度回升，年平均增长率有了回升趋势。农民收入水平的回升源自农业和农村经济制度的进一步改革优化，并成为新时期农业生产丰收和农民收入水平提升最直接、最关键的支撑，各级政府为提升农业竞争力采取了一系列涉农支持保护政策措施，加大对农民农村的投资范围和力度。党的十四大明确了建立社会主义市场经济的新时代要求，在市场经济制度框架内有效促进了农民收入的增长。与此同时国家先后多次提高各类农副产品市场收购价格，在一定范围内保障了农民家庭经营性收入增长。邓小平南方谈话①为乡镇企业快速发展提供了良好的国内经济政策环境，突出了乡镇企业发展的重要性，外加结构性调整后的乡镇企业的快速发展，急需大量劳动力补充到企业生产经营中，农民工供需平衡关系被打破，使得农民工资

---

① 牛正武. 南行记：1992 年邓小平南方谈话全记录 [M]. 广州：广东人民出版社，2012.

性收入水平逐渐回升。

1996～2000 年，中国农民收入增速大幅度下降，农民收入水平由 1996 年的 1926.1 元提高到 2000 年的 2282.1 元。农民收入绝对数值虽有增长，但其实际增速却出现大幅下降，年均增长率仅为 4.76%。而 1997 年亚洲金融危机出现使得该年农民收入年均增长率比 1996 年降低 13 个百分点，虽然政府采取了相应的保障措施，但到 2000 年，农民收入增长率也不足 2%。然而，中国经济发展又出现严重的通货紧缩，市场经济不活跃使得各类工农产品出现严重过剩，各类农产品供大于求的情况逐渐凸显出来，加剧了农业生产增量不增收的窘状。1997 年爆发的亚洲金融危机促使国内外宏观经济形势更加严峻，亚洲金融风暴导致国内外市场需求萎缩，中国经济增速急剧下降，国内外市场竞争加剧了中小企业发展困境，农民获得工资性收入的难度加大，中国宏观经济发展状况与农民增收密切相关，宏观经济不景气，降低了农民收入整体水平。非农收入增长乏力，无法有效推动农民增收，影响了农民收入总体增长。亚洲金融风暴促使中国经济发展的外部环境恶化，但在一些国内政策调整下，农民收入仍表现为稳速增长，农民收入总体水平增量较多，年均名义增长率维持在 4% 左右，增长率较之前确有下降，但得益于各类宏观政策调整，稳定了物价水平，确保了工农产品市场供求关系，农民收入保持较为稳定增长。该期间，农民收入增速趋缓并回落明显的主要原因是：生猪等农产品价格疲软，导致农民持续增收动力不足；各类农产品出口因亚洲金融风暴而受阻；农民各种税费负担在内的农业生产经营成本较高等。

第三阶段：自 2001 年中国加入世界贸易组织后，农民收入增长步入新时期。2001～2012 年，中国农民收入增速持续上升，农民收入总体水平在恢复发展中呈现波动上涨。2001 年，中国农民年均收入同比上年增长了 4.2%，2002 年开始连续多年农民收入持续增长，2012 年农民收入水平达到了 8389.3 元，比上年增长了 11.4%，这是改革开放后的年均增长最大值，该阶段农民收入总水平整体翻了一番，实际收入增长率为接近10%，增速明显提升。无农不稳，党中央意识到中国经济面临的重要问题，解决好"三农"问题对中国经济稳定发展至关重要，实现农民收入总水平可持续增长成为解决中国经济整体发展问题的重中之重。农民收入快速增长源于中国经济体制改革重心回移到农村，党中央密集出台了系列农业农村经济改革政策措施。加入世界贸易组织后，我国不同经营主体的企业发展前景美好，劳动力需求剧增，推进城镇化进程能够更多地吸纳农村剩余劳动力的非农转移就业，确保非农工资性收入增速稳定恢复。党的十六届三中全会关于加大农村改革力度，提出要依法保障农民土地承包经营，通过承包经营权的法定确权引领农业农村经济改革深化。

在2004年之后，农民人均收入增长速度稳中趋快。2004年农民人均收入为3026.6元，到2017年达到了13432元（见表2-3），农民增收效果显著，增速加快。此阶段农民收入快速增长源于政府高度重视农业、农民和农村问题，2001年开始连续多年开展链式购销改革、粮食"直补"改革等推进涉农政策改革持续深化。2004年开始连续多年发布"一号文件"助推农民收入持续增长，党的十六大和党的十七大系列重大会议进一步夯实了工业反哺农业、城市支持农村战略重点，从宏观和微观层面切实改善农业农村生产经营环境，从根本上促进了农村稳定发展。2006年，国家为了降低农业生产经营成本，提升我国农业的国际竞争力，在前期试点的基础上全面取消农业税费，并出台一系列强农惠农政策措施，实现种粮、农机具等直接补贴，让利于农民，有效保障了农民收入稳步提高（见图2-1）。中国为实现加入世界贸易组织的承诺，进行了系列政策优化调整，拓宽了农业生产经营空间，延伸了工农产品销售市场，增加了农民就业渠道。系列政策调整，改变了固有的农业生产结构，不仅提升了农业生产效率，获得了大量农业生产经营收入；而且也使农民获得非农收入的渠道变宽并逐渐稳定。由于中国整体经济发展基础得到改善，且在加入世界贸易组织后推出的全面深化改革的系列政策激励下，国内外经济形势好转，农民收入增长与整体经济发展相匹配，从而带动农民收入总体呈现上升趋势。

表 2 – 3　　　2001～2019 年中国农民人均纯收入和农业总产值

年份	人均纯收入（元）	农业总产值	年份	人均纯收入（元）	农业总产值
2001	2406.9	26179.7	2011	7393.9	78837.0
2002	2528.9	27390.8	2012	8389.3	86342.2
2003	2690.3	29691.8	2013	9430.0	93173.7
2004	3026.6	36239.0	2014	10489.0	97822.5
2005	3370.2	39450.9	2015	11422.0	101893.5
2006	3731.0	40810.8	2016	12363.0	106478.7
2007	4327.0	48651.8	2017	13432.0	109331.7
2008	4998.8	57420.8	2018	14617.0	113579.5
2009	5435.1	59311.3	2019	16021.0	123967.9
2010	6272.4	67763.1	2020	17131.0	—

资料来源：国家统计局．中国统计年鉴 2020 ［M］．北京：中国统计出版社，2020．

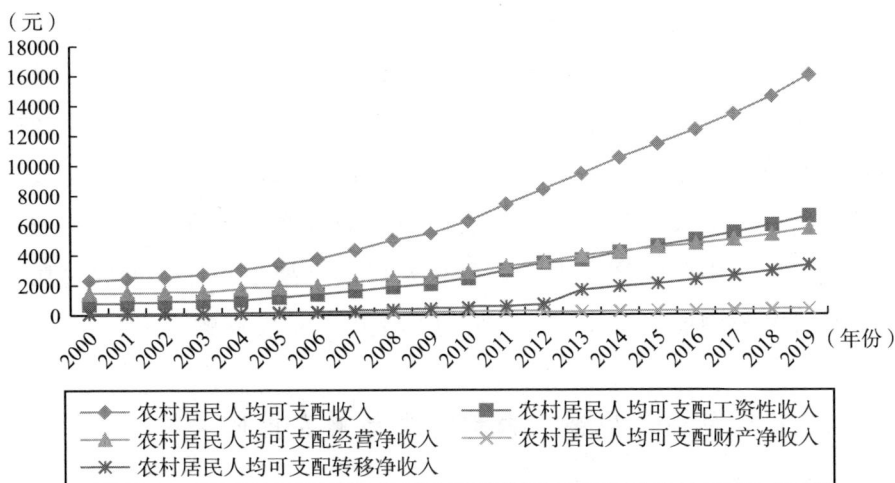

图 2 – 1　2000～2019 年农民人均收入及其构成变化趋势

资料来源：国家统计局．中国统计年鉴 2020 ［M］．北京：中国统计出版社，2020．

2013~2019 年，中国农民收入增长放缓，增速持续多年下滑。具体来看，农民收入从 2012 年的 9430 元上升到 2019 年的 16021 元，显示农民收入名义水平确有上升，农民收入人均年增长千元左右。但是就农民收入增速来看却呈现大幅下降，截至 2019 年增速维持在 6.5% 左右，低于国内生产总值的增速，虽然期间农民收入增速有所回升但提升力度较弱，反映了当前中国农民收入增长的根基不牢。历经多年快速增长，中国经济结构总体科学合理，但也在一定范围内存在结构性矛盾，中国经济整体增长速度放缓，结构性矛盾逐渐显现，快速工业化和城镇化的溢出效应不断被消耗掉，农民收入增长动力源泉不足。而包括现代金融制度在内的新经济体制改革尚未有效惠及农村，未能对"三农"问题的解决起到根本性的扶持、促进作用，现有相关金融机构提供的金融服务与农业农村金融需求不匹配，存在较大供求差距。同时，随着世界经济复苏的放缓，国内外工农产品价格持续走低，农业生产经营成本居高不下，农产品国际竞争力比较弱，农民收入持续增长的长效机制尚未建立，农民持久增收路径有待优化。

总体来讲，近年来农民收入增速虽然有所降低，但是农民收入绝对值水平还是继续缓慢增长的，这主要取决于党中央越来越重视"三农"问题，采取市场化的政策，充分发挥中国经济形势变好的政策环境优势，有序提升农民财产性收入和转移性收入，党中央把"三农"政策着力点全部投向平衡农业农村良性发展，通过采取全面深化改革的政策措施，最大限度激活"三农"发展的内在活力和动力，将农业农村发展置于中国经济三大产业融合发展的框架下，让广大农村居民拥有平等参与中国经济发展，共同分享中国经济发展的成果。

2.2.2 东部、中部、西部三大地域农民收入

由于中国经济总体存在东部、中部、西部三大区域差异，不同区域间的各类资源要素禀赋、区位交通优势、经济科技实力、文化风俗

传统观念等都存在较大差异，不同地域农民收入基础、环境的差异导致不同地域农民增收速度也存在明显差异，进而造成了不同地域农民收入增速的地域差异，东部区域的农民收入总量最高，中部区域的农民收入总量次之，西部区域的农民收入总量最低（见图 2 - 2）。关于地域划分，采取文献最常见的划分标准。东部省（区、市）：北京市、天津市、河北省、辽宁省、上海市、江苏省、浙江省、福建省、山东省、广东省、海南省。中部省（区、市）：山西省、吉林省、黑龙江省、安徽省、江西省、河南省、湖北省、湖南省。西部省（区、市）：四川省、重庆省、贵州省、云南省、西藏自治区、陕西省、甘肃省、青海省、宁夏回族自治区、新疆维吾尔自治区①、广西壮族自治区、内蒙古自治区。

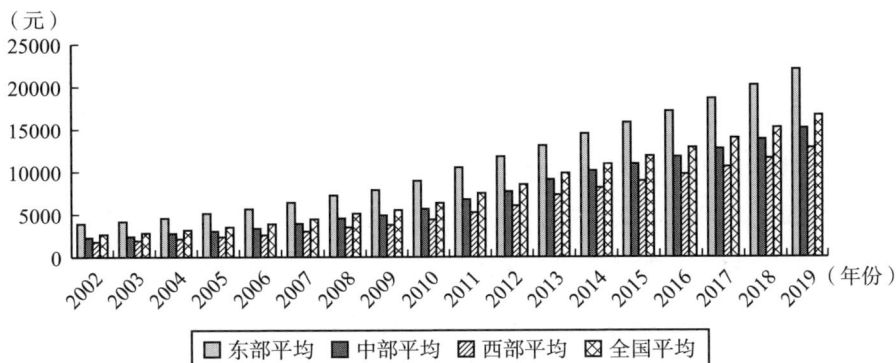

图 2 - 2　2002 ~ 2019 年东部、中部、西部省（区、市）与全国农民人均收入②

资料来源：国家统计局. 中国统计年鉴 2020［M］. 北京：中国统计出版社，2020.

从中国农民人均年收入绝对数值来看，东部省（区、市）的农民收入人均水平最高，位列第二的是中部省（区、市），位列第三的是

---

① 本书统计数据中关于新疆维吾尔自治区的数据均含新疆生产建设兵团，下面不再赘述。

② 本书统计数据均不包含中国港、澳、台地区，下面不再赘述。

西部省（区、市），中西部省（区、市）的农民收入水平低于全国农民收入平均水平。从中国农民人均年收入的纵向绝对数值来看，改革开放40多年来，尤其是加入世界贸易组织后的10多年间，东部省（区、市）农民人均年收入从2002年的3916元增长至2019年的22021元，农民人均收入快速增加了18105元，平均到每年，大约增长1006元，数值远超全国平均值（750元）。中部省（区、市）农民人均年收入从2002年的2292元增至2019年的15123元，农民人均收入快速增加了12831元，平均到每年大约增长712元，数值与全国平均水平（750元）接近，略低一些。西部省（区、市）农民人均年收入从2002年的1792元增至2019年的12817元，农民人均收入快速增加了11025元，平均到每年，大约增长613元，数值远低全国平均值（750元），西部省（区、市）的农民收入年增长最少。从农民收入横向绝对数值来看，2002年，东部省（区、市）与中部省（区、市）、西部省（区、市）的农民收入差距分别为1624元、2124元。2019年，东部省（区、市）与中部省（区、市）、西部省（区、市）的农民收入差距分别为6898元、9204元。从不同地域间农民收入增长数据变化来看，2002～2019年，东部、中部、西部省（区、市）的农民收入总水平增长数值由高向低依次排列，不同地域农民收入水平差距较大，只有东部省（区、市）高于全国农民收入的平均水平，中部、西部省（区、市）的农民收入水平低于全国农民收入平均值，西部省（区、市）的农民收入最低，东部省（区、市）和西部省（区、市）间的农民收入水平差距最大（见图2-4、图2-5、图2-6）。

从中国农民人均年收入增长速度变化相对数值来看，中部省（区、市）农民人均收入增长速度高于东部省（区、市）、西部省（区、市），也高于全国农民收入增速平均水平，东部省（区、市）农民收入增速速度最慢，不同年份农民收入增长速度间的波动较大。从中国农民人均年收入的增长速度纵向数值来看，东部省（区、市）2001年的名义增长率为3.48%，2019年为9.8%，其中，2008年增长率最低，

（元）

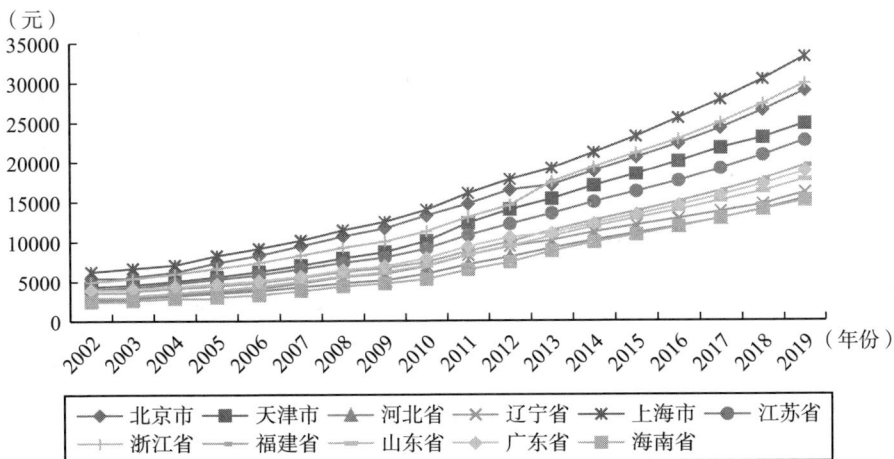

图 2 - 3　2002～2019 年东部省（区、市）农民人均收入

资料来源：国家统计局. 中国统计年鉴 2020［M］. 北京：中国统计出版社，2020.

（元）

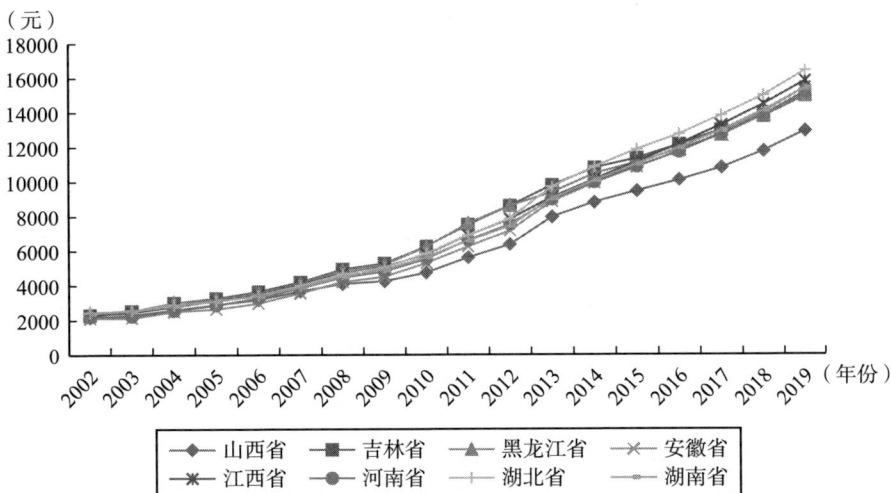

图 2 - 4　2002～2019 年中部省（区、市）农民人均收入

资料来源：国家统计局. 中国统计年鉴 2020［M］. 北京：中国统计出版社，2020.

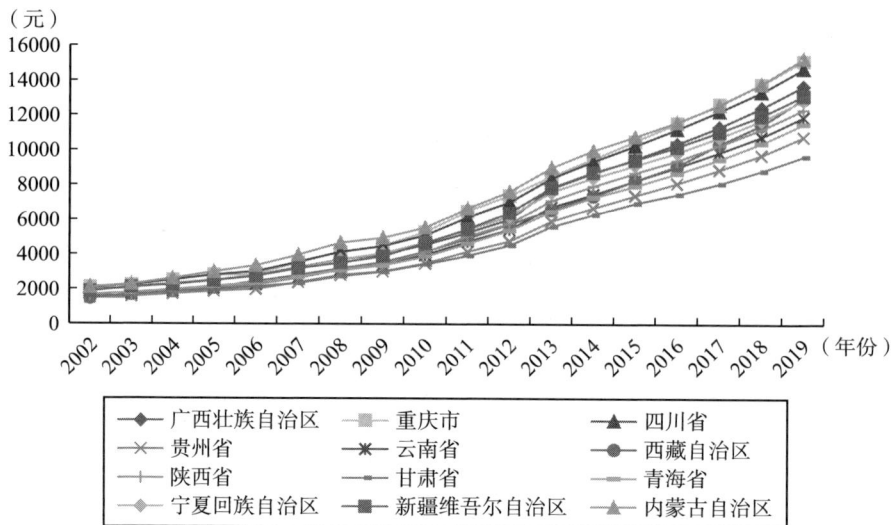

图 2 - 5 2002 ~ 2019 年西部省（区、市）农民人均收入

资料来源：国家统计局．中国统计年鉴 2020 ［M］．北京：中国统计出版社，2020．

仅为 3. 15% ，与上一年度农民收入年增长率相差将近 4 个百分点，不同年份间的农民收入增速波动较剧烈。东部省（区、市）虽然农民收入水平比其他省（区、市）要高，但其农民收入年增长速度却是最低的。中部省（区、市）2001 年的名义增长率为 2. 59% ，2019 年为 9. 5% ，其中，2008 年增长率最低，仅为 2. 35% ，与上一年度农民收入年增长率相差将近 3 个百分点，不同年份间的农民收入增速波动较剧烈。中部省（区、市）大多数年份与全国农民收入年均增速变化相近，与全国农民收入年均水平持平，农民收入年增速较快。西部省（区、市）2001 年的名义增长率为 2. 37% ，2019 年为 8. 49% ，其中，2009 年增长率最低，仅为 2. 26% ，与上一年度农民收入年增长率相差将近 2 个百分点，不同年份间的农民收入增速波动较剧烈，其农民收入增速也是围绕全国农民收入增速值上下波动的。东部省（区、市）、中部省（区、市）、西部省（区、市）与全国农民收入平均增速均为正值，说明尽管增速有所下降但中国农民收入总水平自加入世界贸易组织以来，均实现正增长。从中国农民人均年收入增速的横向视角来看，加入世界贸易组织以来中国农民收入年均增速分别为：东部省（区、市）6.16%、中部省（区、市）6.27%、西部省（区、市）6.08%、全国平均6.17%，由此可以看出，农民收入年增长率中，中部省（区、市）最高，西部省（区、市）其次，东部省（区、市）最低，中部和西部省（区、市）与全国收入增速持平。这说明中部省（区、市）农民收入增长最快，西部省（区、市）农民收入也在加速增长，而东部省份原来收入水平较高导致其增速放缓，但农民收入增长绝对值依然位列首位。

自 2001 年中国加入世界贸易组织后，中国东部省（区、市）、中部省（区、市）、西部省（区、市）的农民收入总水平均实现快速正向增长，东部省（区、市）、西部省（区、市）的农民收入地域间差距最大。但从变化趋势看，不同地域农民收入的地域差距呈现逐渐缩小的态势。因此，从不同地域的农民收入总体水平来看，虽然年均增长率东部省（区、市）较低，但总体上东部省（区、市）农民收入水平绝对数值仍远超中部省（区、市）和西部省（区、市），中部省（区、市）、西部省（区、市）的农民收入总水平较低，但农民收入年增长速度较快，在一系列惠农政策调整下，中西部省（区、市）农民收入仍有较大的增长空间。

2.3 中国农民收入结构变迁

2.3.1 中国农民收入结构变化

中国农民收入增长和收入结构变迁，涉及农民家庭收入总水平变化和家庭收入来源结构变化，以及不同收入来源所占比例和不同收入来源之间相互转换关系。中国农民收入来源日趋多元化，不同收入来源路径与贡献存在一定程度上的差异。改革开放以来中国农民收入主要可以分为四种：即家庭经营性收入、非农工资性收入、家庭财产性净收入、转移性收入。家庭经营性收入是指以家庭为单位进行生产经营活动所取得的收入。工资性收入是指农民为用人单位提供体力劳动或脑力劳动所获得的工资报酬。财产性收入是指出租金收入、银行存款利息收入和集体资产分红等各种财产性收入。转移性收入是指各级政府、企事业单位等无偿向农民转移的资金、物资和服务。改革开放以来，中国农村家庭的非农工资性收入和家庭经营性收入在农民总收入中的占比越来越大，部分地区的非农工资性收入甚至超过了其他3种收入来源。随着现代农业经营体制的逐渐完善，家庭经营性收入份额在下降，家庭经营性收入增长幅度受限；而非农工资性收入对不同地域农民增收的贡献越来越大；转移性收入和财产性收入所占份额也逐年上升，共同助推了农民收入总水平的稳定增长。

从改革开放以来的农民收入变化数据来看，中国农民收入结构具有明显的动态变化特征。工资性收入和家庭经营性收入始终是中国农民收入增长的主要来源渠道，2000年两种收入来源的比重为93%，而2019年两种收入来源的比重为77%，虽然比重略有下降，但相对其他两种收入来源占比，工资性收入和家庭经营性收入的比重仍然较大。不同时期，家庭经营性收入和非农工资性收入比重差距较大，2009年之前家庭经营性收入来源占比超过一半，而2009~2014年非农工资性收入和家庭经营性收入所占比重基本相同，2015年开始工资性收入比重首次超过家庭经营性收入，其比重达到40%，2015年以来中国农民工资性收入所占比重稳定在41%~46%的变化区间，中国农民收入结构呈现为农业生产经营主导型向非农业主导型转变的特征。截至2019年，农民总收入来源中，工资性收入比重上升为42%左右，家庭经营性收入缩减至36%左右，家庭经营收入和工资性收入所占比重的变化反映了两种收入来源相对重要性显著变化。2000~2019年间的农民财产性收入所占比重基本稳定，政府转移性收入占比呈现快速上升趋势，所有收入来源的绝对值都呈现显著上升趋势。

　　由表 2 - 4、表 2 - 5 可看出，加入世界贸易组织以来，即从 2001 年起至 2019 年，中国农民四大收入来源在数值上都呈现显著增加。农民工资性收入由 2001 年的 771.9 元增长到 2019 年的 6583 元，中国农民工资性收入同比增长 8.5 倍，这跟入世后不断调整的三产结构变化密不可分，农村富余劳动力的非农工作途径变广，非农工作形式多样化使得非农收入来源也多种多样。农民家庭经营性收入在 2001 年至 2019 年 18 年内稳步增长，从 1459.6 元增长到 5762 元，加入世界贸易组织以来中国农民家庭经营性收入同比增长大约 4 倍。农村居民财产性收入由 2001 年 47 元增长至 2019 年 377 元，同比增长 8 倍。从增速来看很大，但是绝对值相对较低，农村居民拥有的投资渠道和资源相对稀缺，由于其自身素质、投资习惯等方面的影响没有显著增加其财产性收入，但由于国家相关农业支持政策调整，在三变改革进程中，部分地区在一定范围内存在的土地流转使得农民拥有了一定土地出租收入。农民政府转移性收入由 2001 年的 87.9 元增长到 2019 年的 3298 元，加入世界贸易组织以来中国农民转移性收入同比增长 37 倍，这跟中国综合国力迅速上升密不可分，中国越来越富强能够在加入世界贸易组织承诺框架内对农业发展实现转移支付，转移性收入增长是四大收入来源中增速最大的。

表 2 - 4　　　　　　　2000 ~ 2019 年中国农民四大收入来源数值　　　单位：元

年份	农村居民人均可支配收入	农村居民人均可支配工资性收入	农村居民人均可支配经营净收入	农村居民人均可支配财产净收入	农村居民人均可支配转移净收入
2000	2282.1	702.3	1427.3	45.0	78.8
2001	2406.9	771.9	1459.6	47.0	87.9
2002	2528.9	840.2	1486.5	50.7	98.2
2003	2690.3	918.4	1541.3	65.8	96.8
2004	3026.6	998.5	1745.8	76.6	115.5

年份	农村居民人均可支配收入	农村居民人均可支配工资性收入	农村居民人均可支配经营净收入	农村居民人均可支配财产净收入	农村居民人均可支配转移净收入
2005	3370.2	1174.5	1844.5	88.5	147.4
2006	3731.0	1374.8	1931.0	100.5	180.8
2007	4327.0	1596.2	2193.7	128.2	222.3
2008	4998.8	1853.7	2435.6	148.1	323.2
2009	5435.1	2061.3	2526.8	167.2	398.0
2010	6272.4	2431.1	2832.8	202.3	452.9
2011	7393.9	2963.4	3222.0	228.6	563.3
2012	8389.3	3447.5	3533.4	249.1	686.7
2013	9430.0	3653.0	3935.0	195.0	1648.0
2014	10489.0	4152.0	4237.0	222.0	1877.0
2015	11422.0	4600.0	4504.0	252.0	2066.0
2016	12363.0	5022.0	4741.0	272.0	2328.0
2017	13432.0	5498.0	5028.0	303.0	2603.0
2018	14617.0	5996.0	5358.0	342.0	2920.0
2019	16021.0	6583.0	5762.0	377.0	3298.0

资料来源：国家统计局. 中国统计年鉴2020 [M]. 北京：中国统计出版社，2020.

表2-5　　　　2000~2019年中国农民收入四大来源占比

年份	农村居民人均可支配工资性收入占比	农村居民人均可支配经营净收入占比	农村居民人均可支配财产净收入占比	农村居民人均可支配转移净收入占比
2000	0.308	0.625	0.020	0.035
2001	0.321	0.606	0.020	0.037
2002	0.332	0.588	0.020	0.039
2003	0.341	0.573	0.024	0.036
2004	0.330	0.577	0.025	0.038
2005	0.348	0.547	0.026	0.044

年份	农村居民人均可支配工资性收入占比	农村居民人均可支配经营净收入占比	农村居民人均可支配财产净收入占比	农村居民人均可支配转移净收入占比
2006	0.368	0.518	0.027	0.048
2007	0.369	0.507	0.030	0.051
2008	0.371	0.487	0.030	0.065
2009	0.379	0.465	0.031	0.073
2010	0.388	0.452	0.032	0.072
2011	0.401	0.436	0.031	0.076
2012	0.411	0.421	0.030	0.082
2013	0.387	0.417	0.021	0.175
2014	0.396	0.404	0.021	0.179
2015	0.403	0.394	0.022	0.181
2016	0.406	0.383	0.022	0.188
2017	0.409	0.374	0.023	0.194
2018	0.410	0.367	0.023	0.200
2019	0.411	0.360	0.024	0.206

资料来源：国家统计局.中国统计年鉴 2020 ［M］.北京：中国统计出版社，2020.

　　家庭经营性收入和非农工资性收入都在农民总收入中占据较大比重，这两种收入来源的增长决定了农民收入总水平。农民非农工资性收入与家庭经营性收入所占比重此消彼长，交替占据农民收入来源构成的前两位，因此非农工资性收入与家庭经营性收入为农民增收最重要的收入来源。农村居民在城镇化和工业化强烈带动下的就业渠道得以显著拓展，多元化的收入渠道使得传统的农业生产经营性收入比重不断下降。中国国情决定了产业结构，农业生产经营作为中国经济稳定发展的基础性产业，一段时间内必然是农民收入增长的主要来源渠道之一。但是随着中国产业结构不断优化调整，第一产业富余农村劳动力必将向非农工业和服务型产业转移，推动农民收入来源结构出现重大改变和结构优化，中国农民收入具有家庭经营性收入和非农工资性收入"双轮驱动"增长的中国特征。中国农业生产效率的提高，带动了农业生产规模效应提升，但农业生产经营增产带动的增收效应却呈现增速下降趋势，增产不增收现象较为明显，农产品市场供求基本饱和，在一定范围内存在供需结构性矛盾。因此，家庭经营性收入所占农民收入的比重逐年下降。从变化趋势来看，总体上，农民非农工资性收入呈现出显著上升趋势，工资性收入对农民收入水平的正向提升影响较大，而家庭经营性收入增收效果变弱，政府转移性收入在农民收入来源中的增长速度最快，财产性收入在东部省（区、市）呈现出较大的增收贡献份额，而在中部省（区、市）和西部省（区、市）对农民收入总水平的影响仍然有限，只是在小范围内波动，其占农村居民人均可支配收入总量的比重不高。具体来看农民收入来源构成变化，随着农业生产经营方式的变革和农业生产效率的提升，城镇化与工业化的快速发展吸引大量富余青壮劳动力离开农业生产，选择本地或异地非农就业，非农就业的增长使得农民获得的工资性收入在其总收入中的比重逐渐上升，社会主义市场经济快速健康发展，带动工业化、城市化进程加快，大量农民非农就业增加使得工资性收入成为农民四大收入来源中份额最大的部分。家庭经营性收入由于农业生产中使用大量新技术提升生产效率，使得收益大幅增加，虽然相比工资性收入而言增速不明显，但其绝对数值也在显著增加，共同助推了农民收入总水平的提升。家庭财产性收入水平绝对值因要素市场不完善、产权所限等因素使得其在东部省（区、市）变化显著，而在中西部省（区、市）的农民收入助推效果并不显著。为提升中国农业的国际竞争力，党中央和地方各级政府积极开展形式多样的精准扶贫、推进乡村振兴战略实现，使得以政府补贴等形式存在的强农、惠农、富农政策转移性收入出现了较大幅度增长，尤其是欠发达的西部省（区、市）更加显著，有助于稳定和提升全部农民收入总水平。从四大收入来源在农民收入总额中所占比例的变化趋势看，农民收入中所占的比重最大，且呈现上升趋势的是农民工资性收入和政府转移性收入，两大收入来源对农民增收的作用越来越重要。因此，应当在确保农业生产经营正常开展的同时，通过教育培训等方式大幅度提高农民文化与职业综合素质，为农民非农就业提供和创造更宽阔的就业渠道，进而大幅提升其工资性收入，同时，随着我国国力不断增强，党中央和地方各级政府也可以通过实施惠民富农政策等途径，增大农民转移性收入和财产性收入比重，凸显转移性收入和财产性收入对农民收入总水平的贡献，为长效增加农民收入总水平开拓新渠道，有效保障农民增收的持续稳定，有助于优化农民收入来源路径。

2.3.2 东、中、西部不同地域农民收入来源结构变化

不同地域因自然、人文等因素导致不同省（区、市）的农民收入增长存在显著的区域差异，不同地域的农民收入来源存在显著差异。根据中国农民收入来源分析可知，农民非农工资性收入与家庭经营性收入构成了农民收入主体（见表 2 - 6、表 2 - 7），占据农民收入的80% 以上。不同地域因地方财政实力与要素市场发育等差异，转移性收入和财产性收入在东部发达省（区、市）所占比重明显高于中西部省（区、市）（见表 2 - 8、表 2 - 9），进而随着要素市场持续深化改革步伐的加快，转移性收入和财产性收入所占比重会有所上升，能够成为农民增长的新亮点，也是今后优化农民收入来源的着眼点。

表 2 - 6   2002 ~ 2019 年中国东部、中部、西部

三大区域农民工资性收入   单位：元

年份	东部	中部	西部
2002	1929. 755	676. 350	454. 000
2003	2047. 491	736. 125	529. 255

续表

年份	东部	中部	西部
2004	2204.473	793.863	567.517
2005	2550.836	926.925	646.158
2006	2878.573	1116.413	753.025
2007	3216.955	1315.288	895.250
2008	3658.055	1531.688	1052.700
2009	4042.036	1667.025	1188.792
2010	4657.573	1975.800	1434.875
2011	5605.391	2479.500	1770.017
2012	6406.436	2948.413	2069.508
2013	7880.279	3129.811	2156.446
2014	8680.518	3384.117	2394.636
2015	9534.502	3739.297	2551.306
2016	10442.546	4104.205	2786.766
2017	11434.462	4532.470	3008.602
2018	12504.379	4984.746	3324.068
2019	13754.816	5483.220	3641.746

资料来源：国家统计局. 中国统计年鉴 2020 ［M］. 北京：中国统计出版社，2020.

表 2 - 7　　　　　2002 ~ 2019 年中国东部、中部、西部

三大区域农民家庭经营性收入　　　单位：元

年份	东部	中部	西部
2002	1690.364	1520.838	1225.008
2003	1789.218	1564.450	1288.273
2004	1975.536	1832.713	1421.942
2005	2086.045	1910.588	1523.167
2006	2191.836	2016.163	1589.475
2007	2465.891	2289.425	1825.358

续表

年份	东部	中部	西部
2008	2648.645	2593.538	2036.150
2009	2713.727	2697.950	2122.017
2010	2983.818	3067.638	2422.908
2011	3295.691	3542.550	2784.567
2012	3554.918	3924.225	3091.792
2013	4370.038	4821.688	4216.214
2014	4830.439	5264.359	4724.797
2015	5185.035	5488.901	4999.948
2016	5588.636	5846.219	5519.711
2017	5778.097	6265.128	5944.421
2018	5863.983	6778.816	6331.676
2019	6509.711	7456.697	6964.844

资料来源：国家统计局. 中国统计年鉴 2020 ［M］. 北京：中国统计出版社，2020.

表 2 - 8 　　　　　2002～2019 年中国东部、中部、西部

三大区域农民转移性收入 　　　　　单位：元

年份	东部	中部	西部
2002	178.864	65.238	78.600
2003	182.927	59.125	80.455
2004	216.318	92.238	96.200
2005	281.173	115.763	126.817
2006	348.345	151.013	168.392
2007	421.273	200.313	203.908
2008	550.018	311.300	302.475
2009	697.545	374.688	383.650
2010	828.855	430.350	419.792
2011	1033.709	510.625	528.383

续表

年份	东部	中部	西部
2012	1225.109	590.400	694.383
2013	1754.951	1041.029	1247.389
2014	2100.629	1710.807	1538.552
2015	2120.409	1860.227	1800.448
2016	2415.751	2524.980	2004.551
2017	2733.674	2859.753	2300.220
2018	3152.221	3241.590	2635.134
2019	3614.130	3565.749	2898.647

资料来源：国家统计局. 中国统计年鉴2020 [M]. 北京：中国统计出版社，2020.

表2-9　　　　　2002～2019年中国东部、中部、西部

三大区域农民财产性收入　　　　单位：元

年份	东部	中部	西部
2002	117.291	29.838	34.150
2003	140.827	47.688	43.945
2004	168.445	51.338	50.133
2005	205.364	75.888	59.492
2006	237.673	75.575	65.042
2007	291.809	112.950	79.725
2008	382.082	114.550	89.933
2009	401.964	141.250	93.933
2010	455.636	180.725	114.875
2011	550.791	204.200	138.000
2012	621.591	207.625	152.692
2013	1016.357	198.192	157.104
2014	1161.648	200.919	176.315
2015	722.889	220.600	202.067

年份	东部	中部	西部
2016	808.770	233.225	221.684
2017	917.649	253.448	263.327
2018	1030.437	287.505	304.629
2019	1103.528	316.255	335.092

资料来源：国家统计局. 中国统计年鉴 2020 ［M］. 北京：中国统计出版社，2020.

　　从东部省份农民收入增长的来源结构，东部发达省（区、市）农民工资性收入在四大收入结构中占比最高，不同年份偶有波动，但东部省（区、市）农民年均工资性收入呈现出不断上升的态势，东部省（区、市）农民工资性收入占比由 2002 年的 49.3% 增至 2019 年的 55.1%，占比共增加了 5.8%。东部省（区、市）农民家庭经营性收入呈现先上升、再稳定、后下降的变化特征，2002 年经营性收入占比为 43.2%，历经 10 余年，占比较少大幅波动，但在农民收入总体中的占比却逐年下降，2019 年降到了 26.1%，历经 10 余年，降幅达17.1%。东部省（区、市）农民获得的转移性收入占比在不断上升，但远远低于工资性收入与经营性收入的比重，从 2002 年的 4.6% 上升到 2019 年 14.5%，截至 2019 年，共增长了 9.9%，且在 2010 年之后转移性收入占比增长速度最快，有力保障了东部省（区、市）农民收入总体快速增长。东部省（区、市）农民财产性收入由 2002 年的 3% 增至 2019 年的 4.4%，占比共增加了 1.4%。占比一直较为稳定，且略有上升（见表 2－10）。综上所述，2002～2019 年，东部省（区、市）农民总收入构成中，占比最高的是非农工资性收入与家庭经营性收入，这两种收入来源占据了农民收入总额的主导地位，其增长变化对农民收入总额的影响最大。东部省（区、市）农民家庭经营性收入与工资性收入呈现不同的变化趋势，在 2000 年之前，以家庭经营性收入为主，在 2000 年之后以非农工资性收入为主。东部地区农民收入中，工资性收入与家庭经营性收入占比分别处于第 1 位、第 2 位，且工资性收入仍然呈现出不断上涨的态势（见图 2 - 6），而家庭经营性收入却逐年下降（见图 2 - 7），可见获取工资性收入是该地区农民最主要的收入来源。转移性收入一直以较低速率稳步提升，且在 2014 ~ 2016 年的增速有所提高（见图 2 - 8）；财产性收入在农民收入中的占比一直较为稳定（见图 2 - 9）。

表 2 - 10 东部省份四种收入来源占比

年份	工资性	家庭经营性	财产性	转移性
2002	0.493	0.432	0.030	0.046
2003	0.492	0.430	0.034	0.044
2004	0.483	0.433	0.037	0.047
2005	0.498	0.407	0.040	0.055
2006	0.509	0.387	0.042	0.062
2007	0.503	0.386	0.046	0.066
2008	0.505	0.366	0.053	0.076
2009	0.515	0.345	0.051	0.089
2010	0.522	0.334	0.051	0.093
2011	0.535	0.314	0.053	0.099
2012	0.543	0.301	0.053	0.104
2013	0.525	0.291	0.068	0.117
2014	0.518	0.288	0.069	0.125
2015	0.543	0.295	0.041	0.121
2016	0.542	0.290	0.042	0.125
2017	0.548	0.277	0.044	0.131
2018	0.554	0.260	0.046	0.140
2019	0.551	0.261	0.044	0.145

资料来源：国家统计局. 中国统计年鉴 2020 [M]. 北京：中国统计出版社，2020.

（元）

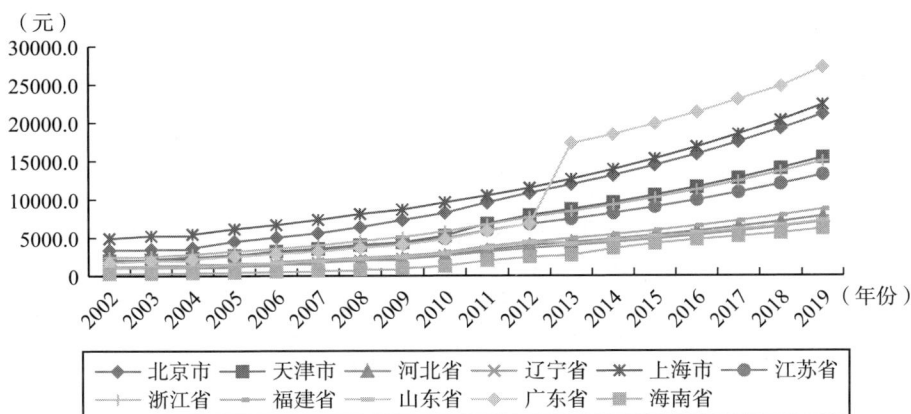

图 2-6　2002～2019 年东部省（区、市）农民工资性收入变化趋势

资料来源：国家统计局．中国统计年鉴 2020 ［M］．北京：中国统计出版社，2020.

（元）

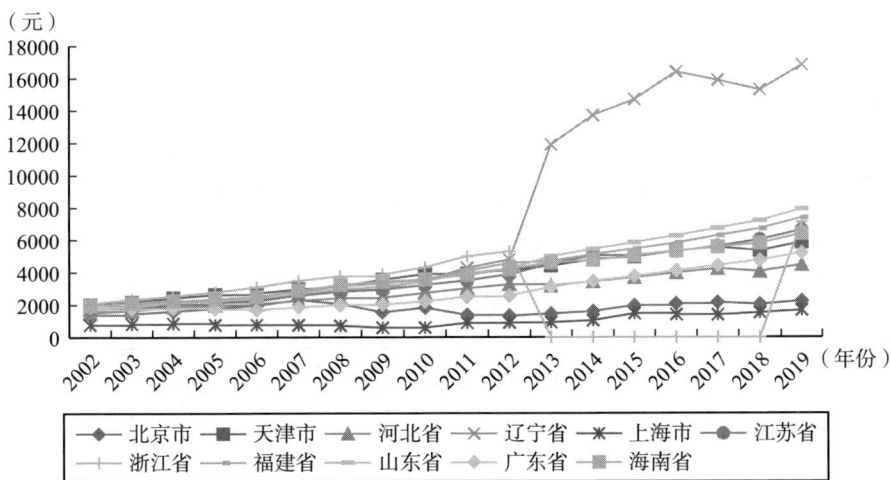

图 2-7　2002～2019 年东部省份农民家庭经营性收入变化趋势

资料来源：国家统计局．中国统计年鉴 2020 ［M］．北京：中国统计出版社，2020.

（元）

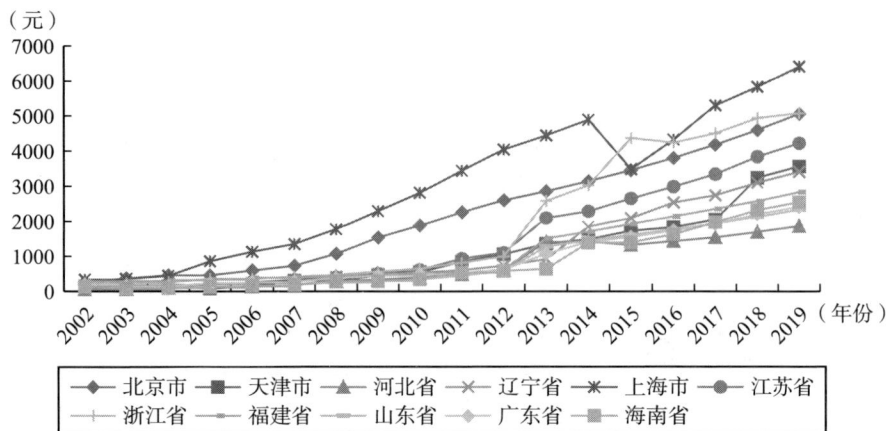

图 2 - 8   2002～2019 年东部省份农民转移性收入变化趋势

资料来源：国家统计局. 中国统计年鉴 2020 ［M］. 北京：中国统计出版社，2020.

（元）

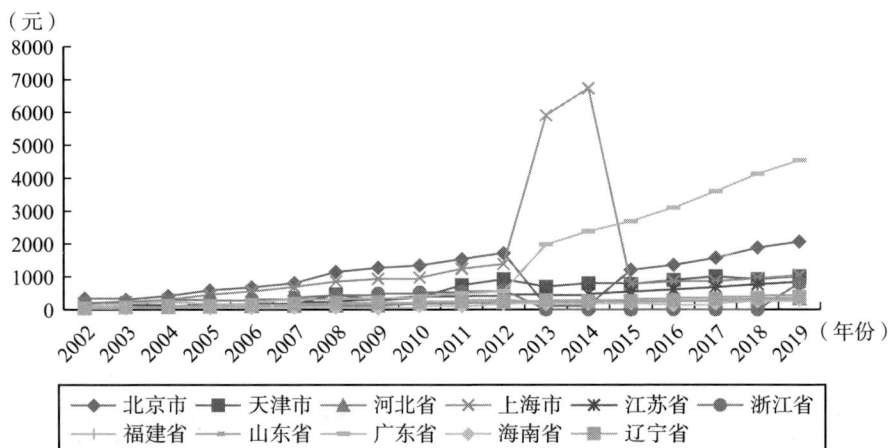

图 2 - 9   2002～2019 年东部省份农民财产性收入变化趋势

资料来源：国家统计局. 中国统计年鉴 2020 ［M］. 北京：中国统计出版社，2020.

目前，工资性收入是东部省（区、市）农民收入最主要的来源。因政策倾斜下的东部城乡一体化发展加速，使得三大经济带协调发展下的东部省（区、市）经济高速增长，各类企业市场前景明朗，国内外需求激增引致劳动力需求增加，正好为农村闲置劳动力提供了工作岗位，奠定了东部省（区、市）农民工资性持续健康增长的基础。在农民工资性收入数额上，北京市、上海市、广州市的工资性收入增量最高，这与非农就业的农民工作经验、性别、学历、受教育年限等关联较大，农民文化素养是影响其工资性收入增长的主要制约因素，受教育年限和再教育培训的增加与其所获得的工资性收入呈正比例变化。东部省（区、市）因其区位优势、技术资本等带动因素，以及农业生产经营中大量先进农业技术、装备的运用，促使农业生产经营现代化程度不断提升，并改变了传统的农业生产经营方式；随着土地流转有序推进，出现了大量农业人口的剩余。东部省（区、市）部分农民逐渐淡化了传统的农业生产经营谋生方式，转而为工业、服务业等提供劳务，被转移出来的农民主要以工资性收入为其收入来源，辅以土地流转租金等财产性收入，大多数农民获得工资性收入占比达到60%以上，工资性收入的提升对农民增收影响仍呈现扩大趋势。从东部省（区、市）工资性收入纵向变化来看，工资性收入与经济发展密不可分，国内外经济增长乏力，在一定程度上也制约了农民工资性收入的稳定。因此，要进一步牢固农民工资性收入增长的基础，避免工资性收入因外在环境的变化而大幅恶化，尤其是在遭遇到新冠疫情等极端事件影响下的农民收入稳定问题。东部省（区、市）家庭经营性收入由于农业产业优化调整而呈现上升趋势，东部发达地区的农民家庭经营性收入因农业新技术、规模经济等原因，加速了其收入增长数额。从历年数据变化来看，留在农业生产经营的家庭人均经营性收入与外出务工获得的工资性收入基本相当，说明非农就业增加并未降低农业经营性收入，说明富余劳动力流转在一定程度上有利于农业生产经营效率的提升。东部省（区、市）转移性收入和财产性收入位列全国平均水平之上，东部沿海省（区、市）高于内陆省（区、市），得益于沿海经济水平的提升，也得益于东部沿海要素市场交易机制的形成，即通过市场交易和"三变"改革能够最大程度提升农民所拥有的各类财产性收入。东部省（区、市）因各种资源稀缺，能够以较高价格实现农村集体所有的各类资源向资产转化，为该地区村集体和农民家庭实现财产性收入的快速增长提供保障。从发展变化来看，转移性和财产性收入对东部省（区、市）农民增收贡献度逐年提升，将来有可能成为农民增收的主要路径，会在部分城市取代工资性、家庭经营性收入，成为该地区农增收的主要途径。因此，东部省（区、市）要根据不同地域农业发展的特点，采取差异化的农业促进政策，因地制宜实现四大收入来源结构优化调整，充分挖掘不同地域农民收入增长的潜力，充分发挥地域优势，广辟增收渠道，保障农民收入增长。

家庭经营性收入虽然是中部省（区、市）农民收入来源中占比最大的部分，但是其所占比重却呈现下降趋势（见表 2 – 11、图 2 – 10），说明中部省份农民增收来源结构也趋于优化。中部省（区、市）2002年农民家庭经营性收入占比最高，达到 66.3% 左右，之后呈现大幅下降趋势，截至 2019 年仅为 44.3%，下降了 22 个百分点。工资性收入自改革开放以来，比重逐年上升，由 2002 年的 29.5% 快速上升到2012 年的 38.4%，最后回落到 2019 年的 32.6%，呈现显著的先上升后下降趋势（见图 2 – 11）。中部省（区、市）农民转移性收入在农民总收入中的占比位列第 3 位，由 2002 年的 2.8% 上升到 2019 年21.2%，十余年间上升了 18.4 个百分点，总体呈现稳中有升的态势（见图 2 – 12），能够弥补家庭经营性收入、工资性收入下降带来的负面影响，维持农民总收入的稳定。中部省（区、市）农民财产性收入变化呈现快速上升后缓慢下降的态势（见图 2 – 13），由 2002 年的1.3% 变化到 2010 年的 3.2%，然后回落到 2019 年的 1.9% 左右，与要素市场发育有关。从纵向发展变化看，中部省（区、市）农民收入总体上升，不同时期收入结构有所差异，不同收入来源在收入总额中的占比有所调整。家庭经营性收入占比最高，但随着非农就业增加，其所占比重却呈现下降趋势。中部省（区、市）农民跨区域流动带动的非农工资性收入占比逐步提高，但工资性收入易受外部环境的影响而呈现不确定性。转移性收入的变化与宏观经济发展总体有关，其在一定程度上能够弥补家庭经营性收入和工资性收入变化的负面影响。

表 2 - 11   2002 ~ 2019 年中部省份四种收入来源占比

年份	工资性	家庭经营性	财产性	转移性
2002	0.295	0.663	0.013	0.028
2003	0.306	0.650	0.020	0.025
2004	0.287	0.662	0.019	0.033
2005	0.306	0.631	0.025	0.038
2006	0.332	0.600	0.022	0.045
2007	0.336	0.584	0.029	0.051
2008	0.337	0.570	0.025	0.068
2009	0.342	0.553	0.029	0.077
2010	0.349	0.543	0.032	0.076
2011	0.368	0.526	0.030	0.076
2012	0.384	0.512	0.027	0.077
2013	0.341	0.525	0.022	0.113
2014	0.320	0.499	0.019	0.162
2015	0.331	0.485	0.020	0.164
2016	0.323	0.460	0.018	0.199
2017	0.326	0.450	0.018	0.206
2018	0.326	0.443	0.019	0.212
2019	0.326	0.443	0.019	0.212

资料来源：国家统计局. 中国统计年鉴 2020 ［M］. 北京：中国统计出版社，2020.

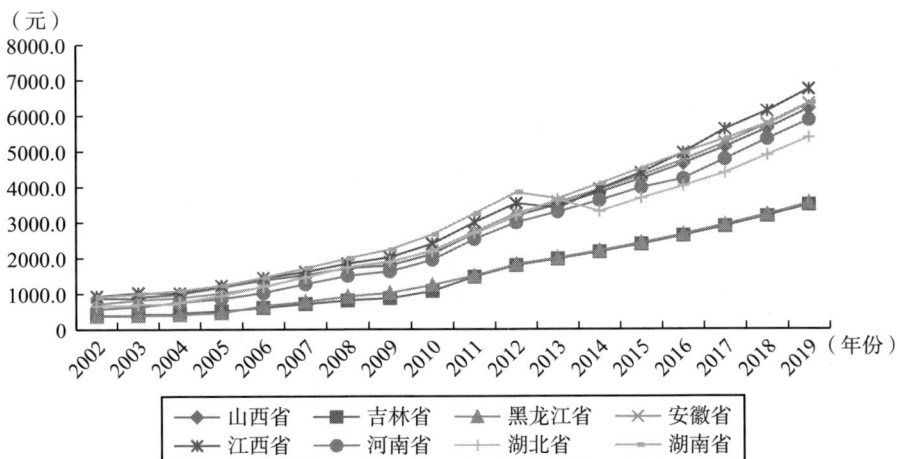

图 2 - 10   2002 ~ 2019 年中部省份农民家庭经营性收入变化趋势

资料来源：国家统计局. 中国统计年鉴 2020 ［M］. 北京：中国统计出版社，2020.

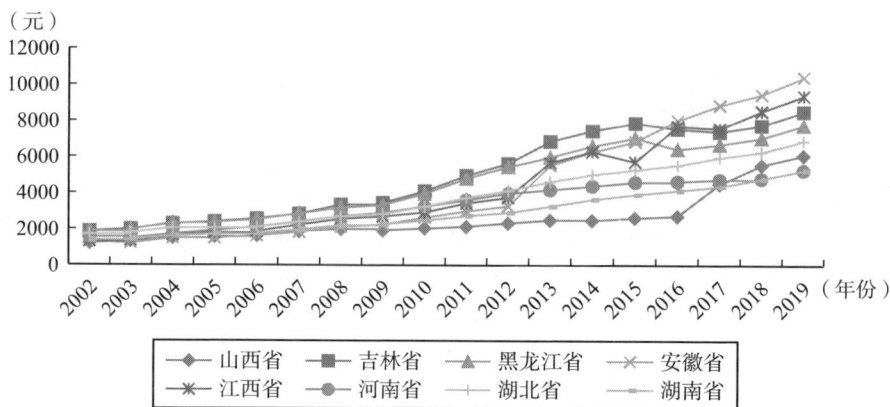

图 2 – 11　2002～2019 年中部省份农民工资性收入变化趋势

资料来源：国家统计局．中国统计年鉴 2020 ［M］．北京：中国统计出版社，2020.

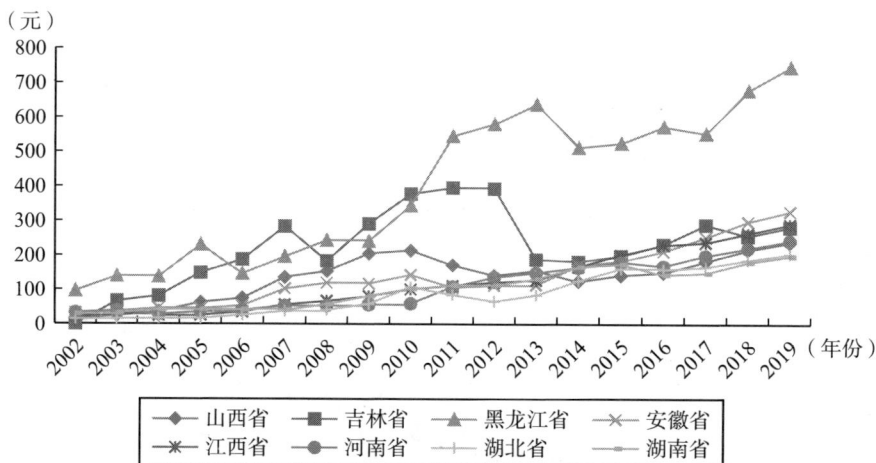

图 2 – 12　2002～2019 年中部省份农民转移性收入变化趋势

资料来源：国家统计局．中国统计年鉴 2020 ［M］．北京：中国统计出版社，2020.

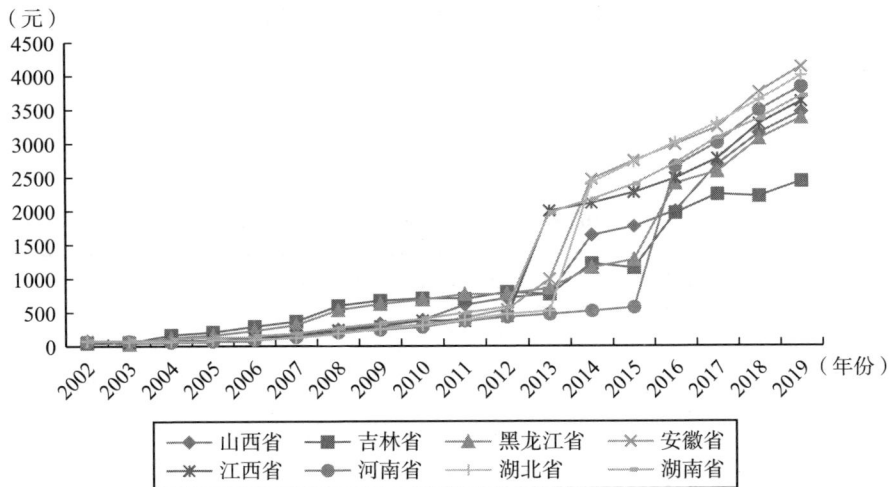

图 2－13　2002～2019 年中部省份农民财产性收入变化趋势

资料来源：国家统计局．中国统计年鉴 2020［M］．北京：中国统计出版社，2020．

家庭经营性收入在西部省（区、市）农民收入中的占比也呈现阶段性变化，2002 年占比 68.4%，2019 年下降至 50.3%（见表 2－12），虽然占比下降了 18.1 个百分点，但依旧是西部省（区、市）农民收入的主要构成项之一，占据了西部农民收入的一半。工资性收入呈现的特征正好与家庭经营性收入变化相反，由 2002 年的 25.3% 快速上升到 2012 年的 34.4%，之后又缓慢下降到 2019 年的 26.3%，成为西部农民收入占比第二大构成项。转移性收入占比同中部省（区、市）一样，也出现明显的年度间递增特征，由 2002 年的 4.4% 快速上升到 2019 年的 20.9%，十余年间增长了 16.5 个百分点，有力支撑了西部农民收入总体上升的趋势，与中国各级地方政府的强农、惠农、支农政策有关。西部省（区、市）农民财产性收入占比没有发生较大变化，基本维持在 2% 左右，说明无法通过要素市场实现农民财产的增值与保值。西部省（区、市）农民不同收入来源结构的变化说明其农业生产经营结构的优化调整，家庭经营性收入与工资性收入在西部省（区、市）农民收入中占比最高，且工资性收入和家庭经营性收入各自占比出现此消彼长的变化特征，转移性收入与财产性收入占比都出现稳中有增的发展态势（见图 2 – 14、图 2 – 15、图 2 – 16、图 2 – 17）。

表 2 – 12　　　　　2002～2019 年西部省份四种收入来源占比

年份	工资性	家庭经营性	财产性	转移性
2002	0.253	0.684	0.019	0.044
2003	0.273	0.663	0.023	0.041
2004	0.266	0.666	0.023	0.045
2005	0.274	0.647	0.025	0.054
2006	0.292	0.617	0.025	0.065
2007	0.298	0.608	0.027	0.068
2008	0.302	0.585	0.026	0.087
2009	0.314	0.560	0.025	0.101
2010	0.327	0.552	0.026	0.096
2011	0.339	0.533	0.026	0.101
2012	0.344	0.515	0.025	0.116
2013	0.277	0.542	0.020	0.160
2014	0.271	0.535	0.020	0.174
2015	0.267	0.523	0.021	0.188
2016	0.265	0.524	0.021	0.190
2017	0.261	0.516	0.023	0.200
2018	0.264	0.503	0.024	0.209
2019	0.263	0.503	0.024	0.209

资料来源：国家统计局．中国统计年鉴 2020 ［M］．北京：中国统计出版社，2020．

（元）

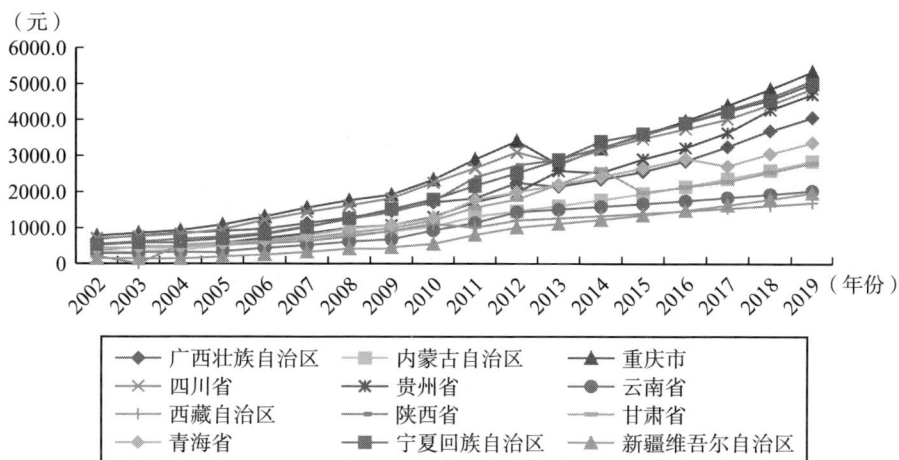

图 2 - 14　2002～2019 年西部省份农民工资性收入变化趋势

资料来源：国家统计局．中国统计年鉴 2020［M］．北京：中国统计出版社，2020.

（元）

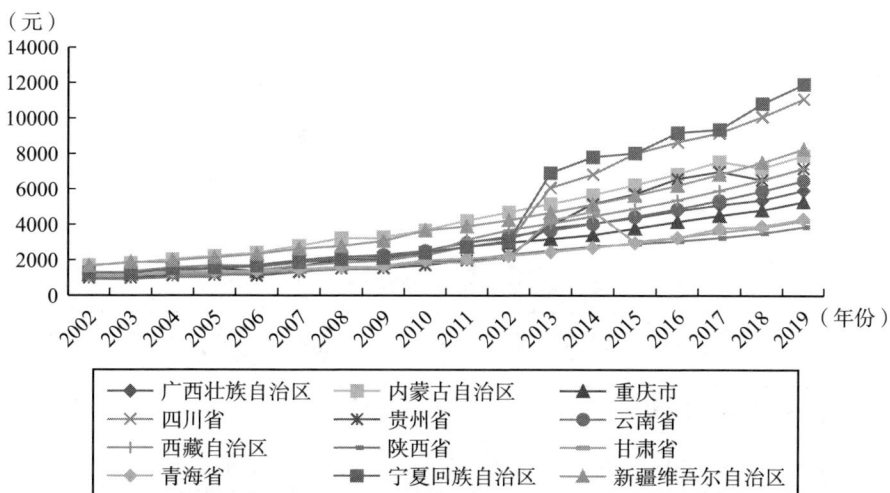

图 2 - 15　2002～2019 年西部省份农民经营性收入变化趋势

资料来源：国家统计局．中国统计年鉴 2020［M］．北京：中国统计出版社，2020.

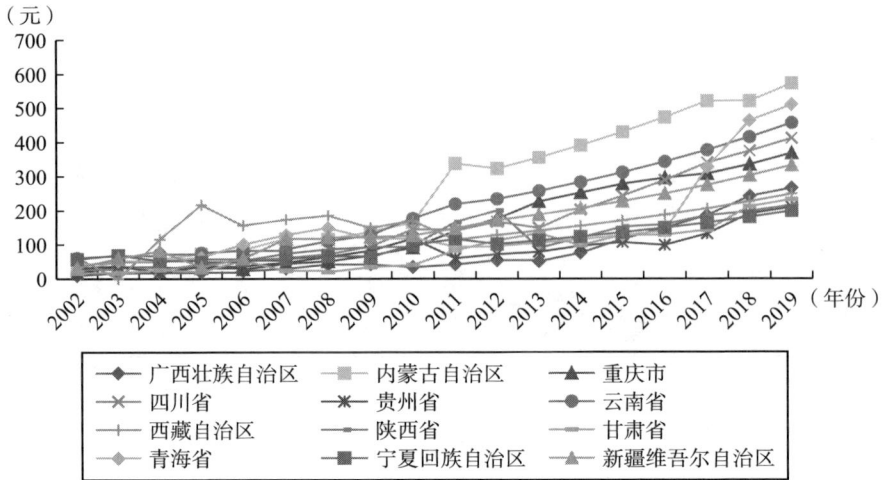

图 2 - 16　2002～2019 年西部省份农民财产性收入变化趋势

资料来源：国家统计局．中国统计年鉴 2020［M］．北京：中国统计出版社，2020.

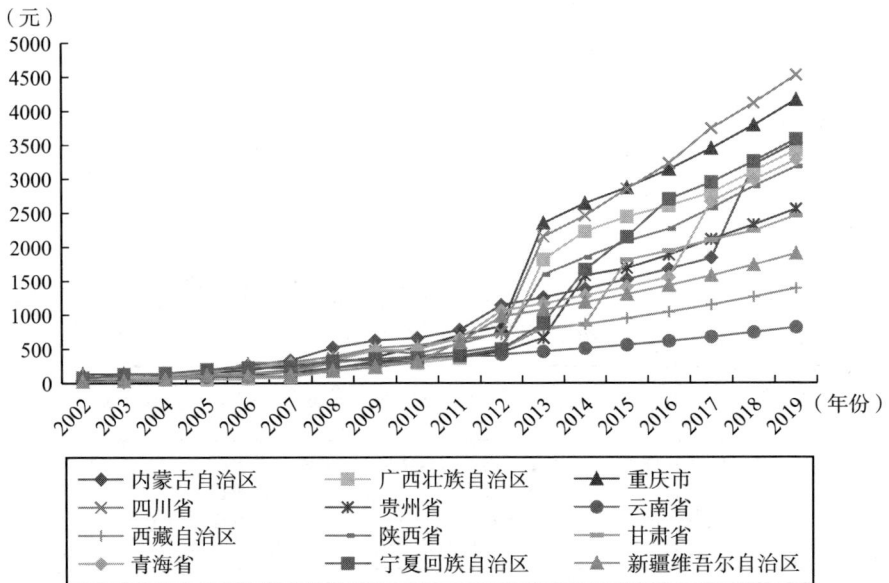

图 2 - 17　2002～2019 年西部省份农民转移性收入变化趋势

资料来源：国家统计局．中国统计年鉴 2020［M］．北京：中国统计出版社，2020.

东部省（区、市）、中部省（区、市）、西部省（区、市）都呈现家庭经营性收入、工资性收入所占比重最大，而转移性收入、财产性收入占比较少，不同区域四种收入来源也呈现不同特征。进而统筹推进农民增收，需要依据不同地域差异分类施策，确保收入提升对策有效，同时也要注重填补其收入来源结构短板，均衡收入增长渠道。家庭经营性收入是中部省（区、市）与西部省（区、市）农民收入的主要来源，在中国加入世界贸易组织之前，家庭经营性收入占比远超工资性收入，但家庭经营性收入与工资性收入的占比差距也呈现不断缩小的趋势，转移性收入也呈现急剧增长态势，财产性收入占比比较稳定，工资性收入则成为中西部省（区、市）影响区域农民增收的最有利因素。

2.4 中国农民收入变迁特征分析

改革开放以来，中国农村农业发展面临的国内外环境已发生巨变，世界经济和中国经济总体发展形势良好，有利于农村农业可持续健康发展，并带动了农民家庭经营性、非农工资性、转移性、财产性等收入来源的增加。自 2014 年开始，中国农民收入首次突破万元，农业生产效率提升和非农就业渠道拓宽，优化了农民收入来源结构。农民收入与外部环境密不可分，改革开放以来的增收历程表明，中国农民收入健康可持续增长既有良好机遇，也在一定时期面临严峻挑战，总体来看呈现以下特征。

2.4.1 中国农民收入增速下降，总水平不高

中国农民收入水平虽然总体趋势上升，但上升速度放缓、收入水平提升遇到瓶颈制约。农民收入易受宏观经济影响，在 1997 年亚洲金

融风暴之后，外部市场不景气，工农产品贸易受到重大影响，阻碍了中小企业的健康发展，外加中国出现严重的通货紧缩，使得农产品价格持续降低，农产品和非农产品价格不断下跌，中国农民收入增速连续多年下降，农民增收步入困难期。加入世界贸易组织后的外部环境有所好转，党中央对系列"多予、少取、放活"涉农政策的推动，使中国农民收入扭转了连续下降的困境，开始出现上升趋势。不断推进的农村税费改革，"三补贴、两减免"等涉农政策制定，有效降低了农民农业生产经营的成本压力，外加市场需求旺盛，农产品价格有所回升，进一步拉动了农民收入的持续增长。加入世界贸易组织后良好的外部环境加大了对中国工农产品的进一步需求，刺激了各种中小企业的发展，吸纳了大量农村富余劳动力的非农转移，增大了其所获得非农工资性收入。

消除农村居民贫困，不断改善人民生活水平，逐步实现全民族所有人共同富裕，是中国特色社会主义优越性的体现，也是中国共产党初心不变的重要使命。改革开放以来，中国为实现全面小康社会而大规模实施落后地区的各类扶贫开发项目，截至2019年，已使绝大多数农村贫困人口逐渐脱贫，取得了令国内外瞩目的伟大成就。党的十八大至2020年，全面脱贫作为实现第一个百年奋斗目标的重点工作现已基本实现。

现阶段，中国农民收入总体水平相对仍然较低，尤其是中部省（区、市）、西部省（区、市）更容易受到各类自然、经济、社会等环境的影响，中部省（区、市）、西部省（区、市）经济基础薄弱且经济结构存在一定局限性，中部省（区、市）、西部省（区、市）的农民收入水平提升和结构优化存在一定的难度。2019年，中部省（区、市）、西部省（区、市）农民人均收入分别为15123元和12817元，低于全国农民收入的平均数值16021元，远远低于东部发达省（区、市）22021元。新形势下，促进中国不同地域农村协调均衡发展，优化农民收入来源、大幅提升农民收入总水平任重道远。

2.4.2　农民收入结构不平衡

从中国不同地域农民收入来源结构看，非农工资性收入和家庭经营性收入占据了农民收入80%左右的份额，而转移性收入和财产性收入所占比重很有限，收入四大来源结构对农民收入总水平的提升作用存在显著差异。农民非工资性收入增长速度喜人，在一定时间段内工资性收入增速高于城镇居民收入变动，部分年份农民工资性收入增速不仅高于国内生产总值的增长速度，而且赶超城镇居民收入增长。农民收入快速增长提升了农民收入总水平，同时，缩小了地域差距。东部省（区、市）农民工资性收入增长幅度高于国内生产总值的增度，工资性收入在东部省（区、市）农村居民收入中占比达60%以上，持续推进农民收入水平提升。

改革开放以来，中国农民家庭经营性收入增长迅猛，对农民收入总水平提升的贡献明显，但其在农民总收入中的占比却呈现下降趋势，说明农民收入来源渠道多样化。农业生产经营所获收入虽有较大幅度增长，但增速放缓；农民非农收入增加，说明农民收入结构在不断地调整。随着农业生产效率提升带动的单位成本下降，国内外市场需求旺盛推动农产品价格上升，多种因素促使农业生产经营能够获得较多的务农收益。但是，不同地域在农业生产经营中存在一些极端情形，部分地区农民盲目放弃农业生产，而其他增收路径不畅，抑制农民收入增长。从中国经济发展总体来看，脱离农业的农民增收无法持久促进农民收入全面提升。在国内外复杂形势影响下的中国农民收入增长，仍需依靠家庭经营性收入拉动农民收入增长。只有在确保家庭经营性收入增长的前提下，千方百计地提高工资性收入、转移性收入等，才能确保农民收入的结构合理，增强抗风险能力。

因农民所拥有的要素市场的不健全、不活跃，尽管农村"三变"系列改革的深化，农民所拥有的土地承包权的依法合规流程，在一定程度上创造出了农民拥有部分要素的财产性收入。改革开放以来，随着要素市场改革不断推进，农民获得各类财产性收入的增速较大，但财产性收入的总体水平却有限。除了农民所拥有的各类财产性要素种类较少外，还与其历年财产性收入较低密不可分，农民无法通过现有要素市场改革获得财产性收入的大幅增加，拘于各种制度性、交易性障碍，农民财产性收入增长空间受限。截至2019年农民财产性收入为377元，仅比2001年的47元，增加330元，从相对值来看，财产性收入的增量在农民总收入的占比仅由2001年的1.95%增长至2019年的2.4%，增长了0.45%。西方发达国家农业发展经验表明，当农民人均收入突破2000美元后，农民所拥有的财产性收入会成为农村居民新的收入增长来源。因此，农民财产性收入增长在将来能成为农民收入持续提升的重要保障，以此带动农民收入水平的提升。农民所获得的各类转移性收入不仅与中国经济总体实力有关，也与中国在加入世界贸易组织时的承诺有关，从农民获得的各类转移性收入所占比重来看依旧处于低位，与西方发达国家相比仍然存在较大提升空间。改革开放以来，中国虽然加大了对农业农村的各类转移支付的力度，但在加入世界贸易组织承诺框架下可给予的各种补贴幅度较低，这也在一定程度上限制了财政补贴性质的转移性收入的增加。2001年，中国对农民的各类转移性收入仅为87.9元，截至2019年，各类转移性收入提高至3298元，总体来看，转移性收入在农民四大收入来源中所占比重非常低，绝对数值也不大，转移性收入现阶段对农民收入大幅增长的作用较小。

2.4.3 农民收入增长动力不足，收入水平提升受限

经过改革开放40多年来的体制、政策等多方面改革释放的经济活力带动了中国经济的整体发展，中国经济经历长期高速增长后逐渐进入缓慢的结构调整期，实现新旧动能转换，在供给侧结构性改革下改

变曾经的粗放式增长。受此影响，中国农业农村发展也将面临新问题、新挑战，中国农业农村发展也将面临重大的结构性调整。家庭经营收入增长动力不足。世界经济缓慢复苏中的世界市场不景气造成农产品国内外需求不旺盛，各类农产品市场价格不高，外加不断攀升的农业投入品价格上涨，进而通过产量、价格、成本等路径在一定程度上抑制了农民家庭经营性收入的增长，阻碍了农民收入总水平进一步提升。中国农业农村发展中面临市场销售与成本间的双重矛盾制约，农业生产效率虽然有很大提升，但农业生产经营效益仍然低下的现实问题将在长期内广泛存在，使得通过提升家庭经营性收入增长推动农民增收的作用难以发挥。虽然近年来土地流传加快，农业生产规模有了一定提升，但相对于发达国家的农业规模经营而言，中国现有农业生产规模依然很低，存在农业生产规模低下的先天性增收障碍。在农业生产经营中存在的低效率、高成本制约下，农产品价格的上升带来的农业收入增长无法根本扭转农民收入增速放缓的疲态。因此，进一步提高农村家庭经营性收入，不仅取决于农产品市场价格的合理化，更取决于农业生产经营规模的提升，通过多种途径降低农业生产成本，提升农业生产经营效益。

经历改革开放之后农民工资性收入快速增长，但截至 2019 年，农民工资性收入水平虽呈现增长，但增速却严重趋缓。受国内外宏观经济形势的影响，农民工资性收入增长具有严重的不确定性，容易受到外界因素的冲击。现实中因各种政策制度的限制，进城务工的农民往往遭遇到工作待遇的不公平、不合理，使得农民非农就业难以有效保障。虽然近年来大范围出现农民工用工荒现象，这在一定程度上提升了劳务市场的博弈优势，使得农民获得非农工资性收入有一定的提升空间。但是因农民自身素质等因素制约，难以有效匹配劳务市场的实际需求，农村剩余劳动力难以有效适应新时期的工作需求，这也抑制了农民非农就业的机会。与此同时，农民只是职业而不是身份，现代农业农村发展说到底根本着力点在于新农人的培养。农民增收根本在于农业生产经营，要让农业农村生产经营效率提升，创造更多的经营效益，让农民成为别人羡慕的、体面的、有奔头的新职业，最终带动农民富裕。农民工是中国经济社会发展过程中特定阶段的产物，在农业现代化的过程中，农民身份也将实现由身份向职业的转变，这与中国改革开放以来经济社会的生产发展密不可分，农民收入持续增长不能长久寄希望于农民非农就业。随着农业现代化的不断推进，传统"老把式"的农民无法驾驭新时代农业发展，现代农业生产与农业从业者的教育水平密切相关，只有吸引高素质的职业农民加入，才能推动实现农业发展新局面。近年来，大量进城务工劳动力在政策激励指引下回流到农村，只有投入农民职业中去经营管理好农业产业，才能创造更大的农业农村经济价值，才能确保农民收入持续健康增加。经济学家厉以宁说过，当前中国改革不是不要农民，中国发展的现实基础是农业健康可持续发展。在改革开放中需要的是新农民，是职业农民，中国的改革不是要抑制农民进城从事非农就业，而是创造条件让农村成为愿意当农民的新农人创业的乐土，因此需要进一步改革优化农业农村发展政策体系，让农村真脱贫，实现持续小康。中国不断变化的人力资本革命遍布三大产业所有行业，现代农业发展中的部分农民也有发生变化，虽然身处农村，但是不从事农活，成为新时代的新农人。中国农民群体巨大，城镇发展可能无法吸纳所有的富余劳动力，部分农民离开农业生产，进入农业生产服务业也是优化收入来源的路径之一。新农人自己具备较高的教育培训水平，具有专业知识，拥有一定的生产资料，可以提供施肥、播种、消杀等专业服务，实现自己创业，发挥自身专业特长。

中国农民获得转移性收入和财产性收入来源时存在限制，无法对农民收入总水平的提升起到促进作用。改革开放以来各种惠农政策的调整优化，各种农业支持补贴政策的出台，以及不同地域的农村医疗社保体系的构建步伐加快，农民所获得的政府各类转移性收入持续大幅增加，都助推了农民收入的增长。随着中国调整经济发展战略，通过价格支持和转移支付等形式存在的工业反哺农业虽在一定程度上增加了农民收入，但农民获得的各类财政转移性收入占总收入的比重2019 年仅为 20.6%，与西方发达工业化国家的反哺力度相比存在较大的提升空间。但是以直接补贴增加或税费减免等形式存在的各类转移性收入容易受中国经济发展形势的影响，而受中国综合国力局限，持续增加各类转移性收入将面临压力。此外，财产性收入对农民收入的贡献也非常有限，还有较大的增长空间。近年来，农民所获财产性收入增速较高，但农民所获财产性收入所占农民收入份额却有限，农民所拥有的动产和不动产等各类要素有限，且无法完全通过市场交易获得其应有价值。"三变"改革下的农村集体产权制度改革，在一定程度上让农民和农村集体享有更多财产处置权利，在一定程度上提升了农民收益，虽然在今后的一定时期内潜力巨大，但由于制度所限，对农民收入增长的作用却依然较弱。

2.4.4 城乡收入差距虽有缩小，但依然有很大缺口

改革开放以来，在一系列政策帮扶下，中国农民收入水平有了巨大提升，截至 2019 年，中国农民收入水平已达 16021 元，比加入世贸组织之初的 6272.4 元增加了 1 万元。从城乡居民绝对收入差距来看，中国城镇居民收入增长始终快于农民收入增长，两者收入绝对差距不断扩大。1979 年，中国城乡居民收入的绝对差距为 209.8 元，2019 年城乡收入的绝对差距为 26338 元，城乡收入差距不断拉大。从城乡居民收入相对比值来看，伴随中国城市经济体制改革深入，城镇居民收入得以获得快速增长的机会，使得城乡收入差距扩大。与此同时，国内外农产品市场价格不断攀升，使得农民获得生产经营性收入增加，带动了农民总收入增长，而国有经济体制改革的推进，导致大量职工下岗待业，使得城镇居民收入下降，该时期城乡收入差距有缩小的趋势。从 2004 年开始，连续 16 年中央"一号文件"持续关注"三

农"问题，通过优化农民收入来源结构层面精准发力，不断优化农民增收空间和路径，使得城乡收入差距较为稳定并呈现缩小趋势。

中国城乡居民收入差距在 2010 年出现逆转，但城乡收入差距发展态势依然不容乐观，维持农民收入增长长期持续地高于城镇居民收入增长有一定的难度，进而难以长久缩小城乡收入差距。尤其从 2010 年开始，中国农民收入实际增长率达到 10.9%，同比城镇居民收入实际增长率 7.8%，同期增长率高出 3.1 个百分点。中国农民收入水平绝对值虽然呈现逐年上升趋势，但农民收入的增长速度却严重低于城镇居民收入增长速度，进而使改革开放以来的城乡收入差距绝对数值越拉越大，2019 年中国城乡居民收入之比达到 2.64。世界银行数据显示城乡收入比维持在 1.5：1 较为合理，城乡收入差距超过 2 的情形实属罕见，虽然近年来城乡收入差距比在不断下降，然而中国城乡收入差距之比在 2019 年仍高达 2.6，意味着中国还需在缩小城乡收入上继续深化改革。当下缩小中国城乡居民收入差距已凸显急迫性，这就要求农民收入增速要高于城镇居民，否则城乡居民收入差距会越来越大。以上城乡居民收入仅以收入指标来衡量，若将城乡居民的教育、医疗，以及社保等综合因素纳入城乡居民的幸福获得感来衡量城乡差距，农村居民的社会福利获得感将远远低于城镇居民，两者差距将更大。

2.5 中国农民收入水平与结构变迁的影响因素

2.5.1 制度性变革激发了农民增收活力

农民收入大幅增长和来源结构不断优化与改革开放战略密切相关。新中国成立后，改革开放前，中国一穷二白，为了迅速架构工业基础体系，提升工业自给能力，中国很长的一段时间内实施农业支持工业的倾斜政策。为提升中国工业竞争力，通过工农产品剪刀差方式从农业部门向工业部门转移原始资本积累，进而为工业发展提供大量资金和原材料，农业给予了工业巨大无偿的援助，压制了中国农民收入的提高。中国的系列改革深入首先从农村开始，中国农村生产经营制度改革从安徽省的"包产到户"开始，从凤阳小岗村 18 户合同书的签字画押开始。小岗村包产到户释放了农业生产效率，极大地鼓舞了生产积极性，实施第一年就获得了农业生产的大丰收，不仅交足了国家各种征收任务，还有富足的剩余。安徽省逐步推行的农村家庭联产承包责任制获得邓小平的首肯①，随后在全国迅速推广家庭联产承包责任制，该制度充分给予农民生产经营决定权和自主权，充分调动了农民生产经营积极性，带动农村生产效率的大幅度提升，增加了农村家庭经营性收入。据统计数据显示，家庭联产承包责任制的推行，使得中国农业收入同比增长了近 50 个百分点，制度性变革能够使农村生产效率得到空前解放和发展。改革开放后中国大力通过实施农村家庭承包经营制，给予农民极大的生产经营自主权，有效化解了农业生产经营中约束农业生产力提升的供需矛盾，通过一系列制度变革消除了生产力提升发展的阻碍因素，进而在一段时间内积极推动农民收入超常规增长。

在改革开放推动下，中国各类企业获得空前发展，不仅增加了农业原料的需求，也增加了劳动力的需求。在家庭联产承包责任制推动下，农业逐渐出现了剩余劳动力，农村劳动力非农转移中不仅满足了各类企业的劳动力需求，也丰富了农民非农就业的渠道，非农工资性收入的增长也在很大程度上推动了农民收入增长，优化了农民收入来源渠道，使得农民收入增长得以保障。为提高农业产业竞争力，加入世界贸易组织后中国政府为切实减轻农民负担，优化调整了最低保护

---

① 中共中央文献编辑委员会．邓小平文选（第三卷）［M］．北京：人民出版社，1993：355.

价等农产品收购政策，稳定了农民收入增长。在加入世界贸易组织承诺框架范围内，结合中国农业发展特点，为农业生产者提供了种类繁多的农业补贴，并从 2001 年起在部分农村地区实施税费改革，切实降低农民负担，并于 2006 年在全国范围内全面取消了农民纳税政策，进一步降低农业生产经营成本。为提高农民社会获得感和幸福感，先后在农村地区推行各项社保制度，优化新型农村合作医疗报销制度，推进农村社会养老保障制度，通过农民福利待遇改善提升其幸福感，通过财政转移性贴补方式有效增加了农民收入。

2.5.2　涉农支持力度强化农民增收基础

自 2004 年开始，中国连续 16 年出台了中央"一号文件"，关注并指导"三农"工作，为建设全面小康社会宏伟目标的早日实现奠定了政策基础。改革开放至今不断深化的农村各项改革进一步优化调整了农村产业结构链和价值链，通过各类支持补贴政策促进农业农村涉农科技进步的力度，实现中国强农、支农、惠农、富农的系列政策体系的全覆盖，积极全面推进中国"三农"问题的解决，使得农民增收得以持续实现。改革开放以来，中国各级政府相继出台了系列农村减贫政策措施，为农村农业整体发展提供了更广阔的空间，增强了农业农村地区各类经营主体的市场参与度，尤其提升了贫困地区农业农村生产效率，通过多种路径转移农村富余劳动力，解决了农业农村就业压力，极大提升了农民收入水平，缓解了贫困地区收入贫富差距问题。

在国内外复杂形势制约下，中国经济发展步入新常态阶段，农业农村发展道路也会出现前所未有的各种挑战与机遇，与之关联最大的农民收入也会受其影响波动。全面建成小康社会目标的实现重点和难点都在农村地区，只有不断深化对农村生产经营的支持力度，不断创新各种涉农体制机制，才能在一定程度上弥补农村综合体制上的弊端，保障农民收入持续增长。不同地区农业农村生产经营效率是决定农民收入持续增长的基础因素之一，不同地域自然环境差异导致地区农业农村经济发展条件迥然不同。为了切实提高不同地域农民收入总水平，需要结合地域经济发展特点，优化支持补贴力度，提升农业竞争力，强化农业农村产业基础，探索地域特征，并在不同地区实施地域化鲜明的农业农村改革。持续深化农业价格支持体系的改革，优化农产品供需结构，确保农产品供给渠道顺畅且符合市场需求，深化农产品价格形成机制，通过市场实现农民经营性收入增加。

2.5.3 市场化程度决定农民收入结构差异

允许一部分地区和一部分群体先富起来，以先富带动全面富裕，这是为了尽快改变中国经济发展整体贫穷落后的必经之路。为了快速摆脱贫困落后的经济发展困境，中国在改革开放前后实施了地域不均衡发展战略，由此出现了东部、中部、西部等显著的地域经济发展差异。为让一部分地区和群体先富起来，党中央通过决策，选择了经济基础和资源禀赋较高的东部省（区、市），国家通过差异化的各级税收、信贷、投资等倾斜性的政策优惠促进发展，提高了对东部沿海省（区、市）的各类政策支持力度。在一系列政策刺激下，东部省（区、市）开启了经济发展的加速器。在各类政策支持下，东部省（区、市）通过良好的基础设施、优良的营商环境、较高的知识技术聚集等吸纳了大量外商资本投资，进而带动了东部省（区、市）农民非农就业的增加。非农就业机会的增加使得东部省（区、市）三大产业结构出现优化调整，大量农村劳动力被吸纳到第二产业、第三产业中从事劳务，增加了其工资性收入。同时，因农业生产自身特点决定的农业生产边际效益也会提升，东部省（区、市）农民离开农业生产经营并未阻碍农业农村发展，相反，农业生产效益却出现极大提升，增加了农民家庭经营性收入的增加。差异化的政策导致中国不同地域农民收入出现了显著差异。

改革开放初期，中国由计划经济向市场经济转变的过程中，各类市场机制尚不健全。改革开放初期的农产品市场交易欠发达，农产品市场交易量有限，品种稀少，而市场需求旺盛，因此，在该时期各种制度创新带动的农产品产量的增加使得农民收入出现大幅提升。然而，随着社会主义市场经济深化发展，农产品市场出现了结构性过剩，因农民对市场信息的不敏感，导致部分农产品供大于求，出现了严重的增产不增收的窘状，在一定程度上打击了农民从事农业生产经营的积极性。因此，要加快农产品市场经济交易体制的建立，通过互联网信息技术的帮扶，加快农村农产品市场交易的建设和完善，降低农民遭遇市场不确定、信息不完全带来的增收负面效应。随着农业科学技术进步，现代农业的发展与信息普及密不可分，通过农村各类信息流通渠道的优化调整，提高农产品生产经营的社会化分工水平，提升农产品生产经营的专业化水平，延伸农产品产业链和价值链，增加农业农村中各类生产要素增值率和回报率，提升农产品层次，推开高效农业发展，巩固农民增收基础。

2.5.4　要素、信息等因素决定农民收入结构的地域差异

市场是经济交易的晴雨表，农业农村经济发展的市场开放程度决定了各类组员要素配置效率。东部省（区、市）的农产品各类交易市场发展完善，营商环境基础较好，市场交易和竞争意识较强，因此，东部省（区、市）农民收入增长较快且有保障。然而，中部省（区、市）、西部省（区、市）相对落后封闭，农民思想保守、固守常规，各类信息不畅导致市场交易严重脱节，信息滞后导致农产品生产经营中经常出现供需不匹配现象，农民所获得的家庭经营收入和非农就业收入的增收渠道狭窄，导致农民增产不增收等问题。

农民收入增长与结构变化，都与市场不可分割。农村金融发展也是推动农业农村生产经营不断前行的重要支撑力量，有助于加速农业

农村经济加速腾飞，保障农民收入持续增长。农村金融发展的规模和效率对农业农村生产和市场经营健康发展有显著的促进效应，对解决农业、农村、农民问题有一定的助力作用。然而，中国农村金融发展的规模不大，农村金融发展并不顺畅，农村金融需求供给不匹配，目前无法发挥农村金融应有的效应。改革开放至今，农村金融机构的数量普及有限，原有的一些金融机构也因种种原因撤出了农村地区，现有农村金融机构主要是各地所属的农村商业银行和农村信用社等规模较小的金融机构。在优先发展城市和农业向工业倾斜的政策的影响下，农村金融供给严重不足，各类农村金融资源供给需求配比严重失衡，这些金融机构因自身规模有限、经营能力不足等原因无法为农村快速发展提供必要的金融支撑。东部省（区、市）在改革开放等政策的指引下，农村金融机构布局合理，数量适中，各类金融机构发展比较均衡，金融化完成度远超中部省（区、市）、西部省（区、市）。东部省（区、市）具有独特的先天地理优势和难得的后天政策优势，凭借良好机遇获得经济迅猛发展的机会，各类要素资源市场较为活跃，要素市场的市场化程度较高，包括金融资源在内的各类资源要素流动速度较快。因东部省（区、市）经济效率较高地提升了金融资本收益率，在资本逐利性属性下的中部省（区、市）、西部省（区、市）的包括金融资源等在内的要素被吸引到东部省（区、市），这使得东部省（区、市）越来越发达，而中部、西部省（区、市）因资源流出而呈现经济整体增长动力不足，增速较低，难以挽留优质金融机构留守农业农村经济发展，农村金融发展建设较为滞后，金融网点覆盖率较低，难以维持中西部省（区、市）农村经济增长的基本需要。

2.6 本章小结

"小康不小康，关键看老乡"，要稳定不同地域农民收入总水平，需拓宽不同地域农民增收渠道。20 多年来，在一系列强农、惠农、富农等宏观微观政策措施支持引导下，中国农民人均可支配收入保持较快增长势头。首先，本章从中国农民收入总水平视角分析了中国农民收入总体和东部省（区、市）、中部省（区、市）、西部省（区、市）三大地域差异显著的农民收入变化。其次，着重从中国农民收入结构变迁入手，分析四大收入来源在农民收入总水平提升中的作用，并按照东部省（区、市）、中部省（区、市）、西部省（区、市）分别分析不同地域农民收入来源结构变化。最后，从中国农民收入变迁特征提出中国农民收入呈现出增速下降；总水平不高；增长动力不足；收入水平提升受限；城乡收入差距虽有缩小，但依然有很大缺口等特点，并探讨中国农民收入增长与结构变迁的影响因素，主要有：制度性变革激发了农民增收活力，涉农支持力度强化农民增收基础，市场化程度决定农民收入结构差异，要素、信息等决定农民收入结构的地域差异等，为后面章节的理论与实证分析奠定基础。

参 考 文 献

［1］白菊红，袁飞. 农民收入水平与农村人力资本关系分析［J］. 农业技术经济，2003（1）：16 – 18.

［2］蔡昉，王德文. 经济增长成分变化与农民收入源泉［J］. 管理世界，2005（5）：77 – 83.

［3］崔晓娟，蔡文伯，付晶晶. 农村家庭收入差距与农民子女教育获得——基于"中国家庭收入项目调查"［J］. 西南大学学报（社会科学版），2019，45（4）：100 – 108.

［4］方齐云，陆华新，鄢军. 我国农村税费改革对农民收入影响的实证分析［J］. 中国农村经济，2005（5）：35 – 38，46.

［5］方松海，王为农，黄汉权. 增加农民收入与扩大农村消费研究［J］. 管理世界，2011（5）：66 – 80，187 – 188.

［6］费之光. 农民财产性收入和转移性收入增长的路径研究［J］. 农业经济，

2020（1）：89 – 90.

[7] 高越，侯在坤. 我国农村基础设施对农民收入的影响——基于中国家庭追踪调查数据 [J]. 农林经济管理学报，2019，18（6）：733 – 741.

[8] 关浩杰. 收入结构视角下我国农民收入问题研究 [D]. 北京：首都经济贸易大学，2013.

[9] 关浩杰. 我国农民收入结构变动与收入波动的关联性分析 [J]. 南京审计学院学报，2013，10（3）：17 – 23.

[10] 郭志仪，常晔. 农户人力资本投资与农民收入增长 [J]. 经济科学，2007（3）：26 – 35.

[11] 韩菡，钟甫宁. 劳动力流出后"剩余土地"流向对于当地农民收入分配的影响 [J]. 中国农村经济，2011（4）：18 – 25.

[12] 韩俊. 制约农民收入增长的制度性因素 [J]. 求是，2009（5）：35 – 36.

[13] 何蒲明. 农民收入结构变化对农民种粮积极性的影响——基于粮食主产区与主销区的对比分析 [J]. 农业技术经济，2020（1）：130 – 142.

[14] 何绍周，彭博，马也. 农民财产性收入增长面临的制度性约束——基于市场和法治的视角 [J]. 农业技术经济，2012（6）：95 – 100.

[15] 黄季焜. 对农民收入增长问题的一些思考 [J]. 经济理论与经济管理，2000（1）：56 – 61.

[16] 黄祖辉，钱峰燕. 技术进步对我国农民收入的影响及对策分析 [J]. 中国农村经济，2003（12）：11 – 17.

[17] 黄祖辉，张晓波，王敏. 农村居民收入差距问题的一个分析视角：基于农民企业家报酬的考察 [J]. 管理世界，2006（1）：75 – 82.

[18] 贾晋，李雪峰. "富人治村"是否能够带动农民收入增长——基于CFPS的实证研究 [J]. 农业技术经济，2019（11）：93 – 103.

[19] 姜长云. 中国农民收入增长趋势的变化 [J]. 中国农村经济，2008（9）：4 – 12.

[20] 柯炳生. 关于我国农民收入问题的若干思考 [J]. 农业经济问题，2005（1）：25 – 30，79.

[21] 柯炼，黎翠梅，汪小勤，李英，陈地强. 土地流转政策对地区农民收入的影响研究——来自湖南省的经验证据 [J]. 中国土地科学，2019，33（8）：

53 - 62.

[22] 李功奎, 钟甫宁. 农地细碎化、劳动力利用与农民收入——基于江苏省经济欠发达地区的实证研究 [J]. 中国农村经济, 2006 (4): 42 - 48.

[23] 李谷成, 李烨阳, 周晓时. 农业机械化、劳动力转移与农民收入增长——孰因孰果? [J]. 中国农村经济, 2018 (11): 112 - 127.

[24] 李会, 王晓兵, 任彦军. 中介效应机制分析的比较研究——来自农民收入与健康的证据 [J]. 农业技术经济, 2019 (9): 58 - 72.

[25] 李琪, 唐跃桓, 任小静. 电子商务发展、空间溢出与农民收入增长 [J]. 农业技术经济, 2019 (4): 119 - 131.

[26] 刘长庚, 王迎春. 我国农民收入差距变化趋势及其结构分解的实证研究 [J]. 经济学家, 2012 (11): 68 - 75.

[27] 刘丹, 方锐, 汤颖梅. 数字普惠金融发展对农民非农收入的空间溢出效应 [J]. 金融经济学研究, 2019, 34 (3): 57 - 66.

[28] 刘进宝, 刘洪. 农业技术进步与农民农业收入增长弱相关性分析 [J]. 中国农村经济, 2004 (9): 26 - 30, 37.

[29] 刘俊杰, 张龙耀, 王梦珺, 许玉韫. 农村土地产权制度改革对农民收入的影响——来自山东枣庄的初步证据 [J]. 农业经济问题, 2015, 36 (6): 51 - 58, 111.

[30] 娄火明. 应对新冠肺炎对农民收入影响的十条建议 [J]. 新农村, 2020 (4): 8 - 9.

[31] 吕屹云, 蔡晓琳. 农业科技投入、区域经济增长与农民收入关系研究——以广东省4个区域为例 [J]. 农业技术经济, 2020 (4): 127 - 133.

[32] 马文武, 刘虔. 异质性收入视角下人力资本对农民减贫的作用效应研究 [J]. 中国人口·资源与环境, 2019, 29 (3): 137 - 147.

[33] 马彦丽, 杨云. 粮食直补政策对农户种粮意愿、农民收入和生产投入的影响——一个基于河北案例的实证研究 [J]. 农业技术经济, 2005 (2): 7 - 13.

[34] 马轶群, 孔婷婷. 农业技术进步、劳动力转移与农民收入差距 [J]. 华南农业大学学报 (社会科学版), 2019, 18 (6): 35 - 44.

[35] 冒佩华, 徐骥. 农地制度、土地经营权流转与农民收入增长 [J]. 管理

世界，2015（5）：63-74，88.

[36] 沈坤荣，张璟. 中国农村公共支出及其绩效分析——基于农民收入增长和城乡收入差距的经验研究 [J]. 管理世界，2007（1）：30-40，171-172.

[37] 盛来运. 农民收入增长格局的变动趋势分析 [J]. 中国农村经济，2005（5）：21-25.

[38] 史清华，晋洪涛，卓建伟. 征地一定降低农民收入吗：上海7村调查——兼论现行征地制度的缺陷与改革 [J]. 管理世界，2011（3）：77-82，91.

[39] 宋元梁，肖卫东. 中国城镇化发展与农民收入增长关系的动态计量经济分析 [J]. 数量经济技术经济研究，2005（9）：31-40.

[40] 谭凤连，彭宇文. 城镇化、经济增长、农民收入相关性分析 [J]. 湖南农业大学学报（社会科学版），2018，19（5）：94-100.

[41] 唐敏，吴本银. 农民收入增长模型：一个宏观计量分析 [J]. 农业经济问题，2007（8）：81-86.

[42] 万年庆，李红忠，史本林. 基于偏离—份额法的我国农民收入结构演进的省际比较 [J]. 地理研究，2012，31（4）：672-686.

[43] 王春超. 农村土地流转、劳动力资源配置与农民收入增长：基于中国17省份农户调查的实证研究 [J]. 农业技术经济，2011（1）：93-101.

[44] 王虎，范从来. 金融发展与农民收入影响机制的研究——来自中国1980~2004年的经验证据 [J]. 经济科学，2006（6）：11-21.

[45] 王健，胡美玲. 农村投资、农业生产率对农民收入影响的实证检验 [J]. 统计与决策，2019，35（17）：100-104.

[46] 王留鑫，洪名勇. 农业分工对农民收入增长的影响效应研究 [J]. 统计与决策，2018，34（23）：106-109.

[47] 王小华. 中国农民收入结构的演化逻辑及其增收效应测度 [J]. 西南大学学报（社会科学版），2019，45（5）：67-77，198-199.

[48] 王雅鹏，郭犹焕. 有关农民收入问题的理论浅析 [J]. 南方经济，2001（5）：52-56.

[49] 温涛，冉光和，熊德平. 中国金融发展与农民收入增长 [J]. 经济研究，2005（9）：30-43.

[50] 温涛，田纪华，王小华. 农民收入结构对消费结构的总体影响与区域

差异研究 [J]. 中国软科学, 2013 (3): 42 – 52.

[51] 温涛, 王煜宇. 农业贷款、财政支农投入对农民收入增长有效性研究 [J]. 财经问题研究, 2005 (2): 78 – 83.

[52] 辛岭, 王艳华. 农民受教育水平与农民收入关系的实证研究 [J]. 中国农村经济, 2007 (S1): 93 – 100.

[53] 许庆, 田士超, 徐志刚, 邵挺. 农地制度、土地细碎化与农民收入不平等 [J]. 经济研究, 2008 (2): 83 – 92, 105.

[54] 杨灿明, 郭慧芳. 从农民收入来源构成看农民增收 [J]. 中南财经政法大学学报, 2006 (4): 23 – 28, 143.

[55] 杨灿明, 郭慧芳, 孙群力. 我国农民收入来源构成的实证分析——兼论增加农民收入的对策 [J]. 财贸经济, 2007 (2): 74 – 78, 129.

[56] 杨晶, 孙飞, 申云. 收入不平等会剥夺农民幸福感吗——基于社会资本调节效应的分析 [J]. 山西财经大学学报, 2019, 41 (7): 1 – 13.

[57] 杨园争. 农民工资性收入流动的解构与影响因素——来自我国 8 省的微观证据 [J]. 调研世界, 2019 (7): 15 – 22.

[58] 叶彩霞, 施国庆, 陈绍军. 地区差异对农民收入结构影响的实证分析 [J]. 经济问题, 2010 (10): 103 – 107.

[59] 尤亮, 杨金阳, 霍学喜. 绝对收入、收入渴望与农民主观幸福感——基于陕西两个整村农户的实证考察 [J]. 山西财经大学学报, 2019, 41 (3): 16 – 30.

[60] 余新平, 熊皛白, 熊德平. 中国农村金融发展与农民收入增长 [J]. 中国农村经济, 2010 (6): 77 – 86, 96.

[61] 张车伟, 王德文. 农民收入问题性质的根本转变——分地区对农民收入结构和增长变化的考察 [J]. 中国农村观察, 2004 (1): 2 – 13, 80.

[62] 张红宇. 新常态下的农民收入问题 [J]. 农业经济问题, 2015, 36 (5): 4 – 11.

[63] 张艳华, 李秉龙. 人力资本对农民非农收入影响的实证分析 [J]. 中国农村观察, 2006 (6): 9 – 16, 22, 80.

[64] 张占贞, 王兆君. 我国农民工资性收入影响因素的实证研究 [J]. 农业技术经济, 2010 (2): 56 – 61.

[65] 赵勇智, 罗尔呷, 李建平. 农业综合开发投资对农民收入的影响分析——

基于中国省级面板数据 ［J］. 中国农村经济，2019（5）：22 - 37.

　　［66］钟甫宁，顾和军，纪月清. 农民角色分化与农业补贴政策的收入分配效应——江苏省农业税减免、粮食直补收入分配效应的实证研究 ［J］. 管理世界，2008（5）：65 - 70，76.

　　［67］钟甫宁，何军. 增加农民收入的关键：扩大非农就业机会 ［J］. 农业经济问题，2007（1）：62 - 70，112.

第3章　中国要素市场扭曲 测度及其影响分析

3.1　引　　言

改革开放以来，中国经济高速发展过程中的商品市场已经比较完善，市场供求关系形成的交易市场能够决定市场价格，调节商品需求供给。然而，中国资本、劳动力、土地等要素市场化改革缓慢，各种制度下障碍影响要素市场化进度，各类要素市场化程度与商品市场化改革相比更加低下。同时，改革开放以来采取的部分地区部分群体先富起来的倾斜政策，使得政府对要素市场的干预多于商品市场，各类要素无法按照市场导向配置到所需行业。在政府倾斜政策的影响下，中国资本、土地、劳动力等要素市场存在严重的资源错配，存在较为严重的市场扭曲，这都在一定程度上抑制了经济有序健康发展。中国农民收入四大来源都和农民所处的要素环境有关，深入研究中国资本市场、劳动力市场、土地市场等三类市场要素的扭曲状况，对解析中国农民收入增长的影响机制显得十分必要。

3.2　中国要素市场扭曲概况

3.2.1　中国要素市场扭曲背景

党的十一届三中全会为中国的改革开放指明了前进方向，深化认识了计划与市场两只手的作用，邓小平 1992 年南方系列谈话从根本上解除了把计划经济和市场经济看作属于社会基本制度范畴的思想束缚①。无论是计划还是市场，都是调控经济发展的手段，并逐步形成以市场为取向的中国全面经济体制深化改革的发展思路。1992 年召开的中共十四大会议明确提出，新时期中国经济体制改革的最终目标是建立与中国国情相适应的社会主义市场经济体制，为继续深入推进商品市场和要素市场改革奠定了思想基础。目前，在中国经济向社会主义市场经济体制转型期间，各级政府为稳定中国总体和地方经济发展，对各类要素市场的干预仍然在一定范围内广泛存在。新制度经济学揭示了经济发展路径依赖性，在特定历史发展时期所采用的倾斜性政策，具有历史的延续性，其影响将会在一定范围内广泛存在。为快速建立中国现代工业体系，在要素资源不富裕的、内忧外患的特定历史条件下，中国选择优先发展重工业的倾斜政策取得了中国经济发展的重大成就。然而，包括各类要素扭曲在内的市场不完全发展压低了要素价格，虽然促进了改革开放后的经济快速恢复发展，但也埋下了未来经济持续发展的隐患。在各类生产要素市场出现的不同程度的价格、配置的扭曲影响了中国经济社会正常发展，在一定范围内导致了社会经济结构的失衡和效率低下等。

中共十四大之后，中国政府在社会主义市场经济发展目标指引下，开展了一系列市场化改革，取得了令世人惊叹的显著成绩。但到目前为止，中国市场化改革发展并不完善也不平衡。与商品市场的市场化改革进程相比，中国主要要素市场的市场化改革进程严重滞后，中国资本市场、劳动力市场、土地市场等要素市场都存在不同程度的市场资源错配带来的价格扭曲和效率低下等问题。由于中国再改革开放后采取了差异化的地方发展战略，各类要素市场在不同行业、不同区域

---

① 新华社. 党的十四大和建立社会主义市场经济体质改革目标的确立 [N]. 经济日报，1992 – 11 – 17.

也存在显著的扭曲差异。东部省（区、市）要素市场扭曲较低，而中部、西部省（区、市）的要素市场扭曲更严重，导致了各种要素的市场价值难以实现。

劳动力市场、资本市场和土地市场等要素市场都存在严重的扭曲现象，各类要素的报酬被严重压低。城乡分割的户籍制度是影响劳动力城乡流动的障碍之一，同为劳动者却无法获得相同报酬和福利，农民身份是造成中国城乡分割的劳动力市场存在严重扭曲的重要影响因素之一。农村富余劳动力离开农村却无法享有城镇居民所获得的各类社会保障制度的覆盖，农民身份使得进城务工的劳动力被歧视，因而无法获得应有报酬，阻碍了农村富余劳动力资源在不同地域城乡间自由流动，降低了劳动力市场的资源配置效率。同工不同酬，由于城乡户籍制度阻碍劳动资源的跨行业、跨区域资源流动，限制了农民非农就业的报酬和福利待遇，在一定程度上抑制了农民增收空间。虽然目前中国城乡的人口户籍制度改革一直在推进，部分地区甚至取消了城乡分割的户籍制度，然而阻碍城乡劳动力自由流动的制度性障碍并未完全消除。严重的地方保护主义仍然在一定范围内存在，非农就业的劳动者无法通过劳动力市场交易实现自己的价值，影响到非农就业劳动者工资性收入的增加，使农民工资性收入占农民总收入的比重无法有效提升。在完善的市场经济体制中，劳动者通过市场交易实现自我价值获得相应的报酬，但是在中国劳动力市场中因各类户籍制度限制而存在分割性，制约了非农就业的农民自由流动，从而使得劳动力要素资源无法通过市场交易达到资源最优配置状态，导致劳动者价值无法通过市场交易呈现和实现。

与劳动力要素市场存在严重扭曲一样，资本市场也存在相对严重的价格和配置扭曲，影响了资本要素配置效率。改革开放后的一段时间内实施了倾斜性经济发展战略，为了引导资金投向特定行业和部门，将稀缺的资本要素价格通过行政方式控制在较低利率水平，各级政府对资本市场进行了一定范围内的投资管控，从而使得包括国有企业在内的某些特定行业和部门通过较低的融资成本获得相关信贷，但因生产存在一定的局限性导致流入的资本效率较低，因而同时存在了资本要素价格和配置双重扭曲，最终导致了资本要素配置的低效率。通过扭曲的资本市场配置带动的生产经营中的资本深化，进而带动了资本对劳动力的扭曲替代，造成了一定范围内劳动力需求的下降，阻碍了城乡总体就业水平提升。

鉴于中国土地制度和土地交易的特殊性，在土地要素市场交易中，各级政府垄断着土地买方和卖方市场，这种双重垄断权的存在造成了中国特有的土地市场扭曲。各级政府在各类土地要素市场中独占优势地位的土地供给垄断性，土地要素市场存在比劳动力市场、资本市场更严重的配置扭曲。中国土地市场交易具有特殊性，各级政府依据本地发展规划和财政收入增加需要，通常以较低的价格将农民所拥有的土地加以征用，并在土地二级市场上再以较高的价格进行商业转让，从而获得土地交易价值的增加。与此同时，不同用途的土地价格往往存在较严重的价格差异，出于招商引资目的的工业用地供给交易价格往往比较低廉，而商业用途的土地交易价格较高，进一步恶化了土地要素市场扭曲程度。劳动力市场、资本市场和土地市场等要素市场存在较为严重的扭曲，这对要素报酬、农民收入水平，以及农民收入结构都会造成不同程度的负面影响，从而最终影响到农民收入的持续增加。

3.2.2　中国三大要素市场的扭曲现状

中国经济体制改革的不同步使得商品市场改革快于要素市场改革，要素市场改革进程相对落后，经济体制改革中存在严重的要素价格和配置扭曲。

资本市场在三大要素市场扭曲中地位最核心，在分析市场扭曲时所涉及的最重要的问题。资本市场扭曲源自政府干预和市场分隔，且与中国经济体制改革和倾斜政策相联系，不同地域、不同所有制企业被设置了较为严重的资本流动障碍，区域资本流动和资本成本对企业规模扩张有直接影响。改革开放以来，不同所有制企业获得融资信贷的难度不同，国有企业因其特殊属性和地位，能够较其他企业主体获得数量巨大且低廉的发展资本投入；而其他企业主体却因种种限制，而无法满足其贷款需求。2012 年，世界银行对中国国有企业资金获取的相关调查结果显示，国有企业贷款笔数和金额满足率明显高于其他企业主体，国有企业获得贷款的优势主要有：中央和地方政府做信贷背书，企业经营状况良好，审批容易等。而其他企业主体由于自身存在的一些问题，外加制度性约束，通常不能满足其信贷需求的原因有企业经营规模较小、经营绩效不达标，累计贷款比例过高有偿还风险，金融机构审批严格缺乏信贷额度，企业信用不良且没有高质量的质押物等。不同所有制企业主体获得融资的渠道也存在显著差异，首先，国有企业通过四大国有银行等银行机构获得银行贷款的比例较高，占据了金融机构贷款的半数以上；其次，通过政策倾斜获得企业发展盈余公积、票据融资等方式获得满足。而其他企业主体通过各类银行机构获得贷款的比例仅占30%左右，更多依靠民间借贷、自筹资金、外商投资等满足其资金需求。罗斯·加诺特（2000）研究结果显示，不同性质的企业银行贷款获得率存在显著差异，国有企业和其他企业主体获得银行贷款的占比分别为80%、20%，两者差距巨大，影响了其他企业主体的发展。尽管其他企业主体发展的规模效应不断提升，其在中国经济发展中的贡献已超50%，在引领经济发展和就业方面做出了巨大贡献，但在资本市场扭曲的情况下，该类企业在获得资金方面仍被歧视性差异对待。与此相反，部分国有企业经营效益下降，但凭借国有企业身份仍能从国有商业银行获得大量信贷，由此引发资金配置效率低下等问题。改革开放至今，地方政府为实现本地经济发展、财政收入增加等特定目标，允许国有企业凭借政府倾斜政策干预通过兼并重组等方式实现资本扩张，以维持本地经济活力。为追求局部经济效益增长，各级政府可通过限制性政策阻碍企业投资多项选择，迫使企业本地化投资，从而解决本地就业和经济发展难题。市场经济条件下，银行同业拆借利率能够带动银行资金合理规范化流动，然而中央银行在银行存款再处置中的干预使得利率市场运行机制被打乱。出于各种利益关系考量，在各级政府干预下的金融机构往往倾向于支持本地企业的发展，通过资本市场要素配置的干预，能够使得地方政府和国有企业从中获得较多利益。资本市场资金再配置无法按照资本市场的自由交易原则进行，使得资本市场出现扭曲，进而影响了资本报酬、市场利率和融资难易度。除了各级政府对金融机构的直接干预，行政和财政措施也是影响资金配置的方法之一，通过繁杂冗长的行政审批手续阻碍和限制企业投融资业务，也是造成中国资本要素市场扭曲的原因之一。上述政府在资本市场不同程度的地方分割干预行为在经济转型中比较常见，使得资本市场再配置出现紊乱，资本交易市场没有发挥资源配置的最优功效。

中国劳动力市场扭曲主要体现在城乡户籍制度差异引发的农村劳动力进城务工所涉及的工资待遇问题。体制内同工不同酬的现象在中国劳动力市场广泛存在，劳动力在城乡跨区就业时更为显著。充分就业是政府宏观调控的目标之一，各级政府为实现本地城镇人口达到充分就业，对外来人口设置了流动障碍，以达到限制外来农村人口的自由流动，出台了相当多的歧视性阻碍制度，使得劳动力在城乡间不能正常流动。常见限制劳动力跨区域流动的措施主要有社保医保、子女教育等，通过歧视性的政策阻碍，限制了农民工的跨区流动。随着中国人口红利逐渐消失，外加经济发展和人口老龄化日趋严重等问题，各级地方政府逐步破除了户籍管理制度，以吸引劳动力流入，补充经济发展中存在的有效劳动力不足难题。尽管如此，劳动力跨区流动尤其是农民工跨区流动障碍依然存在，尤其是对于知识水平较低、从事基础性服务业的普通劳动者来讲，各类限制性流动障碍依然存在，尤其是事关普通劳动者身份的户籍政策难以落实，使得农村劳动者无法享有城市户口所拥有的特别福利待遇。除了劳动者跨区流动存在限制外，劳动力在区域内不同就业部门流动时也存在阻碍因素，主要涉及相同劳动力在不同部门企业的差异待遇，更体现在统一部门行业不同劳动者身份的待遇差异。具有中国特色的用工制度把劳动力分为两类，即有编制和无编制，也就是体制内和体制外之分，不同性质的用工方式获得的劳动报酬截然不同。体制内有编制的就业岗位主要涉及到政府部分、国有企事业单位等，这些岗位就业市场化程度低，可以获得保障性收入，工作较为稳定。而体制外无编制的岗位可能来自政府部分、国有企事业单位等，也可能来自中小企业等其他企业主体和部门，较少受到各种制度约束进入门槛较低，该类岗位就业配置的市场化程度较高，通过市场劳务供需匹配能够获得劳动力市场平衡，劳动报酬的多少取决于市场供需关系和岗位就业特点，健全的劳动力市场能够实现其自身价值。不同就业岗位、不同就业部门、不同用工方式等都会造成劳动者福利待遇差异，既存在于体制内外，也存在于不同企业部门间。近年来的劳动力市场发展可以归纳为大多数体制外的临时工无法获得同工同酬，且劳动强度更大，报酬更低，工作及其不稳定等。

中国土地要素市场扭曲表现为土地征用和土地出让两个层面。中国有 14 亿人口，按照人均匹配土地资源相当稀缺。如果按照土地交易市场形成的土地供需实现稀缺土地资源配置，土地市场价格应该满足土地市场交易规律，但中国土地性质的特色，土地无法实现市场自由交易。因此，在中国因土地产权和政府宏观管控，土地要素市场在中国面临着更严重的扭曲配置问题。有别于西方国家土地私有特征，中国土地是社会主义公有制性质，城市土地归国家所有，农村土地归属于国家和农民集体所有等。出于提升地方经济发展速度和质量，满足任期内经济发展指标考核等原因，中国各级政府在土地征用时，以土地所有者身份出现在土地交易的一级市场，具有双重垄断身份和地位，并通过改变土地原始规划用途，把土地属性适当变更后再出让，从而实现土地要素资源的升值,以便获得巨大的土地价值差额。各级政府以较低的价格征用农业用地,以较高的价格出让变更属性后的商业用地,赚取土地价差,满足各级政府财政收入提升的要求。各级政府在土地征用中的价格补偿低于市场交易所达到的均衡价格,对土地被征用者造成了社会福利损失,促成了土地要素市场第一次扭曲的形成。通过低价获得土地所有权后的再出让的过程中,出于种种原因和目的,各级政府可能以远低于土地交易市场价格的出让金通过划拨或协议转让的方式转让土地资源,也可能以竞价拍卖方式获得高于土地市场交易均衡价格的土地出让金。地方经济发展对各级官员的考核很重要,因此各级政府都倾向于在一定范围内适度干预土地供需价格,通过各种方式来干预土地市场供给需求,并以此来表明地方经济发展业绩,土地出让金收入带动了一半以上的地方财政收入。2017 年财政部数据显示,通过变更国有土地用途获得的土地出让金额达到 52059 亿元,相比上一年度增长了 40%,达到历史最高水平。与此同时,为了吸引外商投资,各级政府通过改变土地规划用途和压低土地出让价格等方式在招商引资中获得竞争优势,从而进一步造成土地市场的要素扭曲更加严重。

综上所述,中国要素市场扭曲与中国改革开放中的系列倾斜政策有不可分割的关联,不同时期经济发展政策、水平等决定了不同时期要素市场的扭曲及其改善。纵观中国要素市场变化,主要有三个阶段:新中国成立后至改革开放前、改革开放后至加入世界贸易组织前、加入世界贸易组织后至今,不同历史时期影响下的中国要素市场具有不同时代特征。改革开放后,中国采取了渐进性改革步伐,通过涵盖农村和城市的各项制度调整,实施了农村家庭联产承包责任制、各类金融体制改革、要素价格市场化改革等政策,中国经济体制逐步由单纯的计划经济体制向社会主义市场经济体制转变,各类要素市场的价格确定在经济体制改革框架下更具有公平、公正性。资本要素、劳动力要素、土地要素等各类要素市场价格扭曲程度较之前均有很大幅度改善，但要素市场价格和配置扭曲仍然在一定范围内存在，且影响着中国经济整体运行效率，要素市场改革难度较大。加入世界贸易组织以后，中国商品市场和要素市场的市场改革进程加速，但明显存在商品市场化改革进程快于要素市场化改革，各种影响市场效率的制度安排被废除，通过引入市场机制后的资本市场、劳动力市场等要素市场的市场活力进一步提升。然而依然存在的考核制度在提升各类改革积极性的同时也产生了维持原有要素市场扭曲的需求，扭曲的要素市场体制能够带来寻租的空间，使得部分地方政府部门依然保持要素市场扭曲，阻碍了要素市场的市场化推进速度，部分地区还存在严重的要素市场分割状况。

3.3　中国要素扭曲测度与结果分析

3.3.1　要素市场扭曲测度文献综述

完全竞争市场条件下的均衡状态由市场决定，市场机制是一只看不见的手在发挥效应，市场决定的均衡是最有效率的资源配置方法，因此，在西方国家提倡自由竞争。扭曲则是市场失灵状态下的一种偏离均衡的状态，市场机制无法发挥效应，导致市场错乱。要素市场扭曲，也就是要素市场不完全，是指由于市场不完善而导致的生产要素资源在国民经济中的非最优配置，即要素的市场价格与其机会成本之间发生偏差或背离（Bhagwati，1968；Chacholiades，1978）。市场经济体制下，因市场缺陷所导致的要素市场扭曲总在一定范围内广泛存在。市场供求关系都在动态中调整，市场波动状态下的失衡需要政府根据经济形势的变化采取逆周期的政策进行有效干预。在西方发达国家的市场一体化程度较高，大多数研究得出其不存在严重的经济系统性扭曲。西方学者（Kumbhakar，1992；Kwon and Paik，1995；Sedden et al.，2002）从资源配置效率，全要素生产率和社会福利损失等方面对要素价格扭曲的经济效应进行了研究，得出的结论是：存在要素市场价格扭曲的国家，社会福利将会因贸易自由化而受到损失（Lindeck，1997；Levnsion，1999；Seddon，2002；Restuccia，2008；Hsieh，2009；Hsieh，2012；Gollin et al.，2012）。麦基（1971）指出，要素市场不完全具有三种主要的形式：要素流动障碍、要素价格刚性，以及要素价格差别化。部分学者（Skoorka，2000；Restuccia，2008；Gollin et al.，2012）利用随机前沿分析法、数据包络分析法、影子价格法等全面综合测度了要素市场不完全程度。费希尔（2000）运用可计算的一般均衡（CGE）方法对韩国、中国、加拿大 3 国的要素市场扭曲进行测算，并在此基本上估算要素市场扭曲对各国福利成本造成的影响。班纳吉（2005）、雷斯图怡（2008）发现，产品或要素市场的扭曲阻碍了经济资源在不同企业之间的再配置过程，从而导致了同一产业内不同企业之间持续存在的生产率差异。谢地（2009）进一步证实，市场扭曲引起的经济资源在企业间的不合理配置，能够解释发达国家和不发达国家之间生产率和人均收入差距的实质性部分。有关要素市场扭曲的成因，国内外研究主要归纳为：各级政府制度管制、要素市场先天或后天垄断、制度因素导致要素市场隔断等。存在扭曲的要素市场无法通过市场交易实现要素自由流动，市场交易价格无法体现供需关系，也无法体现要素自身价值，最终形成要素市场的价格和配置扭曲。

中国社会主义市场经济是在改革开放后从传统计划经济向市场经济转变而来，当前出于经济发展战略和宏观调控需要，中国在一些领域仍受到计划经济影响。与此同时，中国采取了一部分地区一部分群体先富起来，先富带动后富的发展战略，各级政府也在一定范围内采用要素市场政策扭曲集聚经济发展所需的各类资源要素，以最大效率促进经济发展。要素市场的市场化进程不但滞后于产品市场的市场化进程（张曙光等，2010；张杰等，2011），而且不同地区的要素市场市场化进程也不一致（赵自芳，2006；林伯强等，2013）。要素市场扭曲通过要素价格扭曲导致的价格信号失真，也会使得要素资源无法实现最优配置（罗德明等，2012；毛其淋，2013）。我国要素市场不完全主要体现在要素供给扭曲、要素价格扭曲、要素配置扭曲三个方面，要素市场扭曲将影响我国经济增长的路径。国内学者（张幼文，2008；顾海兵，2009；窦勇，2010、2012）研究指出，国内经济市场化程度中得分最低的是要素市场，扭曲原因主要是政府对于要素价格的控制政策所致（徐长生等，2008；钱忠好等，2012、2013）。林毅夫（1998）研究结果显示，中国的国有企业和集体企业的劳动力价格存在扭曲现象。盛仕斌等（1999）侧重研究要素价格扭曲对于中国就业的影响，研究显示中国资本要素和劳动力要素都存在价格扭曲，且对中国的就业产生了负效益。林毅夫（2004）认为，要素价格的扭曲会导致资源使用结构的扭曲，进而影响资源配置效率，最终会影响一国的总体经济发展水平。盛誉（2005）通过实证研究证明，中国要素市场扭曲既影响了中国的资源配置效率，也降低了中国在对外开放过程中应获得的福利水平。盛仕斌等（1999）、蔡昉等（2001）、许经勇（2007）、袁志刚等（2011）、耿伟等（2012）、王必锋（2013）等认为，我国要素市场的发展滞后于产品市场，存在普遍的部门（经济类型、行业、地区）之间的要素价格的扭曲，并且由于制度性的原因使得这种扭曲难以在短期内消除。在已有研究成果的基础上，结合中国经济社会发展现状和要素市场的市场化实际，就中国资本市场、劳动力市场、土地市场等要素市场的扭曲程度进行测度，为要素市场扭曲下不同地域农民增收路径的深入分析奠定数据基础。

3.3.2　要素市场扭曲测度方法

要素市场的不完全使得各类要素资源配置不完善，尚未达到最优组合状态称为要素市场扭曲。因各种原因导致的要素市场价格偏离均衡价格，使得要素市场价格难以反映要素市场供求变化。现有研究采用资本市场、劳动力市场、土地市场等要素市场价格扭曲程度来量化要素市场扭曲程度，三大要素市场扭曲的存在都造成了资本报酬、劳动力报酬和土地价格等与其所对应的边际产出相偏离，造成了各自市场的扭曲。因此，借鉴现有研究方法，采用超越对数函数测算资本市场和劳动力市场的要素市场扭曲程度，通过计算土地出让金收入占地方政府财政收入的比重来量化土地市场扭曲。

研究采用超越对数生产函数测算资本市场和劳动力市场的市场扭曲，其与普通柯布道格拉斯（C－D）生产函数相比，因加入了资本、劳动力两个变量的二次项和交叉项，测算结果更加科学合理（见表 3－1）。

表 3－1　　　　　　　　　　　　变量描述性统计值

变量	单位	均值	标准差	最大值	最小值
LnY	亿元	7.322	1.568	59.276	4.466
LnL	万人	9.730	1.316	8.848	6.818
LnK	亿元	12.964	1.512	41.272	7.084

资料来源：笔者根据方式计算所得。

$$\mathrm{Ln}Y_{it} = \alpha_0 + \alpha_1 \mathrm{Ln}L_{it} + \alpha_2 \mathrm{Ln}K_{it} + (1/2)\,\alpha_3 (\mathrm{Ln}L_{it})^2 +$$
$$(1/2)\,\alpha_4 (\mathrm{Ln}K_{it})^2 + \alpha_5 \mathrm{Ln}L_{it}\mathrm{Ln}K_{it} + \varepsilon_{it} \qquad (3-1)$$

式（3－1）中，Y_{it} 为总产出，研究选取了 1997～2019 年中国 28 个省（区、市）的国内生产总值作为产出衡量指标，以 1997 年的数值作为基期对总产出数值进行平减以消除价格变动的影响。L_{it} 为劳动力数量，研究选取了 1997～2019 年中国 28 个省（区、市）的年均从业人数作为劳动力投入的指标。K_{it} 为资本存量，研究采用戈德史密斯（1951）

和张军（2004）的永续盘存法计算 1997 ~ 2019 年中国 28 个省（区、市）① 资本存量。a_{it} 为相关变量的系数，i 表示 28 个省（区、市），t 表示 1997 ~ 2019 年各个年份。对式（3 - 1）中的 L 和 K 分别求导，可以得到二者的边际产出：

$$MPL = (\alpha_1 + \alpha_3 LnL + \alpha_5 LnK) Y/L \qquad (3 - 2)$$

$$MPK = (\alpha_2 + \alpha_4 LnK + \alpha_5 LnL) Y/K \qquad (3 - 3)$$

式（3 - 2）、式（3 - 3）中，MPL 表示劳动力在使用中创造出的边际收益，MPK 表示资本在使用中创造出的边际收益。通过劳动力和资本的边际收益与其相应的价格之比表示劳动力和资本的价格扭曲，具体公式如下：

$$disL = MPL/w \qquad (3 - 4)$$

$$disK = MPK/r \qquad (3 - 5)$$

式（3 - 4）、式（3 - 5）中，disL 表示劳动力市场存在的扭曲，disK 表示资本市场存在的扭曲。W、r 分别表示劳动力和资本的价格。其中，劳动力价格通过使用 28 个省（区、市）的国内生产总值构成中的劳动者报酬除以从业人员数计算出不同省份平均工资。资本价格衡量指标存在争议，不同学者使用的指标有所差别，本书以面板数据为基础，借鉴张军等（2010）研究方法，使用经以 1997 年为基期调整后的 28 个省（区、市）固定资产折旧值与其实际固定资本存量的比值来替代资本价格。

土地市场扭曲测度方法比较多，基于研究数据的可获性，研究将采用 1997 ~ 2019 年中国 28 个省（区、市）的土地出让金收入占当年政府财政收入比值，间接量化该地区土地市场扭曲程度。谢冬水（2017）等研究指出，土地出让金占当地政府财政收入比重越大的地区，其土地市场的扭曲程度就越高。研究所需的 1997 ~ 2019 年中国 28 个省（区、

---

① 由于统计数据获取受限，部分省（区、市）的数据不完善，故本书选取的 28 个省（区、市）样本中不含重庆市、新疆维吾尔自治区、西藏自治区，下面不再赘述。

市）的土地出让金收入来自《中国国土资源统计年鉴》（1998～2020年），28 个省（区、市）的财政收入来自《中国统计年鉴》（1998～2020 年）。

3.3.3　要素市场扭曲测度结果分析

从三大要素市场扭曲值测度结果来看，中国资本市场总体扭曲的均值呈现出负向扭曲，资本价格扭曲呈现出先上升后下降的趋势，在 2008 年达到扭曲最大值，资本市场价格被严重抑制低估。中国劳动力市场总体的扭曲均值呈现出正向扭曲，正向扭曲数值逐渐减弱，劳动力市场扭曲在一定程度上有所缓解。中国土地市场总体的扭曲均值也存在先上升后下降的变化趋势，土地市场价格扭曲严重，但是也存在扭曲程度减弱的趋势。

资本市场扭曲在 1997～2019 年间的全国总体均值显示，中国资本要素市场的要素价格扭曲表现为负向扭曲，中国资本要素市场的要素价格扭曲程度表现为先下降再上升最后又下降的变动趋势。在 2008 年达到扭曲最大值，随后减弱，究其原因是由于世界金融危机爆发导致全球经济增长乏力，国际贸易出口量下降导致外需不足，各级政府为促增长保就业从而选择通过 4 万亿元等刺激投资政策保障中国经济整体健康运行，在一定程度上扭曲了资本要素市场价格。从东部、中部、西部省（区、市）的分区域数据来看，1997～2019 年间中国东部、中部、西部等所有省（区、市）资本要素市场的价扭曲也都表现为负向扭曲，扭曲数值维持在 3 上下波动，说明不同省（区、市）的资本要素市场价格扭曲较大，也都呈现为先下降后上升最后又下降的趋势。从表 3 - 2、表 3 - 3、表 3 - 4 可以看出，不同地域资本要素市场的价格扭曲程度存在一定的差异，但就扭曲平均值而言，所有省（区、市）的资本要素市场都存在负向价格扭曲。东部发达省（区、市）的资本要素扭曲度比较低，主要取决于东部省（区、市）

良好的资本市场基础,资本能够在市场信号的指引下较高效的流动。西部省(区、市)是资本要素市场扭曲度最高区域,因西部基础设施无法有效支撑产业发展,资本的逐利性引致大量资本外流,而西部省(区、市)为满足本地域经济增长所需,会采取更加优惠的制度安排留住外流资本,从而使得西部省(区、市)的资本要素市场扭曲度提升。从纵向发展来看,1997~2019 年 30 个省(区、市)①的资本要素市场扭曲呈现负向扭曲,资本市场负向扭曲是中国资本要素市场扭曲的特征之一。中国资本要素市场化改革进程相对更加缓慢,各级政府对各类资本要素市场和各类金融机构的管控较为严格,为差异化优先发展战略的实施,通过资本市场扭曲改变了资金使用成本和资本价格,阻碍了资本合理流动和投资方向。

表 3-2　　　　　　　1997~2019 年东部省份资本市场扭曲值

年份	全国	北京市	天津市	河北省	辽宁省	上海市	江苏省	浙江省	福建省	山东省	广东省	海南省
1997	4.09	3.74	3.12	4.38	2.50	3.85	4.31	4.63	4.45	3.62	3.56	3.29
1998	4.01	3.66	3.06	4.30	2.46	3.78	4.22	4.54	4.36	3.55	3.49	3.23
1999	3.93	3.59	3.00	4.21	2.41	3.70	4.14	4.45	4.27	3.48	3.42	3.16
2000	3.85	3.52	2.94	4.13	2.36	3.63	4.06	4.36	4.19	3.41	3.35	3.10
2001	3.91	3.30	2.95	4.15	2.69	3.58	4.15	4.37	4.16	3.33	3.59	3.12
2002	4.02	3.10	2.94	4.19	3.18	3.67	4.42	4.54	4.14	3.25	3.80	3.09
2003	4.03	3.05	2.86	4.20	3.08	3.71	4.66	4.53	4.10	3.14	3.95	3.26
2004	4.38	3.09	3.35	4.98	3.65	3.57	4.81	4.51	5.05	5.30	4.33	3.32
2005	4.23	3.05	3.56	5.06	4.07	3.39	3.95	4.23	4.42	4.27	4.01	3.51
2006	4.29	2.99	3.69	4.83	4.33	3.32	4.30	4.28	4.83	4.57	3.94	3.51
2007	4.34	3.22	3.48	5.02	4.51	3.51	4.71	4.39	5.46	4.81	4.20	3.08
2008	4.62	3.25	4.61	5.21	4.71	3.76	5.01	4.58	5.30	4.71	4.55	3.57

---

① 由于统计数据获取受限,部分省(区、市)的数据不完善,故本章选取的 30 个省(区、市)样本中不含西藏自治区,下面不再赘述。

续表

年份	全国	北京市	天津市	河北省	辽宁省	上海市	江苏省	浙江省	福建省	山东省	广东省	海南省
2009	4.51	3.26	3.97	5.20	4.38	3.75	4.84	4.71	5.43	4.58	4.57	3.61
2010	4.62	3.25	3.99	5.30	4.39	4.19	4.84	4.90	5.74	4.69	4.73	3.70
2011	4.50	3.31	3.97	4.62	4.61	4.75	4.73	4.83	5.85	4.55	4.80	3.87
2012	4.51	3.42	4.20	4.72	4.18	4.71	4.64	4.50	5.64	4.55	4.84	3.82
2013	4.53	3.51	4.35	4.62	4.37	5.08	4.73	4.62	5.84	4.62	5.13	3.84
2014	4.42	3.66	4.38	4.59	4.06	5.33	4.82	4.55	5.75	4.40	4.84	3.99
2015	4.27	3.43	4.62	4.45	3.65	5.21	4.60	4.43	5.27	4.40	4.74	3.42
2016	4.04	2.85	4.17	4.21	4.32	4.43	4.13	4.23	5.21	4.08	4.35	3.36
2017	4.07	2.87	4.20	4.24	4.35	4.47	4.16	4.26	5.25	4.11	4.38	3.39
2018	4.30	3.46	4.66	4.49	3.68	5.25	4.64	4.47	5.31	4.44	4.78	3.45
2019	4.64	3.84	4.60	4.82	4.26	5.60	5.06	4.78	6.04	4.62	5.08	4.19

资料来源：笔者依据公式计算所得。

表 3 – 3　　　　　1997～2019 年中部省份资本市场扭曲值

年份	全国	山西省	吉林省	黑龙江省	安徽省	江西省	河南省	湖北省	湖南省
1997	4.09	4.00	2.71	4.66	4.13	2.98	4.66	7.42	4.31
1998	4.01	3.92	2.65	4.57	4.05	2.92	4.57	7.27	4.22
1999	3.93	3.85	2.60	4.48	3.97	2.87	4.48	7.13	4.14
2000	3.85	3.77	2.55	4.39	3.89	2.81	4.39	6.99	4.06
2001	3.91	3.97	3.01	3.88	4.16	2.77	4.59	6.55	4.32
2002	4.02	4.00	3.33	3.96	4.74	2.78	4.76	6.31	4.30
2003	4.03	3.83	3.43	4.04	4.85	3.05	5.02	5.40	4.36
2004	4.38	3.86	3.55	4.84	5.14	3.18	6.03	5.87	5.55
2005	4.23	3.84	3.40	4.82	4.81	5.16	5.58	4.60	5.51
2006	4.29	3.97	3.27	4.98	5.07	5.21	5.99	4.85	5.68
2007	4.34	4.01	3.34	4.90	5.06	5.24	6.10	4.64	5.86
2008	4.62	4.50	3.45	6.21	4.76	3.83	5.82	5.06	6.38

续表

年份	全国	山西省	吉林省	黑龙江省	安徽省	江西省	河南省	湖北省	湖南省
2009	4.51	3.91	3.44	5.70	4.86	3.52	5.90	4.51	6.70
2010	4.62	4.05	3.27	5.93	5.76	4.83	5.03	4.53	6.34
2011	4.50	3.33	3.12	6.42	5.26	4.31	5.41	4.96	6.04
2012	4.51	3.53	3.17	6.40	5.34	3.88	5.65	4.95	6.09
2013	4.53	3.28	3.10	6.64	4.94	4.38	5.74	4.85	5.99
2014	4.42	3.27	3.10	6.07	4.66	4.11	5.25	4.80	6.38
2015	4.27	3.25	3.14	5.52	4.42	4.35	5.23	4.87	6.20
2016	4.04	3.27	3.11	5.19	4.21	4.06	4.91	4.52	6.15
2017	4.07	3.30	3.13	5.23	4.24	4.09	4.95	4.56	6.20
2018	4.30	3.28	3.17	5.56	4.46	4.38	5.27	4.91	6.25
2019	4.64	3.43	3.26	6.37	4.89	4.32	5.51	5.04	6.70

资料来源：笔者依据公式计算所得。

表 3 - 4　　　　　　　1997 ~ 2019 年西部省份资本市场扭曲值

年份	内蒙古自治区	重庆市	四川省	贵州省	云南省	陕西省	甘肃省	青海省	宁夏回族自治区	新疆维吾尔自治区	广西壮族自治区
1997	2.33	3.71	6.53	5.94	4.31	3.62	4.49	3.28	3.11	3.08	5.79
1998	2.29	3.64	6.40	5.83	4.22	3.55	4.40	3.21	3.05	3.02	5.68
1999	2.24	3.57	6.27	5.71	4.14	3.48	4.31	3.15	2.99	2.96	5.57
2000	2.20	3.50	6.15	5.60	4.06	3.41	4.23	3.09	2.93	2.90	5.46
2001	2.68	3.89	6.37	4.91	4.07	3.45	4.57	3.59	2.91	2.80	5.28
2002	3.14	4.98	6.56	4.77	4.04	3.48	4.50	3.72	2.99	2.78	5.19
2003	3.55	4.94	6.41	5.28	4.25	3.63	3.54	3.51	3.04	3.04	5.30
2004	5.11	5.01	5.83	4.81	4.65	3.52	3.37	3.30	2.93	3.22	5.67
2005	4.00	5.31	4.37	4.46	4.77	3.61	4.40	3.07	2.54	3.85	5.34
2006	3.43	5.19	4.32	4.08	4.70	3.63	4.15	3.45	2.67	3.85	5.65
2007	3.38	5.64	4.27	4.00	4.92	3.53	3.90	3.65	2.33	3.88	5.26

年份	内蒙古自治区	重庆市	四川省	贵州省	云南省	陕西省	甘肃省	青海省	宁夏回族自治区	新疆维吾尔自治区	广西壮族自治区
2008	3.64	6.00	4.98	3.75	5.06	5.21	4.10	3.86	2.54	4.79	5.34
2009	4.47	6.07	5.08	3.68	5.68	5.21	3.92	3.12	2.59	4.11	4.52
2010	4.18	5.80	5.58	4.02	5.33	4.96	4.30	3.33	2.82	4.27	4.43
2011	4.48	5.65	5.51	3.97	5.20	4.53	3.63	2.91	2.46	3.92	3.91
2012	4.65	5.59	5.53	3.99	6.06	4.34	3.80	2.64	2.19	3.56	4.80
2013	4.94	5.04	5.58	3.96	5.78	4.20	3.74	2.37	2.34	3.56	4.85
2014	4.67	4.84	5.50	3.78	6.03	3.77	3.70	1.88	2.20	3.34	4.97
2015	4.86	4.60	4.96	3.67	5.44	3.35	4.12	1.85	2.18	3.23	4.61
2016	3.90	4.10	4.56	3.51	5.66	3.17	3.79	1.69	2.10	3.29	4.61
2017	3.93	4.13	4.60	3.54	5.71	3.20	3.82	1.70	2.10	3.32	4.65
2018	4.90	4.64	5.00	3.70	5.48	3.38	4.15	1.86	2.20	3.26	4.65
2019	4.90	5.08	5.78	3.97	6.33	3.96	3.89	1.97	2.31	3.51	5.22

资料来源：笔者依据公式计算所得。

表3-5、表3-6、表3-7显示，1997~2019年间中国劳动力要素市场的价格扭曲总体均值维持在1上下波动，劳动力市场价格总体呈现为正向扭曲，不同地域省份的变化有其地域特征。从劳动力要素市场扭曲纵向发展变化来看，劳动力要素市场的价格扭曲均值从小于1发展到大于1，呈现由正向扭曲向负向扭曲的转变。从东部、中部、西部省（区、市）的分区域数据来看，1997~2019年间中国东部、中部、西部等省（区、市）大多数劳动力要素市场的价扭曲表现为负向扭曲，说明劳动力要素市场价格扭曲较大，也都呈现为先下降后上升最后又下降的趋势。江苏省、浙江省、广东省的劳动力要素市场价格存在正向扭曲，北京市的劳动力市场扭曲从负向变为正向，而天津市、上海市在样本期内始终呈现负向扭曲，还有山西省、黑龙江省等

部分省（区、市）的劳动力要素市场价格扭曲由正向转变为负向。劳动力要素市场的价格扭曲呈现出东部省（区、市）数值较大，中西部省（区、市）的数值较低的格局，东部省（区、市）通过抑制劳动力价格上升获得增长的成本优势，通过压低劳动力价格获得产品生产经营中的竞争比较优势。中国城乡分割的户籍制度限制了不同地域劳动者的跨区域自由流动，各种制度造就了二元经济结构下的中国劳动力市场的不统一，造成了劳动力市场的要素价格偏离自身价值而形成扭曲。不同地域劳动力要素市场价格扭曲数值是从扩大到缩小的过程，说明改革开放以来，尤其是中国户籍制度改革后的中国劳动力要素市场的价格扭曲逐步好转。

表 3 - 5　　　　　　　1997~2019 年东部省份劳动力市场扭曲值

年份	全国	北京市	天津市	河北省	上海市	江苏省	浙江省	福建省	山东省	广东省	海南省	辽宁省
1997	0.73	1.77	1.81	0.35	1.91	0.33	0.64	0.81	0.15	0.36	1.55	0.74
1998	0.72	1.74	1.78	0.34	1.87	0.32	0.62	0.79	0.15	0.35	1.52	0.73
1999	0.70	1.70	1.74	0.34	1.84	0.32	0.61	0.78	0.14	0.35	1.49	0.71
2000	0.69	1.67	1.71	0.33	1.80	0.31	0.60	0.76	0.14	0.34	1.46	0.70
2001	0.72	1.68	1.81	0.35	1.84	0.33	0.63	0.77	0.16	0.35	1.47	0.74
2002	0.73	1.53	1.91	0.38	1.79	0.35	0.64	0.77	0.19	0.35	1.42	0.77
2003	0.76	1.47	2.08	0.41	1.81	0.37	0.65	0.78	0.21	0.35	1.41	0.83
2004	0.80	1.28	2.10	0.48	1.77	0.45	0.68	0.87	0.29	0.35	1.42	0.90
2005	0.81	1.20	2.11	0.47	1.71	0.48	0.68	0.89	0.29	0.33	1.44	0.73
2006	0.82	1.18	2.13	0.48	1.68	0.48	0.67	0.90	0.34	0.35	1.50	0.78
2007	0.86	1.16	2.16	0.47	1.73	0.55	0.66	0.92	0.30	0.36	1.72	0.82
2008	0.78	1.04	1.76	0.45	1.66	0.53	0.69	0.76	0.30	0.34	1.30	0.84
2009	0.81	1.04	1.82	0.45	1.66	0.53	0.70	0.76	0.33	0.37	1.38	0.89
2010	0.84	1.04	1.76	0.45	1.66	0.57	0.67	0.80	0.39	0.39	1.41	0.90
2011	0.85	1.02	1.76	0.50	1.66	0.68	0.67	0.77	0.43	0.40	1.38	0.95
2012	0.88	1.00	1.80	0.52	1.69	0.62	0.69	0.77	0.46	0.42	1.37	0.96

续表

年份	全国	北京市	天津市	河北省	上海市	江苏省	浙江省	福建省	山东省	广东省	海南省	辽宁省
2013	0.90	0.99	1.83	0.56	1.53	0.64	0.64	0.81	0.47	0.43	1.26	1.06
2014	0.92	1.00	1.88	0.61	1.54	0.66	0.69	0.82	0.51	0.46	1.22	1.02
2015	0.96	0.95	1.97	0.65	1.59	0.69	0.70	0.82	0.50	0.47	1.32	1.16
2016	1.01	0.98	2.05	0.69	1.61	0.72	0.73	0.82	0.53	0.50	1.34	1.56
2017	1.02	0.99	2.07	0.70	1.62	0.73	0.74	0.83	0.53	0.50	1.35	1.57
2018	0.97	0.96	1.99	0.66	1.60	0.70	0.71	0.83	0.50	0.47	1.33	1.17
2019	0.97	1.05	1.97	0.64	1.62	0.69	0.72	0.86	0.54	0.48	1.28	1.07

资料来源：笔者依据公式计算所得。

表 3 - 6　　　　1997 ~ 2019 年中部省份劳动力市场扭曲值

年份	全国	山西省	吉林省	黑龙江省	安徽省	河南省	湖北省	湖南省	江西省
1997	0.73	0.91	0.74	0.89	0.23	0.01	0.20	0.19	0.40
1998	0.72	0.89	0.73	0.87	0.23	0.01	0.20	0.19	0.40
1999	0.70	0.88	0.71	0.86	0.22	0.01	0.19	0.18	0.39
2000	0.69	0.86	0.70	0.84	0.22	0.01	0.19	0.18	0.38
2001	0.72	0.89	0.66	0.84	0.25	0.03	0.22	0.19	0.41
2002	0.73	0.90	0.67	0.85	0.26	0.06	0.24	0.21	0.42
2003	0.76	0.92	0.67	0.87	0.30	0.09	0.28	0.23	0.45
2004	0.80	0.97	0.98	1.11	0.30	0.11	0.37	0.27	0.44
2005	0.81	0.98	1.01	1.09	0.31	0.13	0.39	0.28	0.55
2006	0.82	0.98	1.08	1.11	0.33	0.17	0.44	0.29	0.56
2007	0.86	1.07	1.17	1.14	0.36	0.22	0.48	0.31	0.58
2008	0.78	0.88	1.25	1.14	0.31	0.22	0.41	0.33	0.62
2009	0.81	0.84	1.30	1.18	0.34	0.24	0.46	0.37	0.69
2010	0.84	0.93	1.38	1.28	0.35	0.26	0.53	0.39	0.61
2011	0.85	0.88	1.39	1.28	0.36	0.29	0.49	0.40	0.61
2012	0.88	0.88	1.45	1.26	0.38	0.32	0.51	0.44	0.67

年份	全国	山西省	吉林省	黑龙江省	安徽省	河南省	湖北省	湖南省	江西省
2013	0.90	0.92	1.47	1.28	0.43	0.35	0.55	0.46	0.69
2014	0.92	0.97	1.42	1.33	0.46	0.37	0.58	0.48	0.77
2015	0.96	1.00	1.43	1.33	0.50	0.39	0.63	0.53	0.79
2016	1.01	1.05	1.49	1.37	0.52	0.41	0.66	0.56	0.82
2017	1.02	1.06	1.50	1.38	0.52	0.41	0.67	0.56	0.83
2018	0.97	1.01	1.44	1.34	0.50	0.39	0.64	0.53	0.80
2019	0.97	1.02	1.49	1.40	0.48	0.39	0.61	0.50	0.81

资料来源：笔者依据公式计算所得。

表 3 - 7 　　　　　　　1997～2019 年西部省份劳动力市场扭曲值

年份	内蒙古自治区	重庆市	四川省	贵州省	云南省	陕西省	甘肃省	青海省	宁夏回族自治区	新疆维吾尔自治区	广西壮族自治区
1997	0.89	0.57	0.01	0.39	0.52	0.57	0.48	1.45	1.54	1.31	0.29
1998	0.87	0.56	0.01	0.38	0.51	0.56	0.47	1.43	1.51	1.28	0.28
1999	0.86	0.55	0.01	0.38	0.50	0.55	0.46	1.40	1.48	1.25	0.28
2000	0.84	0.54	0.01	0.37	0.49	0.54	0.45	1.37	1.45	1.23	0.27
2001	0.89	0.59	0.10	0.37	0.47	0.58	0.54	1.42	1.48	1.20	0.29
2002	0.92	0.63	0.11	0.38	0.50	0.60	0.59	1.51	1.46	1.23	0.31
2003	1.01	0.68	0.14	0.39	0.51	0.66	0.64	1.60	1.45	1.17	0.35
2004	1.12	0.71	0.18	0.47	0.54	0.73	0.64	1.62	1.43	1.10	0.39
2005	1.22	0.73	0.22	0.55	0.50	0.68	0.79	1.59	1.40	1.14	0.33
2006	1.37	0.76	0.25	0.50	0.52	0.70	0.78	1.52	1.33	1.20	0.34
2007	1.45	0.80	0.28	0.54	0.50	0.78	0.85	1.44	1.31	1.24	0.37
2008	1.20	0.82	0.26	0.54	0.48	0.66	0.72	1.38	1.17	1.12	0.38
2009	1.08	0.86	0.33	0.56	0.52	0.70	0.86	1.46	1.18	1.10	0.43
2010	1.16	0.91	0.36	0.60	0.58	0.80	0.77	1.65	1.12	1.05	0.45
2011	1.14	0.89	0.41	0.62	0.57	0.83	0.89	1.70	1.16	1.04	0.47

年份	内蒙古自治区	重庆市	四川省	贵州省	云南省	陕西省	甘肃省	青海省	宁夏回族自治区	新疆维吾尔自治区	广西壮族自治区
2012	1.19	0.91	0.45	0.61	0.57	0.89	0.93	1.85	1.23	1.02	0.58
2013	1.21	1.16	0.50	0.61	0.60	0.96	0.92	1.88	1.27	1.01	0.70
2014	1.14	1.18	0.51	0.61	0.65	0.91	0.98	1.92	1.29	1.03	0.68
2015	1.27	1.20	0.51	0.60	0.71	0.96	1.06	2.06	1.26	1.04	0.69
2016	1.37	1.24	0.54	0.62	0.74	0.98	1.11	2.06	1.35	1.09	0.70
2017	1.38	1.25	0.54	0.62	0.75	0.99	1.12	2.08	1.36	1.10	0.71
2018	1.28	1.21	0.51	0.60	0.72	0.97	1.07	2.08	1.27	1.05	0.70
2019	1.20	1.24	0.54	0.64	0.68	0.96	1.03	2.02	1.35	1.08	0.71

资料来源：笔者依据公式计算所得。

表 3 - 8、表 3 - 9、表 3 - 10 显示 1997～2019 年间，中国土地要素市场的价格扭曲总体均值较为严峻，其变化剧烈，不同年份间的差异较大，加入世界贸易组织后的数值维持在 40 上下波动，土地要素市场价格总体呈现为负向扭曲，不同地域省（区、市）的变化有其地域特征。从土地要素总体均值看，其价格扭曲程度存在先快速上升后逐渐稳定的变化趋势，加入世界贸易组织前的土地要素市场价格扭曲程度最低，2010 年土地要素市场价格扭曲达到最大值，从 2014 年开始土地要素市场价格扭曲呈下降趋势。从东部、中部、西部省（区、市）的分区域数据来看，所有省（区、市）的土地要素市场价格扭曲都呈现上升趋势，部分省（区、市）上升幅度巨大，这与特定时期土地财政的属性有一定的关联。东部的江苏省、浙江省，中部的安徽省、江西省，西部的四川省、云南省等省（区、市）的土地要素出让金收入占财政总收入的比重超过一半以上，在部分地区土地出让金已成为地方政府财政收入的主要渠道来源，这在很大程度上造成政府政策干预下的土地市场扭曲加重。数据同样显示部分东部省（区、市）、

中部省（区、市）、西部省（区、市）的部分区域土地出让金占财政收入的比重较低，且不足 30%，说明不同地域的土地要素市场价格扭曲的地域差异较明显。土地要素市场价格扭曲的变化特征也说明加入世界贸易组织后的中国各级政府为满足招商引资和推进商品房市场化，不同用途的用地价格存在较大差距，扭曲性的土地供给结构导致土地要素市场价格扭曲日趋严重。

表 3 - 8　　　　　　　1997～2019 年东部省份土地市场扭曲值

年份	全国	北京市	天津市	河北省	辽宁省	上海市	江苏省	浙江省	福建省	山东省	广东省	海南省
1997	7.93	22.01	6.19	9.11	7.61	7.62	19.36	36.46	14.85	5.23	7.60	0.55
1998	7.77	21.58	6.07	8.93	7.46	7.47	18.98	35.75	14.56	5.13	7.45	0.54
1999	7.62	21.15	5.95	8.75	7.31	7.32	18.60	35.05	14.27	5.03	7.30	0.53
2000	7.47	20.74	5.83	8.58	7.17	7.18	18.24	34.36	13.99	4.93	7.16	0.52
2001	12.92	26.36	10.52	21.07	19.22	13.67	37.76	48.57	15.78	6.57	12.53	17.30
2002	22.85	25.42	12.73	40.26	25.98	17.82	70.62	81.55	36.50	29.22	11.17	15.29
2003	45.34	55.44	102.44	45.13	40.61	33.20	120.19	165.68	54.66	56.07	16.50	14.63
2004	50.41	84.80	170.47	47.08	51.63	44.49	68.79	108.48	61.26	54.19	16.85	15.53
2005	35.91	10.77	38.71	32.18	39.97	27.50	76.16	75.60	55.52	46.46	19.55	41.94
2006	40.96	17.47	39.94	37.67	46.24	24.03	72.26	77.82	96.05	51.77	28.26	26.97
2007	48.86	25.13	69.55	48.78	65.41	18.34	67.13	101.82	101.78	50.58	40.64	51.34
2008	34.45	37.37	58.26	34.04	45.76	24.18	48.27	53.48	27.95	44.25	20.40	84.67
2009	47.12	34.19	69.58	53.08	56.28	38.41	81.21	118.84	70.77	72.25	36.51	74.07
2010	62.92	56.03	79.80	80.81	95.60	30.63	93.67	139.55	98.87	92.54	29.89	74.72
2011	58.69	51.74	52.73	62.70	118.42	27.64	89.00	96.30	74.74	74.40	24.83	51.85
2012	45.60	49.97	30.06	54.41	57.19	16.07	66.36	58.98	58.17	64.02	24.36	51.34
2013	58.94	48.68	39.42	73.28	58.95	26.54	93.10	108.64	74.53	76.54	45.96	51.11
2014	41.70	50.35	33.55	45.01	35.12	32.41	61.26	56.60	45.94	54.84	37.59	29.06
2015	33.85	43.60	21.78	43.03	31.27	29.15	57.95	40.56	46.65	35.77	31.71	34.14
2016	36.89	17.91	41.05	46.11	24.99	24.06	78.11	68.26	52.33	41.98	32.64	40.57

续表

年份	全国	北京市	天津市	河北省	辽宁省	上海市	江苏省	浙江省	福建省	山东省	广东省	海南省
2017	37.19	18.05	41.38	46.48	25.19	24.25	78.73	68.81	52.75	42.32	32.90	40.89
2018	34.12	43.95	21.95	43.37	31.52	29.38	58.41	40.88	47.02	36.06	31.96	34.41
2019	43.79	52.87	35.23	47.26	36.88	34.03	64.32	59.43	48.24	57.58	39.47	30.51

资料来源：笔者依据公式计算所得。

表 3 – 9   1997～2019 年中部省份土地市场扭曲值

年份	全国	山西省	吉林省	黑龙江省	安徽省	江西省	河南省	湖北省	湖南省
1997	7.93	2.70	6.08	2.57	6.20	3.60	5.50	0.37	5.78
1998	7.77	2.64	5.96	2.52	6.08	3.53	5.39	0.36	5.67
1999	7.62	2.59	5.84	2.47	5.96	3.46	5.28	0.36	5.56
2000	7.47	2.54	5.73	2.42	5.84	3.39	5.18	0.35	5.45
2001	12.92	4.03	11.44	2.33	13.89	18.16	6.88	9.09	15.16
2002	22.85	17.92	14.69	6.51	33.75	42.69	12.07	20.61	37.81
2003	45.34	24.70	22.20	15.54	79.32	52.29	22.91	54.75	44.17
2004	50.41	18.66	24.78	16.02	83.89	61.75	28.30	63.27	57.78
2005	35.91	13.30	28.24	13.60	65.16	59.69	23.83	43.74	40.02
2006	40.96	9.98	40.66	14.75	73.29	57.54	30.26	57.08	35.88
2007	48.86	17.88	38.50	21.62	90.96	48.46	27.71	63.38	52.97
2008	34.45	17.44	26.14	17.02	63.17	31.41	33.26	45.82	34.98
2009	47.12	21.07	30.49	29.36	71.17	50.44	32.91	43.52	24.35
2010	62.92	27.43	67.43	47.17	95.09	77.46	47.15	75.74	46.19
2011	58.69	30.03	63.35	57.16	83.81	72.51	55.19	73.28	56.64
2012	45.60	28.26	43.09	30.18	70.42	56.14	53.10	53.88	43.92
2013	58.94	37.36	42.01	37.02	109.17	82.56	62.24	73.90	58.63
2014	41.70	24.30	30.19	37.69	81.76	53.88	51.93	49.34	45.66
2015	33.85	16.64	18.48	18.89	61.77	46.80	37.86	49.37	38.61
2016	36.89	27.08	22.91	18.16	90.03	44.93	49.41	45.95	39.48

年份	全国	山西省	吉林省	黑龙江省	安徽省	江西省	河南省	湖北省	湖南省
2017	37.19	27.30	23.09	18.31	90.75	45.29	49.81	46.32	39.80
2018	34.12	16.77	18.63	19.04	62.26	47.17	38.16	49.76	38.92
2019	43.79	25.52	31.70	39.57	85.85	56.57	54.53	51.81	47.94

资料来源：笔者依据公式计算所得。

表 3-10　　　　　1997~2019 年西部省份土地市场扭曲值

年份	内蒙古自治区	广西壮族自治区	重庆市	四川省	贵州省	云南省	陕西省	甘肃省	青海省	宁夏回族自治区	新疆维吾尔自治区
1997	2.60	6.37	11.45	9.19	7.04	4.87	4.66	2.32	4.53	10.82	4.69
1998	2.55	6.24	11.23	9.01	6.90	4.78	4.57	2.28	4.44	10.61	4.60
1999	2.50	6.12	11.01	8.83	6.76	4.68	4.48	2.23	4.36	10.40	4.51
2000	2.45	6.00	10.79	8.66	6.63	4.59	4.39	2.19	4.27	10.20	4.42
2001	4.87	9.26	9.43	11.99	7.90	5.12	10.03	3.07	5.43	3.17	7.01
2002	8.83	16.51	19.30	22.79	10.16	7.15	10.66	9.00	12.24	7.27	9.13
2003	9.53	32.54	55.38	76.18	16.34	30.21	24.46	14.14	7.43	53.88	19.62
2004	13.79	54.76	76.91	93.51	19.10	28.60	52.73	14.75	8.29	53.31	18.53
2005	18.61	29.89	62.77	82.19	18.63	22.84	24.33	15.35	10.02	28.84	11.89
2006	16.75	37.23	76.62	77.44	33.07	25.66	32.87	34.61	6.04	34.32	16.21
2007	33.15	50.56	81.08	99.02	28.54	21.41	42.40	19.49	2.89	63.70	21.44
2008	18.87	26.13	40.48	45.12	23.14	31.91	26.91	19.41	4.63	32.00	17.05
2009	24.44	35.15	59.32	59.93	19.63	34.21	24.02	21.51	53.50	58.13	15.12
2010	45.61	55.01	76.98	71.51	36.97	50.29	27.69	38.31	43.13	58.56	27.68
2011	45.01	52.16	64.53	55.68	41.77	87.35	18.21	63.19	39.10	58.27	19.23
2012	35.74	43.28	69.70	56.25	54.14	56.63	33.69	24.15	23.37	35.52	25.71
2013	31.51	48.14	101.74	71.67	63.55	55.80	40.14	39.15	31.22	56.84	28.77
2014	20.02	44.39	69.27	50.79	48.37	28.30	30.41	28.65	29.08	28.76	16.80
2015	11.21	40.11	66.65	39.22	35.54	15.61	19.79	32.04	12.85	24.17	14.17

年份	内蒙古自治区	广西壮族自治区	重庆市	四川省	贵州省	云南省	陕西省	甘肃省	青海省	宁夏回族自治区	新疆维吾尔自治区
2016	11.43	44.08	47.35	39.93	31.85	21.28	25.06	28.11	14.87	22.52	14.13
2017	11.52	44.43	47.73	40.25	32.10	21.45	25.26	28.33	14.99	22.70	14.24
2018	11.30	40.43	67.18	39.53	35.82	15.73	19.95	32.30	12.95	24.36	14.28
2019	21.02	46.61	72.73	53.33	50.79	29.72	31.93	30.08	30.53	30.20	17.64

资料来源：笔者依据公式计算所得。

3.4 要素市场扭曲对农业全要素生产率的影响分析

3.4.1 研究背景与文献综述

当前，中国农业农村生产经营中的各类要素投入质量不高、配置效率低下等问题突出，在一定程度上造成中国农业生产成本居高不下，农业生产经营的利润降低，导致农民收入增长困难等一系列严重的社会问题。在当前中国农业经济增长模式下，农业农村中的各类资源要素无法在地区、行业、部门之间实现有效配置，短期内不仅会影响农业总产出，长期还可能无法实现农业经济可持续增长。因此，要不断转变中国农业农村经济发展模式，推进农业供给侧改革，全面提高农业农村各类要素的利用效率，提高农业全要素生产率。全面提高中国农业全要素生产率，不仅有助于中国农业经济增长方式转变，也是实现农业高质量发展的关键。然而中国普遍存在的要素市场扭曲是否会在一定程度上影响中国农业全要素生产率，影响的方向和程度如何，对实现中国农业发展由大变强转变具有重要的理论和迫切的现实意义，急需从中国城乡经济二元结构转换的背景下分析中国要素市场扭曲对农业全要素生产率的影响。因此，本书将要素市场扭曲置于农业全要素生产率影响分析框架内，探讨要素市场扭曲与农业全要素生产率的互动关系及其空间溢出效应。

现有的全要素生产率研究多在要素市场最优配置的假定前提下开展（Kumbhakar，1992；Nick Draper，2015；樊纲，2011；袁志刚，2011），导致研究结果与现实经济发生背离（Kwon and Paik，1995；Micco，2012；盖庆恩，2013），因此从要素市场扭曲原因（Levnsion，1999；Sedden et al.，2002；陈彦斌等，2015）、扭曲测度方法（Restuccia，2008；Hsieh，2012；Gollin，2012；高帆等，2016）等多个视角对于要素市场配置效率的研究越来越受到关注。中国要素市场化进程不但滞后于产品市场的市场化进程（张曙光等，2010；张杰等，2011），而且不同地区的要素市场的市场化进程也不一致（赵自芳，2006；林伯强等，2013）。要素市场扭曲通过要素价格扭曲导致要素市场的价格信号失真，也会使得要素资源无法实现最优配置（Sachs，2000；罗德明等，2012；毛其淋，2013）。在新古典增长模型上将要素市场扭曲引入全要素生产率的研究是近年来的研究热点之一（Hsieh，2009；Santana，2013），得出的结论是：要素市场扭曲对全要素生产率造成负面影响（Restuccia，2008），也有通过模拟测算要素市场扭曲消除后，全要素生产率能够达到新的高度（Chris，2015；Chauffour，2017），进而测算全要素生产率的绝对增长空间。国内学者对要素市场扭曲的影响研究集中在对不同产业的全要素生产率的影响研究（朱喜等，2011；邵宜航等，2013；陈艳莹等，2013；聂辉华等，2011）、对不同产业的效率损失的影响研究（赵自芳等，2006；陈永伟等，2011）、对投资结构、需求结构、贸易结构等经济结构方面的影响研究等（盛仕斌等，1999；黄益平等，2011；陈秋锋，2013），部分研究得出消除要素扭曲后的全要素生产率会大幅提升的结论（张军，2002；聂辉华，2011；张腾，2019）。

中国农业生产全要素生产率问题一直受到国内外学者的广泛关注（Jin et al, 2002；Rozelle, 2005），分析了农业全要素生产率的变化原因（Lin, 1992；Hsieh, 2009；李谷成等, 2009；王怀明, 2016；李欠男等, 2019），研究涉及到的影响因素变量主要包括生产要素质量（王珏等, 2010；方福前等, 2010）、劳动力转移（李士梅等, 2017）、农业经济结构（尹朝静等, 2017）、农业基础设施（邓晓兰等, 2018）、农业政策（肖锐等, 2018；王雯, 2018）等，也有研究关注农业全要素生产率受邻近地区经济社会因素影响的程度（石慧等, 2011；高杨等, 2018）。现有文献在研究要素投入和技术进步对于中国农业全要素生产率（TFP）增长的影响时，忽略了农业生产中可能存在的要素配置（朱熹, 2011），要素市场扭曲会影响农业要素投入产出关系，也必然会影响农业生产技术效率（李佳睿等, 2018）。

综上所述，现有文献对全要素生产率及其影响因素进行了大量研究，但大多忽略了要素市场扭曲引致的要素错配对农业全要素生产率的影响。鉴于实现中国农业高质量发展的迫切现实需要，急需厘清不同地域要素市场扭曲对农业全要素生产影响的空间效应，探讨不同地域要素市场扭曲对农业全要素生产率的影响路径。因此，研究以要素市场扭曲下农业全要素生产率影响效应及其空间效应分解为研究对象，基于空间计量模型对影响农业全要素生产率的因素展开实证分析，探讨要素市场扭曲对农业全要素生产率的空间影响及溢出效应，以期为农业高质量发展的精准施策提供决策依据。

3.4.2 模型设定、变量选取和数据说明

在要素市场扭曲的情况下，生产要素难以实现帕累托最优配置，从而可能导致包括农业生产在内的经济活动处于非效率状态。作为农业生产的三大基本要素，资本、劳动力和土地等要素市场扭曲对农业全要素生产率影响的内在机制存在一定差异，要素市场不完全会导致

资本、劳动、土地等生产要素配置扭曲，最终降低农业生产经营中的农业全要素生产率。为了科学地分析资本、劳动力和土地等要素市场扭曲对农业全要素生产率的影响效应，研究运用面板数据构建包括资本、劳动力、土地等要素市场在内的要素市场扭曲对中国农业全要素生产率的实证模型，时间跨度为 1997～2018 年，地区跨度为中国 28 个省（区、市）。基于上述分析，以农业全要素生产率为被解释变量，以资本、劳动力、土地等要素市场扭曲为关键解释变量，同时引入农村人力资本、农村金融发展规模、农产品贸易开放度、农业规模经营水平、地区工业化水平、涉农政策调整 6 个变量作为控制变量。为了与空间面板模型进行比较，应先建立不含空间效应的面板数据模型，具体模型设定如下：

$$Y_{it} = \alpha_{it} + \beta_{it}X_{it} + \varepsilon_{it} \qquad (3-6)$$

式（3-6）中，Y_{it} 为因变量（农业全要素生产率）；X_{it} 为 $n \times k$ 阶自变量矩阵（资本市场扭曲值、劳动力市场扭曲值、土地市场扭曲值、6 个控制变量等）；i 为不同地区；t 为不同时期。

同时，为了研究要素市场扭曲对农业全要素的空间溢出作用，本书借助空间自回归模型分析中国 28 个省（区、市）农业全要素生产率的空间溢出和扩散效应，具体模型如下：

$$Y_{it} = \alpha_{it} + \rho W Y_{it} + X_{it}\beta_{it} + \varepsilon_{it} \qquad (3-7)$$

式（3-7）中，Y_{it}、X_{it} 含义同式（3-6）；α_{it} 为个体效应项；W 为 $n \times n$ 阶空间权重矩阵，空间权重反映经济变量间空间关联性，距离相隔较远的地域关联作用影响越小，采用各省份省会间地理距离构建空间权重矩阵 W，省会间地理距离长期固定，不受社会经济活动影响的外生变量，能够在一定程度上规避空间计量模型内生性问题；WY_{it} 为因变量的空间自回归项；ρ 为空间自回归系数；ε_{it} 为随机误差项向量；i 为不同地区；t 为不同时期。

本书利用空间误差模型分析相邻地区农业全要素生产率观测值误差对本地区农业全要素生产率的影响，构建的具体模型如下：

$$Y_{it} = \alpha_{it} + X_{it}\beta_{it} + \varepsilon_{it} \qquad (3-8)$$

$$\varepsilon_{it} = \lambda W \varepsilon_{it} + \mu_{it} \qquad (3-9)$$

$$\mu \sim N(0, \sigma^2 I) \qquad (3-10)$$

式 (3-8)、式 (3-9)、式 (3-10) 中,λ 为空间误差系数,其余参数的含义与式 (3-6) 相同。

根据前面分析,相邻地域的经济发展等社会经济因素也同样有可能影响到本地区全要素生产率,为论证全要素生产率的变化是否同时依赖于相邻地区各个自变量,引入各个解释变量的空间权重矩阵加权项作为解释变量,建立空间杜宾模型。

$$Y_{it} = \alpha_{it} I_{it} + \rho W Y_{it} + \beta_{it} X_{it} + \theta W X_{it} + \varepsilon_{it} \qquad (3-11)$$

式 (3-11) 中,被解释变量、解释变量与式 (3-6) 变量含义相同。WY 和 WX 分别表示被解释变量和解释变量的空间效应。

以农、林、牧、渔总产值作为计算农业全要素生产率的唯一产出变量,用以衡量 28 个省 (区、市) 在 1997～2018 年期间农业生产经营总规模和总成果。以 1997 为基期的各省 (区、市) 农、林、牧、渔总产值指数对变量进行平减,获得以 1997 年为基期的不变价格,用以消除物价变动的影响。研究选择劳动力投入、土地投入、机械投入、化肥投入和灌溉投入 5 个方面的数据作为计算全要素生产率的农业生产经营投入变量。其中,劳动力投入采用每年年底第一产业从业人员数为量化指标;土地投入用农作物总播种面积衡量;机械投入用农业机械总动力替代;化肥投入采用化肥施用量 (折纯量) 来量化计算;灌溉投入则采用有效灌溉面积来作为衡量指标。通过 DEA - Malmquist 指数方法计算农业全要素生产率,并对其展开分解,计算得到的指标数值是相对于上一年的农业全要素生产率的变化率,研究借鉴邱斌等 (2008) 的计算方法,将 1997 年的农业全要素生产率指标设定为 1,通过逐年累乘获得其他年份的农业全要素生产率指标。

对于核心解释变量要素市场扭曲,研究将其细化为资本市场扭曲、劳动力市场扭曲和土地市场扭曲。现有研究仅涉及资本和劳动要素价格扭曲，而对于中国农业生产而言，土地是非常关键的生产要素之一，忽略土地要素市场扭曲对农业全要素生产率的影响显然会影响研究的科学合理性。研究将借鉴施炳展等（2012）、尚晓晔（2015）等研究，采用 C－D 生产函数估计 1997～2018 年中国资本市场和劳动力市场扭曲，并采用 1997～2018 年住宅用地价格与工业用地价格之比作为衡量土地要素扭曲的量化指标。计算 28 个省（区、市）各类要素扭曲的数值如果大于 1，说明各类要素实际获得的收入小于自身应该得到的收入，表明该要素市场存在负向扭曲；如果计算出的要素市场扭曲的数值小于 1，说明各类要素实际获得的收入大于自身应该得到的收入，表明该要素市场存在正向扭曲。

除资本市场扭曲、劳动力市场扭曲和土地市场扭曲 3 个核心解释变量外，研究还分析了 6 个控制变量，具有包括：农村人力资本、农村金融发展规模、农业贸易开放度、农业规模经营水平、地区工业化水平、涉农政策调整。农村人力资本：对农村人力资本变量以农村平均受教育程度进行计算，根据地区农村居民家庭劳动力受教育状况，依据 0×文盲半文盲 + 6×小学程度 + 9×初中程度 + 12×高中程度 + 12×中专程度 + 15.5×大专及以上程度，计算得到各地区农村人力资本情况。农村金融发展规模：农村金融发展相比于城市金融发展过于缓慢，已成为影响我国农村经济进一步发展和城乡二元结构转变的消极因素之一，地区金融发展成为现代农村经济增长的核心，研究采用农村存贷款之和占第一产业国内生产总值的比重表示农村金融发展规模。农业贸易开放度：以根据当期汇率转换为人民币的进出口商品总值（经营单位）与地区生产总值比值进行计算。农业规模经营水平：农业规模经营水平高低很大程度上取决于农业机械化程度，机械化程度提高会提升农业生产效率，本书以农业机械总动力与地区耕地面积之比表示地区农业机械化程度，用以衡量农业规模经营水平。地区工业化水平：地区工业化不仅影响着地区资本的报酬，还影响劳动力就业结构调整和土地资源的供需，本书采用第二产业增加值占地区生产总值比重来表示工业化水平。涉农政策调整：政府实时干预农业生产经营，可能在一定程度上弥补市场机制缺陷，但也可能导致市场扭曲，发生资源错配，本书采用政府涉农财政支出与地区生产总值之比表示涉农政策调整。

受部分变量数据可获性制约，本书选取 28 个省（区、市）1997～2018 年数据进行分析。其中，农、林、牧、渔总产值、年底第一产业从业人员数、农作物总播种面积、化肥施用量、人口数、银行存贷款数、农村居民家庭劳动力受教育状况、进出口商品总值等数据来自《中国统计年鉴》（1998～2019 年）、《中国农村统计年鉴》（1998～2019 年）、《中国 60 年统计资料汇编》《中国金融统计年鉴》（1998～2019 年）等；农业综合开发投资、财政补贴、财政支出等数据来自《中国财政年鉴》（1998～2019 年）和《中国统计年鉴》（1998～2019 年）等。此外，部分统计数据缺失主要通过查找缺失数据省（区、市）相关网站进行整理，部分缺失数据则用前后两年均值代替。为剔除物价水平变动影响，本书以 1997 年为基期，采用价格指数对数据做平减处理。在进行方程估计时，出于消除异方差的考虑，对所有变量取对数进行实际计算。

3.4.3　实证结果

中国 28 个省（区、市）的资本、劳动力、土地等要素市场扭曲估计结果详见表 3-11。中国各类要素市场扭曲度都很高，可能是各类政策、制度的阻碍造成的，从而导致各类资源要素市场配置效率扭曲，市场难以发挥资源配置的导向功能。随着中国改革开放进程的不断加速与深化，各类政策制度下的障碍被逐渐破除，要素市场交易机制不断健全，要素市场扭曲也将逐渐改善，以带动中国经济整体健康发展。

表 3 - 11　　　　28 个省（区、市）要素市场扭曲测度结果

省份	资本市场	劳动力市场	土地市场	省份	资本市场	劳动力市场	土地市场
安徽省	1.181	1.336	1.562	江苏省	1.021	1.386	1.318
北京市	1.019	0.886	1.318	江西省	1.106	1.577	1.509
福建省	1.092	1.666	1.399	辽宁省	1.130	1.452	1.397
甘肃省	1.149	1.410	1.539	内蒙古自治区	1.092	1.466	1.499
广东省	1.018	0.901	1.246	宁夏回族自治区	1.196	1.669	1.502
广西壮族自治区	1.178	1.454	1.489	青海省	1.168	1.646	1.482
贵州省	1.154	1.535	1.572	山东省	1.028	1.214	1.453
海南省	1.066	1.445	1.180	山西省	1.118	1.406	1.446
河北省	1.171	1.728	1.455	陕西省	1.131	1.496	1.526
河南省	1.123	1.690	1.521	上海市	1.003	0.986	1.018
黑龙江省	1.102	1.674	1.406	四川省	1.014	1.603	1.443
湖北省	1.082	1.658	1.492	天津市	1.123	1.290	1.521
湖南省	1.135	1.699	1.529	云南省	1.068	1.646	1.482
吉林省	1.056	1.637	1.473	浙江省	1.029	0.914	1.239

资料来源：笔者依据公式计算所得。

　　从表 3 - 11 中可知，资本市场要素扭曲度相对严重，28 个省（区、市）的资本要素市场扭曲数值均大于 1，呈现显著的负向扭曲，资本要素市场扭曲程度最低的是上海市，数值为 1.003，扭曲程度最高的是宁夏回族自治区，数值为 1.196，两者相差 0.193。从地区分类数字来看，东部省（区、市）资本要素扭曲度比较低，中西部省（区、市）资本市场要素扭曲程度较高，区域资本要素市场存在一定程度的资源错配。

　　表 3 - 11 显示，28 个省（区、市）劳动要素市场扭曲比资本要素

市场扭曲更大，不同地域劳动力要素市场扭曲方向不同，除北京市、广东省、上海市、浙江省 4 个省（区、市）数值小于 1，呈现正向扭曲外，其他 24 个样本省（区、市）劳动力市场扭曲值均大于 1，呈现显著的负向扭曲，同时测度结果显示劳动力市场也呈现东部沿海地区比较高、中西部地区比较低的格局，说明 28 个省（区、市）获得产品竞争优势和比较优势的资源存在差异，劳动力市场扭曲对地区竞争优势的贡献显著。

表 3 - 11 中 28 个省（区、市）的市场要素扭曲值都大于 1，呈现显著负向扭曲，土地要素价格扭曲都非常严重，呈现显著的东西部差异。经济发展水平较低的地区土地要素市场扭曲水平更高，在不具有地域优势的中西部地区，为了聚集经济发展所需的资本、技术等发展要素，中西部省（区、市）不得不对土地市场给予较大程度的干预，实现土地供应向工业和商业倾斜，以较低的工业地价来吸引外商直接投资，实现地区生产总值的提升，但无法跳出土地财政的约束，多数情况下会抬高商业用地的出让价格以获得更多的财政收入，进一步扭曲了土地市场的要素扭曲。

研究基于 DEA - Malmquist 指数方法测算的 28 个省（区、市）农业全要素生产率平均值及其构成详见表 3 - 12。表 3 - 12 结果显示，中国 28 个省（区、市）农业全要素生产率增长以技术进步驱动为主，大多数省份的技术效率不高，同时呈现出地区不平衡特点。增长速度最快的省份大多集中于东部地区，如江苏省、浙江省、北京市、浙江省、湖南省、天津市和河南省的农业全要素生产率最高，青海省、宁夏回族自治区、内蒙古自治区、贵州省和安徽省的农业全要素生产率最低，呈现显著的东高西低的地域特征。中国地域广阔，各地区因自然、气候、经济等方面的差异导致农业生产中的各类要素投入比例及要素配置效率不同，进而可能导致不同地域间农业全要素生产率存在一定差异。中国各地因制度政策所限，农业生产经营整体上仍然是分散小农经营状态，农业生产经营难以获得规模效应。随着农村土地流转的不断开展，部分地区出现了大规模的农业生产经营户，能在一定程度上提升农业全要素生产率。

表 3-12　　28 个省（区、市）农业全要素生产率测度结果

省份	全要素生产率	技术效率	技术进步	省份	全要素生产率	技术效率	技术进步
安徽省	1.061	0.719	1.013	江苏省	1.255	1.041	1.147
北京市	1.128	0.742	1.146	江西省	1.091	0.838	1.126
福建省	1.114	0.828	1.152	辽宁省	1.038	0.770	1.152
甘肃省	1.103	0.846	1.158	内蒙古自治区	1.014	0.824	1.056
广东省	1.074	0.802	1.147	宁夏回族自治区	1.003	0.834	1.035
广西壮族自治区	1.106	0.822	1.151	青海省	1.001	0.826	1.015
贵州省	1.021	0.809	1.038	山东省	1.080	1.128	1.140
海南省	1.100	0.824	1.142	山西省	1.074	0.793	1.161
河北省	1.056	0.856	1.226	陕西省	1.034	0.839	1.017
河南省	1.130	0.845	1.144	上海市	1.128	0.835	1.156
黑龙江省	1.119	1.034	1.148	四川省	1.072	0.793	1.058
湖北省	1.109	0.824	1.151	天津市	1.130	0.846	1.143
湖南省	1.136	0.845	1.150	云南省	1.101	0.815	1.127
吉林省	1.095	0.811	1.155	浙江省	1.144	1.246	1.159

资料来源：笔者依据公式计算所得。

从表 3-12 的数据还能得到中国农业全要素生产率的增长主要源自农业技术进步的影响，农业技术效率的变化对农业全要素生产率的影响不大，因此，中国农业全要素生产率主要由技术进步决定，农业技术效率作用有限。中国农业全要素生产率的增长得益于过去所采取的系列涉农支持政策，农业科技推广与应用的成效显著。现代农业由大变强的转型颇具有强烈的时代紧迫感，单纯依靠农业技术进步可能

难以实现中国农业高质量发展，要通过系列政策促使创新成为中国农业高质量发展的新动能，改变中国农业生产经营模式，实现中国农业生产经营方式由粗放型向生态友好的集约型转变，保持中国农业健康可持续发展的动力，改善农业全要素生产率的动力源泉。

基于空间相关性考虑，研究采用莫兰指数（Moran's Ⅰ）揭示 28 个省（区、市）全要素生产率的空间相关程度。为了定量观察全要素生产率空间相关性，应用 Geoda 软件对农业全要素生产率进行全局莫兰指数分析，计算结果见表 3 - 13。表 3 - 13 中农业全要素生产率的均值全部大于 0。由 P 值可知，各 Moran's Ⅰ 均通过了 1% 的显著性水平检验，因此，不能接受农业全要素生产率不存在空间自相关性的原假设。基于此，本书认为 28 个省（区、市）全要素生产率在空间的分布并不是随机的，而是在整体上呈显著的空间关联性，全要素生产率具有很强的空间依赖性，可以使用空间计量模型进行方程的拟合。

表 3 - 13　　28 个省（区、市）农业全要素生产率 Moran's Ⅰ 检验

年份	Moran's Ⅰ	Moran's Ⅰ 统计值	P 值	年份	Moran's Ⅰ	Moran's Ⅰ 统计值	P 值
1997	0.282	14.810	0.0080	2008	0.550	14.648	0.0005
1998	0.238	18.061	0.0013	2009	0.534	21.684	0.0016
1999	0.445	23.545	0.0009	2010	0.508	26.443	0.0003
2000	0.423	16.291	0.0032	2011	0.428	19.113	0.0002
2001	0.356	19.867	0.0005	2012	0.293	23.852	0.0006
2002	0.668	26.899	0.0013	2013	0.247	19.088	0.0032
2003	0.635	17.921	0.0013	2014	0.463	14.024	0.0005
2004	0.535	21.854	0.0044	2015	0.440	26.238	0.0020
2005	0.367	30.589	0.0010	2016	0.427	31.997	0.0003
2006	0.309	19.713	0.0040	2017	0.406	19.427	0.0002
2007	0.579	24.039	0.0007	2018	0.342	28.861	0.0008

资料来源：应用 Geoda 软件测算整理所得。

　　为了提高回归结果准确性,考虑 28 个省(区、市)经济活动关联性,分别对普通 OLS 和空间面板 SAR、SEM、SDM 4 个模型进行估计。回归结果见表 3 - 14。从模型拟合效果和变量显著性水平来看,SDM 模型较其他 3 个模型的估计结果更好,因此,研究选择 SDM 模型进行回归结果分析。表 3 - 14 的结果显示,3 个空间计量模型的空间项系数 ρ、λ 或 θ 均在 5% 的显著性水平上通过检验,且空间相关系数为正值,说明空间计量模型估计是有效的。表 3 - 14 中 SDM 结果显示,空间系数 ρ 为 0.4316,且通过 1% 的显著性水平检验,表明我国农村全要素生产率具有显著正向的空间溢出效应,也意味着本省的农业全要素生产率不仅受到自己所在区域的各种要素的影响,还会在一定程度上受到其他省(区、市)各因素的影响。农业生产经营具有一定的开放性,容易受到外界因素的影响,28 个省(区、市)因所处区位不同,在农业生产经营上呈现不同的要素投入比,东部沿海发达省(区、市)的农业生产经营在吸引农业生产经营人才和采用农业生产技术创新方面具有经济基础雄厚的优势,可以在一定程度上影响农业生产科学技术在区域内和区域间的广泛传播,促进不同地区各类农业生产资源共享和生产要素投入结构的优化配置,从而在一定程度和范围内有效全面提升农业全要素生产率。

表 3 - 14　　要素市场扭曲对农业全要素生产率空间面板回归结果分析

变量	OLS	SAR	SEM	SDM	
	解释变量	解释变量	解释变量	解释变量	空间变量
资本市场扭曲	0.2189 * (0.1747)	0.1259 (3.3722)	- 0.1028 * (8.3153)	- 0.2032 *** (0.8924)	- 0.0277 *** (4.0554)
劳动力市场扭曲	- 0.0398 * (- 0.5639)	0.0317 * (8.3625)	- 0.0327 ** (- 4.7566)	- 0.0290 *** (- 0.6568)	- 0.0313 ** (10.0312)
土地市场扭曲	- 0.0468 ** (- 6.0299)	- 0.0515 ** (- 3.3059)	- 0.0466 * (- 2.4945)	- 0.0122 *** (- 7.2268)	0.0287 ** (- 3.9608)

续表

变量	OLS	SAR	SEM	SDM	
	解释变量	解释变量	解释变量	解释变量	空间变量
农村人力资本	0.0107 * （−0.2579）	−0.0203 * （0.1876）	0.0096 * （−2.1153）	−0.0194 *** （−0.3093）	−0.0205 *** （0.2242）
农村金融发展规模	−0.0275 * （2.0167）	0.0225 *** （−5.4263）	−0.0134 *** （12.7426）	−0.0110 *** （2.4104）	−0.0254 ** （−6.5196）
农业贸易开放度	0.0010 ** （−4.6633）	0.0013 * （−2.1681）	0.0041 * （−2.7578）	0.0034 ** （5.5796）	0.0022 ** （−2.6012）
农业规模经营水平	0.0550 * （−0.3675）	0.0231 ** （1.3438）	−0.1228 * （24.8638）	0.1421 ** （0.4641）	0.0450 *** （1.3256）
地区工业化水平	0.0493 ** （5.1787）	0.0535 * （2.3402）	0.0835 ** （5.0401）	0.0794 ** （6.2084）	0.0458 ** （2.8164）
涉农政策调整	0.0398 ** （3.4616）	0.0317 ** （5.4505）	0.0327 ** （−8.1919）	0.0290 * （4.1592）	0.0313 ** （6.5406）
常数项	0.24611 * （2.4537）	—	—	—	—
ρ	—	0.3042 ** （6.6473）	—	0.4316 *** （7.3472）	
λ	—	—	0.2265 *** （10.4496）	—	—
θ	—	—	—	0.2368 *** （6.3936）	
Hausman	31.3402	29.6821	27.9535	26.6782	
	固定效应	固定效应	固定效应	固定效应	
R^2	0.781	0.829	0.814	0.903	
Wald	—	—	—	28.95	
P 值	—	—	—	0.0003	
LR	—	—	—	29.06	
P 值	—	—	—	0.0002	

注：***、**、* 分别表示通过 1%、5% 和 10% 水平的显著性检验，括号内数值为系数标准差。

资料来源：笔者根据公式计算。

根据表 3 - 14 回归结果可知，资本市场扭曲、劳动力市场扭曲、土地市场扭曲等模型关键变量的系数均为负值，分别为 - 0.2032、- 0.0290 和 - 0.0122，且通过 5% 的显著性水平检验，说明资本、劳动力、土地等要素市场扭曲对农业全要素生产率都存在一定程度上的抑制效果，唯有通过要素市场改革，不断降低要素市场扭曲才能对全要素生产率起到一定程度上的促进作用。实证结果表明，各类要素市场存在的扭曲对农业全要素生产率具有显著的负向影响，说明当前因各类要素市场扭曲的广泛存在，各省农业生产经营中因要素市场扭曲等原因导致了各类农业生产经营的关键要素资源存在一定错配，现有各类要素资源的投入组合无法满足农业生产经营，存在一定范围内的资源配置扭曲的抑制效果，从而在一定程度上阻碍了农业全要素生产率水平的提升。表 3 - 14 的结果显示，如果要素市场能够实现有效配置，要素市场扭曲程度改善 1%，将分别带动中国农业全要素生产率提高 0.2032%、0.029% 和 0.0122%。因此，随着资本、劳动力、土地等各类要素市场化改革的持续推进，将在一定范围内带动资本、劳动力等农业生产要素资源实现真正跨区域流动，地区间农业生产经营的各类要素能够按照市场机制自由交易，各类要素市场扭曲程度下降时，农业全要素生产率才能获得相应的较大幅度提升。

就控制变量来看，表 3 - 14 显示农村人力资本、农村金融发展规模对农业全要素生产率的影响显著为负，且在 1% 水平上通过显著性检验，说明农村人力资本水平的提升和农村金融发展规模的增大，并不能有效提升农业全要素生产率水平。可能的原因是平均受教育年限的快速增长引起的农村人类资本水平提升，现实结果是因受教育水平的提升而离开了农业生产经营，无法有效促进农业全要素生产率的提高。农村金融发展吸附了农村大量剩余资金，由于资本的逐利性而流向了非农部门，这些被吸附的资金未能全部用于农业生产经营，也无法带动农业全要素生产率提高。表 3 - 14 显示涉农政策调整、农业规模经营水平对农村全要素生产率的影响显著为正，分别为 0.029 和

0.1421，说明涉农政策的调整和农业规模经营水平的提高可以促进农村全要素生产率水平的提高。涉农政策调整虽然对农业全要素生产率的影响为正，但影响的程度有限，因此，涉农政策调整的力度与方向在一定程度上影响农业全要素生产率的增长。农业规模经营水平的提升能够有效提升农业全要素生产率，说明当前的农村土地流转是有效的，过去一家一户的小农生产模式已经不适应现代农业发展的需要，适当集中规模能够带来农业生产效率的提升。表 3 - 14 显示农业贸易开放度、地区工业化水平的回归结果为正，意味着对农业全要素生产率的增长有促进作用，从数值来看，作用效果不明显。

表 3 - 14 中的空间变量回归结果显示，资本市场扭曲、劳动力市场扭曲、农村人力资本、农村金融发展规模 4 个指标的空间变量对农业全要素生产率具有显著的负向空间溢出效应。说明资本市场扭曲、劳动力市场扭曲、农村人力资本、农村金融发展规模等指标的增大会抑制邻近省（区、市）的农业全要素生产率增长，劳动力市场扭曲、土地市场扭曲、农业贸易开放度、农业规模经营水平、地区工业化水平、涉农政策调整政府支出的空间变量对邻近省（区、市）的农业全要素生产率增长具有显著的正向空间溢出效应。

从表 3 - 15 可以看出，资本、劳动力、土地等要素市场扭曲的直接效应和间接效应的回归系数均为负值，且在 10% 水平上通过显著性检验，说明各类要素市场扭曲水平的下降不仅能够带来本地区农业全要素生产率的改善，也能够优化其他相邻地区的全要素生产率。具体来看，表 3 - 15 显示，资本要素市场扭曲的直接效应为 - 0.0275，间接效应为 - 0.0054，说明各省（区、市）农业全要素生产率增长过程中受到本地区资本要素市场扭曲的影响更大，相邻省（区、市）资本要素市场扭曲对本地区农业全要素的影响很小，仅占 0.0574，占总效应的 16.4%，说明当前资本要素市场扭曲虽然在一定程度上具有显著的溢出效应，但因各类制度性障碍导致相邻省（区、市）资本要素市场扭曲对农业全要素生产率间接效应不显著。劳动力市场扭曲的直接

效应为 - 0.0352，间接效应为 - 0.0244，两者占总效应的比重相似，说明相邻（区、市）劳动力要素市场扭曲对本地区和相邻地区的农业全要素生产率的影响相当。而土地市场扭曲的直接效应为 - 0.0433，间接效应为 - 0.0812，间接效应占比大于直接效应，说明各省（区、市）农业全要素生产率增长过程中受到其他地区土地要素市场扭曲的影响更大。

表 3 - 15　　　要素市场扭曲对农业全要素生产率的空间效应分解

变量	直接效应	间接效应	总效用
资本市场扭曲	- 0.0275 ** (9.63584)	- 0.0054 ** (5.2144)	- 0.0329 *** (3.9632)
劳动力市场扭曲	- 0.0352 ** (3.2872)	- 0.0244 *** (- 8.6128)	- 0.0596 ** (20.3876)
土地市场扭曲	- 0.0433 ** (- 7.4128)	- 0.0812 * (- 3.8816)	- 0.1245 ** (- 4.4848)
农村人力资本	- 0.0202 ** (3.8464)	- 0.0153 ** (- 10.4536)	- 0.0355 ** (- 7.2952)
农村金融发展规模	- 0.0295 *** (- 8.9536)	- 0.0100 ** (- 4.1692)	- 0.0395 ** (- 2.9134)
农业贸易开放度	0.0028 * (- 5.2976)	0.0031 (- 6.8396)	0.0059 ** (- 3.1972)
农业规模经营水平	0.0625 ** (8.2782)	- 0.1447 ** (3.7532)	0.2072 * (8.0866)
地区工业化水平	0.0453 ** (9.8304)	0.0631 ** (4.5084)	0.1084 ** (3.1488)
涉农政策调整	0.0275 ** (9.7032)	0.0054 ** (7.6153)	0.0329 ** (3.4544)

注：***、**、*分别表示通过1%、5%和10%水平的显著性检验，括号内数值为系数标准差。

资料来源：笔者根据公式计算。

表 3 - 15 控制变量中，农村人力资本、农村金融发展规模对农业全要素生产率的直接效应和溢出效应均为负值，且在 5% 水平上通过显著检验，说明农村人力资本提升和农村金融发展规模扩大无法有效促进本地区和相邻地区的农业全要素生产率。农业贸易开放度和农业规模经营水平对农业全要素生产率的直接效应和溢出效应均为正值，但农业贸易开放度未通过显著性水平检验。地区工业化水平和涉农政策调整的直接效应和间接溢出效应均为正值，且都在 5% 水平上通过显著性检验，说明地区工业化水平的提高不仅能够有效促进本地区农业全要素生产率的改善，也能在一定程度上有利于相邻地区的农业发展。涉农政策的调整也能够同时促进本地区和相邻地区的农业全要素生产率的提升，但是对相邻地区的溢出效应有限，可能的原因是地区间竞争的加剧，地方政府可能为了追求本地区农业生产水平的改善，在一定一定范围和程度上干预和控制本地区要素市场价格，驱动本地区农业生产经营的发展。

为验证模型稳健性，本书采用 28 个省（区、市）省会间地理距离的倒数为地理权重矩阵展开进一步验证。从表 3 - 16 看出，沃尔德（*Wald*）检验值为 8. 373，且在 5% 水平上通过显著性检验，表明空间杜宾面板模型可以简化为空间滞后面板模型。似然比（*LR*）检验值 21. 958，且在 5% 水平上通过显著性检验，表明空间杜宾面板模型不能简化为空间误差面板模型。结合豪斯曼检验结果（Hausman），以空间滞后面板固定效应模型对要素市场扭曲与农业全要素生产率的回归结果进行分析。表 3 - 16 结果显示，资本市场、劳动力市场、土地市场等要素市场扭曲对农业全要素生产的影响系数均为负值，且都在 5% 水平上显著，这与采用各省份（区、市）会间地理距离为权重矩阵的估计结果基本一致。其余控制变量除了农村人力资本外，各变量对农业全要素的回归结果的系数符号与显著性也与采用各省（区、市）省会间地理距离为权重矩阵的估计结果基本一致，表明表 3 - 14 的结果是显著稳健的。

表 3 - 16　　　基于省会间地理距离的倒数为地理权重模型稳健性检验

变量	SAR	SEM	SDM	
	解释变量	解释变量	解释变量	空间变量
资本市场扭曲	- 0.0202 ** (- 2.8448)	- 0.0303 ** (9.9836)	- 0.0153 *** (- 0.6884)	- 0.0262 ** (- 3.1024)
劳动力市场扭曲	- 0.0295 *** (7.0284)	0.0443 (5.7052)	- 0.0100 *** (- 0.5078)	- 0.0384 ** (7.6092)
土地市场扭曲	- 0.0028 ** (- 2.7756)	- 0.0042 ** (- 2.9874)	- 0.0031 ** (- 5.2308)	- 0.0037 ** (- 3.0428)
农村人力资本	0.0625 * (0.1574)	0.0938 * (2.6836)	0.1447 ** (0.2168)	0.0812 ** (0.1632)
农村金融发展规模	- 0.0453 * (- 4.5582)	0.0680 * (15.2432)	- 0.0631 ** (1.8548)	- 0.0589 ** (4.9926)
农业贸易开放度	0.0028 ** (1.1284)	0.0042 *** (3.8136)	0.0625 ** (4.2736)	0.0037 ** (1.9692)
农业规模经营水平	0.0031 * (1.9768)	0.0047 * (6.0612)	0.1447 ** (4.7604)	0.0041 ** (2.1584)
地区工业化水平	0.0625 ** (4.5742)	0.0938 ** (10.1028)	0.0453 ** (3.1872)	0.0812 ** (5.9446)
涉农政策调整	0.1447 * (4.5468)	0.2171 ** (15.9576)	0.0631 ** (1.0144)	0.1881 * (4.1184)
ρ	0.4077 *** (4.4496)	—	0.4279 ** (8.8628)	—
λ	—	0.5308 ** (- 4.3584)	—	—
θ	—	—	0.3903 ** (3.4536)	—
Hausman	24.652	28.073	32.947	
	固定效应	固定效应	固定效应	
R^2	0.8591	0.8591	0.9119	—

变量	SAR	SEM	SDM	
	解释变量	解释变量	解释变量	空间变量
Wald	—	—	8.373	
P 值	—	—	0.0241	
LR	—	—	21.958	
P 值	—	—	0.0147	

注：***、**、* 分别表示通过 1%、5% 和 10% 水平的显著性检验，括号内数值为系数标准差。

资料来源：笔者根据公式计算。

3.4.4 研究结论与对策建议

以中国 28 个省（区、市）作为研究样本，在测算要素市场扭曲和农业全要素生产率的基础上，利用空间计量模型分析要素市场扭曲对农业全要素生产率空间影响及其效应分解。研究结果表明：

1. 中国资本市场、劳动力市场、土地等要素市场扭曲度比较高，同时呈现显著的地区差异。

2. 中国农业全要素生产率增长以技术进步驱动为主，大多数省份的技术效率不高，同时呈现出东部地区高于中西部地区的区域不平衡特点。

3. 要素市场扭曲对农业全要素生产率的影响为负，资本市场、劳动力市场、土地等要素市场扭曲在一定程度上阻碍了农业全要素生产率的提升。

4. 要素市场扭曲对全要素生产率具有一定的空间溢出效应，也在一定程度上抑制了全要素生产率增长。

从目前中国农业生产经营的实际情况看，现有各类旨在提升农业全要素生产率的政策，在要素市场扭曲的环境下可能无法发挥其效用。因此，该部分的政策启示包括以下三个方面：

第一，通过要素市场化改革，理顺政府管制和市场自发交易的关系，协调区域内和区域间的各项政策，统筹采取各类资源配置方式，在条件具备的情况下完全通过市场交易机制，不断扭转区域资源错配，打破制度障碍，发挥不同地域的资源优势，提升农业各类资源配置效率。

第二，持续加大涉农政策调整，发挥各项政策对农业农村生产经营的促进作用，大力吸引各类人才回流农村，改善农业高素质人才不足的问题，不断加快农业科技创新，发挥农业高质量发展的科技进步效应。

第三，不断加大对农业农村生产经营的金融资源投入，采取切实可行的措施确保农村金融水平的提升，改善农村金融发展效率，引导各类金融机构开展涉农贷款等支农活动，解决农业生产经营规模扩大中的资金限制，不断提升农业生产经营规模，发挥农业生产的规模效益，提升各类农业生产要素投入效率。

3.5　要素市场扭曲下农业绿色全要素生产率测度及效应研究

3.5.1　研究意义

探索构建"两山"转化路径与生态产品价值实现机制，是践行习近平总书记"绿水青山就是金山银山"[①] 理论的重要举措，是推动生态发展理念落实落地，促进生态富民惠民的必要路径。实施乡村振兴战略，推动现代农业绿色高质量发展，急需识别农业生产率增长源

---

① 中共中央宣传部. 习近平总书记系列重要讲话读本 [M]. 北京：学习出版社，人民出版社，2014.

泉，挖掘农业生产潜力。维护绿水青山是现代农业高质量发展的必然要求，通过农业产业融合大力发展绿色生态农业产业，通过农业生态产品价值转换才能将绿水青山等生态资源转化为农业生产经营经济效益。现代农业绿色发展就是要通过保护改善生态环境、厚植生态环境优势，全面发展绿色产业，把生态环境优势转化为生态农业、生态旅游等生态经济的优势，也就实现了绿水青山向金山银山的转变，最终实现农业农村绿色高质量发展。

中国要素市场化改革明显慢于商品市场，且存在显著地域差异，东部发达省（区、市）要素市场化进程快于中西部省（区、市）。不同地域各类资源要素市场配置和市场化交易差异在一定程度上影响着农业生产经营结构和产出效率，绿色生态资源价值往往被遗忘。要素市场配置存在扭曲下的农业生产投入产出必将是低效率的，也将制约着农业竞争力，阻碍农业农村经济健康发展。因此，要积极推进要素市场化改革进程，核算农业生产中的绿色生态资源价值，降低要素市场扭曲，才能从根本上提升绿色农业生产效率，持续支撑农民收入健康持续增长。

3.5.2 文献综述

"两山"理念阐释了生态保护与生产力的关系，首次提出保护生态资源就是发展生产力。除资本、劳动力等传统资源要素外，生态资源已成为经济高质量绿色发展的重要保障，通过生态资源价值转换能够增加经济发展潜力和效益。古典经济理论揭示了经济增长源自要素资源投入数量和要素资源配置效率，经济增长中的要素资源种类繁多，现有研究主要涉及诸如资本、劳动力等传统投入要素的分析。多种要素投入的经济增长效率量化分析多数采用全要素生产率方法，衡量要素投入产出效率及不同要素组合效率，但往往忽略了生态资源等环境因素对经济增长的重要作用。绿色全要素生产率则纳入了生态资源等环境因素，考察包含生态要素在内的生产要素对经济增长效率的影响。

农业全要素生产率衡量了农业增长中多种要素投入产出配置结构和效率，现有研究关注了中国农业全要素生产率变化的原因，从农业生产投入要素组合、要素质量、涉农政策调整等视角探索中国农业全要素生产率的变化。绿色生态农业发展是农业供给侧结构性改革的重点领域，农业绿色发展丰富了"两山"理念的本质内涵，也是"两山"转化的本质要求。历年中国农业粗放式增长难以为继，农业生产面临着严峻的资源环境恶化问题，连续多年中央"一号文件"把生态农业绿色发展放在首位，"绿水青山就是金山银山"理念深入人心，绿色农业全要素生产率逐渐被学者重视，较多文献将生态资源要素融入全要素生产率的度量，结果显示：考虑环境污染或农业碳排放的全要素生产率测算结果更贴近中国农业发展实际。中国不同地域农业发展基础条件、资源要素禀赋、要素市场发展等存在的负面差异使得不同地域农业绿色全要素生产率也存在较大的空间差异，不同地域全要素生产率可能相互影响，导致农业生产结构和生产经营效益的空间异质性，影响不同地域农业生产经营的协调稳定发展。现有研究得出：农业技术进步是农业绿色全要素生产率增长的主要因素，其空间地域差异会长久存在，但是不同研究具有截然不同的地区差异结论。此外，对农业绿色全要素生产率测算的投入产出量值的不同研究也采取了有差异的处理方法，部分研究作为投入要素变量处理；部分研究作为非期望产出变量处理；还有部分研究处理环境污染要素仅涉及农业面源污染，导致研究结果可比性较差，农业生产中不同要素投入的交叉影响在一定程度上会使环境恶化。

现有全要素生产率测度研究都在完全竞争要素市场条件下探讨多种要素最优配置的产出效率，现有研究关注要素市场扭曲对不同产业全要素生产率的影响，得出消除要素市场扭曲可以有效提升全要素生产率的结论。然而，中国要素市场化进程较缓慢，不同地域要素市场扭曲使得不同地域农业生产经营中投入的要素组合的投入产出效应具有不确定性，忽略要素资源错配会影响农业生产效率，进而影响各类要素投入和农业技术进步的农业全要素生产率的效应测算和涉农政策优化调整。不同地域经济发展、要素禀赋等差异会引发农业生产效率差异，部分研究涉及到农业绿色全要素生产的区域差异分析。

综上所述，现有文献对农业全要素生产率的研究不够全面具体，既忽略了测度绿色全要素生产率涉及到的非期望产出的选取，也忽略了要素市场价格扭曲对农业绿色全要素生产率的空间影响。鉴于中国农业生产投入产出关系的复杂性，急需全面考察不同投入要素的约束，也要考察非期望产出对环境的负面影响，将要素市场扭曲下的各种投入要素和非期望产出纳入一个研究框架中，对解决中国农业高质量绿色发展具有重要现实意义。因此，综合全面选取各类投入产出要素，测算不同地域农业绿色全要素生产率，并基于空间计量模型探讨要素市场扭曲对不同地域农业绿色全要素生产率的空间影响及其溢出效应，以期为农业绿色高质量发展的区域差异政策调整提供更加有效的建议。

3.5.3 研究方法与理论模型

3.5.3.1 农业绿色全要素生产率测算方法

在考虑环境资源要素时，数据包络分析法是测算农业绿色全要素生产率的常用方法之一。基于非径向非角度的 SBM 方向性距离函数构建 Malmquist 生产率指数，能够很好解决量纲差异和角度选择对效率评价带来的负面偏差影响，具体形式为：

$$\text{Min}\rho = \frac{1 - \frac{1}{N}\sum_{n=1}^{N}\frac{s_n^x}{x_{n0}}}{1 + \frac{1}{M+I}\left(\sum_{m=1}^{M}\frac{s_m^y}{y_{m0}} + \sum_{i=1}^{I}\frac{s_i^u}{u_{i0}}\right)} \qquad (3-12)$$

$$\text{s. t. } \sum_{k=1}^{K} z_k x_{nk} + s_n^x = x_{n0}, \ n = 1, 2, \cdots, N; \qquad (3-13)$$

$$\sum_{k=1}^{K} z_k y_{mk} - s_m^y = y_{m0}, \ m = 1, 2, \cdots, M; \qquad (3-14)$$

$$\sum_{k=1}^{K} z_k u_{mk} + s_i^u = u_{i0}, \ i = 1, 2, \cdots, I; \qquad (3-15)$$

$$\sum_{k=1}^{K} z_k = u_{i0}, 1; \qquad (3-16)$$

$$z_k \geq 0; \ s_n^x \geq 0; \ s_m^y \geq 0; \ s_i^u \geq 0 \qquad (3-17)$$

式 (3-12) 中, ρ 表示农业生产的生态效率值, $0 \leq \rho \leq 1$。当 ρ 为 1 时, 农业生产具有完全效率, 投入产出能够完全匹配, 不存在要素投入过剩、期望产出不足等问题。当 ρ 小于 1 时, 农业生产出现效率损失, 投入产出不均衡导致生产效率低下, 需要优化农业生产中的投入产出来优化生态效率。s_n^x 和 s_i^u 表示各类要素资源投入和农业面源污染、碳排放等非期望产出的过剩, 能够表明投入产出间的生态环境问题。s_m^y 表示农业生产增加值等期望产出不足。因纳入了投入变量、期望产出变量和非期望产出变量的松弛量, 解决了投入产出松弛造成的非效率问题。研究将基于生态效率值测算中国 28 个省 (区、市) 1997~2018 年农业绿色全要素生产率, 并将其分解为技术进步指数和技术效率变化指数, 并按照东、中、西部 3 大区域展开分析。

3.5.3.2　空间面板计量模型

要素市场扭曲下农业生产的要素投入产出效率难以达到帕累托最优状态, 要素资源存在错配, 可能导致农业生产活动的非效率, 最终影响农业生产的高质量绿色发展。为科学地分析资本、劳动力和土地等要素市场扭曲对农业绿色全要素生产率的影响效应, 运用 1997~2018 年 28 个省 (区、市) 空间面板数据探讨要素市场扭曲对考虑非期望产出的农业绿色全要素生产率的影响。研究以农业绿色全要素生产率为被解释变量，以要素市场扭曲为关键解释变量，同时，引入农村人力资本、农村金融发展规模、农产品贸易开放度、农业规模经营水平、地区工业化水平、涉农政策调整 6 个变量作为控制变量，建立空间杜宾模型。

$$Y_{it} = \alpha_{it} I_{it} + \rho W Y_{it} + \beta_{it} X_{it} + \theta W X_{it} + \varepsilon_{it} \qquad (3-18)$$

式（3-18）中，Y_{it} 为农业绿色全要素生产率；X_{it} 为 $n \times k$ 阶自变量矩阵（要素市场扭曲值、6 个控制变量等）；W 为 $n \times n$ 阶空间权重矩阵，空间权重反映经济变量间空间关联性，距离相隔较远的地域关联作用影响越小，采用各省份省会间地理距离构建空间权重矩阵 W，省会间地理距离长期固定，不受社会经济活动影响的外生变量，能够在一定程度上规避空间计量模型内生性问题；WY 和 WX 分别表示被解释变量和解释变量的空间效应。WY_{it} 为因变量的空间自回归项；ρ 为空间自回归系数，θ 为空间自回归系数；ε_{it} 为随机误差项向量；i 为不同地区；t 为不同时期。为检验空间杜宾模型的稳健性，研究将采用省会城市间的空间距离倒数展开验证。最后基于偏微分方法，将空间效应分解为直接效应、间接效应和总效应。

3.5.3.3　指标选取与数据来源

（1）投入产出指标。

资本市场、劳动力市场、土地市场等要素市场扭曲下农业生产要素投入偏离最优配置状态，急需改变中国农业高耗费、低产出、高污染的农业生产状况，长期存在的期望产出和非期望产出间的不平衡，困扰农业绿色高质量发展。本书将资本、劳动力、土地、水等资源纳入投入指标，将农业增加值、农业面源污染和碳排放分别作为期望产出和非期望产出，纳入产出指标，全面测算农业绿色全要素生产率。资本投入分别以农业机械总动力、农药使用量、化肥使用量等衡量，劳动力投入以农业从业人口来衡量，土地投入以播种面积来衡量，水投入以农业用水量来衡量。期望产出以剔除中间消耗的农业增加值来衡量，并以 1997 年农产品价格指数为基准平减。基于中国农业发展过程中的高污染、高能耗的粗放式生产实际，非期望产出以农业面源污染量和碳排放量来衡量。在要素市场扭曲下忽略环境破坏将在一定程度上误导农业高质量发展政策调整，测算农业绿色全要素生产率必须要考虑农业生产中存在的各种环境资源约束的影响。农业面源污染主要源于农田化肥、农药、水产畜禽养殖等，根据农业生产中的面源污染数量和系数进行估算。碳排放主要源自农药、化肥、农膜、燃油等直接和间接消耗，根据现有文献方法进行估算。

（2）影响因素。

农业绿色全要素生产率的核心解释变量为要素市场扭曲，用资本市场扭曲、劳动力市场扭曲和土地市场扭曲的平均值来衡量。中国资本市场和劳动力市场的要素市场扭曲值测度采用 C‒D 生产函数估计得到，土地要素市场扭曲则以住宅用地价格与工业用地价格之比来估算。农村人力资本以农村平均受教育程度进行估算，根据地区农村居民家庭劳动力受教育状况，依据"0×文盲半文盲 +6×小学程度 +9×初中程度 +12×高中程度 +12×中专程度 +15.5×大专及以上程度"公式，计算得到各地区农村人力资本情况。农村金融发展规模以农村存贷款之和占第一产业国内生产总值比重来表示。农业贸易开放度根据当期汇率转换为人民币的进出口商品总值与地区生产总值比值来衡量。农业规模经营水平以农业机械总动力与地区耕地面积之比来表示。地区工业化水平以第二产业增加值占地区生产总值比重来衡量。涉农政策调整采用政府涉农财政支出与地区生产总值之比表示。受部分变量数据可获性制约，本书选取 28 个省（区、市）1998～2019 年数据进行分析，研究数据均来自《中国统计年鉴》（1998～2019 年）、《中国农村统计年鉴》（1998～2019 年）、《中国 60 年统计资料汇编》《中国环境统计年鉴》（1998～2019 年）等。

3.5.4　实证结果分析

3.5.4.1　农业绿色全要素生产率测度结果分析

（1）农业全要素生产率与绿色全要素生产率比较。

通过 MaxDEA6.0 软件分别测算了中国 28 个省（区、市）1997～2018 年考虑非期望产出的农业绿色全要素生产率和不考虑非期望产出的农业全要素生产率，测算结果认为系列惠农政策有效促进了农业生产效率提升，如表 3 - 17 所示。总体来看农业绿色全要素生产率小于农业全要素生产率，考虑碳排放和农业面源污染等非期望产出的农业绿色全要素生产率更能衡量农业实际生产效率，历经多年农业生产方式变革，农业绿色生产方式还未完全转换。长期以来，中国农业粗放型的快速增长是建立在高污染、高消耗基础上的，无法维持农业长期稳定，与"两山"转换的生态经济绿色发展理念相违背，农业绿色高质量转型发展迫在眉睫，急需转变农业生产方式。从时间序列来看，中国农业全要素生产率总体上升但也存在一定范围内的波动，整体来看，农业绿色全要素生产率的增长低于农业全要素生产率，结果显示，没有考虑农业生产中的环境污染等因素在一定程度上高估了全要素生产率水平，极易造成政策评价偏差，进一步扭曲农业生产投入产出关系。从中国农业发展历程可见，不断优化调整的农业生产经营方式适应了绿水青山的生态农业发展要求，农业绿色全要素生产率增长反映了"两山"理念下的中国农业绿色生产转型升级的加速，改变了以牺牲生态资源环境为代价的粗放型农业生产方式，将广大农村地区的绿水青山生态优势转化为农民的金山银山，使得农业生产方式更加合理，实现农业资源可循环生态转化，实现农业绿色高质量发展。

表 3 - 17   1997 ~ 2018 年中国农业绿色全要素生产率测度结果

年份	全要素生产率	绿色全要素生产率	年份	全要素生产率	绿色全要素生产率
1997	0.983	0.951	2008	1.020	0.988
1998	0.992	0.961	2009	1.029	0.997
1999	0.983	0.952	2010	1.041	1.008
2000	0.964	0.933	2011	1.051	1.017
2001	0.973	0.942	2012	1.001	0.969
2002	0.992	0.961	2013	1.060	1.027
2003	0.945	0.915	2014	1.080	1.046
2004	0.954	0.924	2015	1.090	1.055
2005	1.011	0.979	2016	1.030	0.998
2006	1.021	0.988	2017	1.035	1.013
2007	1.001	0.970	2018	1.050	1.017

资料来源：笔者依据公式计算所得。

（2）农业绿色全要素生产率的分解。

研究测度了农业绿色全要素生产率指数及其分解情况，并将其与不考虑农业碳排放、面源污染等非期望产出的全要素生产率进行对比，如表 3 - 18 所示。中国农业绿色全要素生产率增长主要取决于农业绿色技术进步的贡献，其数值结果多数大于 1，有效助推了农业绿色全要素生产率的增长。而农业绿色技术效率数值除极个别省份大于 1 外，其余省份都小于 1，说明农业绿色技术效率在一定程度上抑制了农业绿色全要素生产率的增长。对比不考虑农业碳排放、面源污染等非期望产出的全要素生产率，两种全要素生产率均呈现上升趋势，结果显示纯技术效率都小于 1，技术进步提高数值显著大于技术效率变化，技术进步和技术效率对农业全要素生产率的作用效果正好相悖，导致农业全要素生产率增长缓慢。农业绿色全要素生产率及其规模效率、技术进步效率等总体上均落后于不包含农业碳排放、面源污染等非期望产出的情况，表明中国农业绿色转型时期的低碳节约化发展理

念下的农业绿色生产对农业资源生态环境保护意识的增强，农业绿色
全要素生产率与农业绿色技术进步保持同步增长，说明中国农业绿色
全要素生产率增长主要源于农业绿色技术进步。

表 3 - 18   中国 28 个省（区、市）农业绿色全要素生产率测度结果

省份	考虑农业碳排放、面源污染等非期望产出			不考虑非期望产出		
	绿色全要素生产率	技术效率	技术进步	全要素生产率	技术效率	技术进步
安徽省	1.008	0.683	0.962	1.061	0.719	1.013
北京市	1.072	0.705	1.089	1.128	0.742	1.146
福建省	1.058	0.787	1.094	1.114	0.828	1.152
甘肃省	1.048	0.804	1.100	1.103	0.846	1.158
广东省	1.020	0.762	1.090	1.074	0.802	1.147
广西壮族自治区	1.051	0.781	1.093	1.106	0.822	1.151
贵州省	0.970	0.769	0.986	1.021	0.809	1.038
海南省	1.045	0.783	1.085	1.100	0.824	1.142
河北省	1.003	0.813	1.165	1.056	0.856	1.226
河南省	1.074	0.803	1.087	1.130	0.845	1.144
黑龙江省	1.063	0.982	1.091	1.119	1.034	1.148
湖北省	1.054	0.783	1.093	1.109	0.824	1.151
湖南省	1.079	0.803	1.093	1.136	0.845	1.150
吉林省	1.040	0.770	1.097	1.095	0.811	1.155
江苏省	1.192	0.989	1.090	1.255	1.041	1.147
江西省	1.036	0.796	1.070	1.091	0.838	1.126
辽宁省	0.986	0.732	1.094	1.038	0.770	1.152
内蒙古自治区	0.963	0.783	1.003	1.014	0.824	1.056
宁夏回族自治区	0.953	0.792	0.983	1.003	0.834	1.035
青海省	0.951	0.785	0.964	1.001	0.826	1.015

省份	考虑农业碳排放、面源污染等非期望产出			不考虑非期望产出		
	绿色全要素生产率	技术效率	技术进步	全要素生产率	技术效率	技术进步
山东省	1.026	1.072	1.083	1.080	1.128	1.140
山西省	1.020	0.753	1.103	1.074	0.793	1.161
陕西省	0.982	0.797	0.966	1.034	0.839	1.017
上海市	1.072	0.793	1.098	1.128	0.835	1.156
四川省	1.018	0.753	1.005	1.072	0.793	1.058
天津市	1.074	0.804	1.086	1.130	0.846	1.143
云南省	1.046	0.774	1.071	1.101	0.815	1.127
浙江省	1.087	1.184	1.101	1.144	1.246	1.159
东部省（区、市）	1.058	0.857	1.098	1.199	0.944	1.234
中部省（区、市）	1.047	0.797	1.074	1.144	0.901	1.178
西部省（区、市）	0.998	0.782	1.019	0.981	0.773	1.010
全国	1.035	0.815	1.066	1.090	0.871	1.125

注：研究样本为28个省（区、市）。按照国家统计局东中西省（区、市）划分标准，东部省（区、市）包括北京市、天津市、河北省、辽宁省、江苏省、上海市、浙江省、广东省、山东省、海南省、福建省，中部省份包括安徽省、河南省、黑龙江省、湖北省、湖南省、吉林省、江西省、山西省，西部省（区、市）包括广西壮族自治区、贵州省、内蒙古自治区、宁夏回族自治区、青海省、陕西省、四川省、云南省、甘肃省。

资料来源：笔者依据公式计算所得。

（3）农业全要素生产率区域差异分析。

中国农业绿色全要素生产存在显著区域差距，呈现东部、中部、西部地区梯度递减差异，表3-9所示。东部省（区、市）农业绿色全要素生产率平均值最高，中部省（区、市）次之，西部省（区、市）最低，东部省（区、市）、中部省（区、市）数值高于全国水平，区域差距明显。对比不考虑农业碳排放、面源污染等非期望产出的全要素生产率，东、中、西部 3 大区域的农业全要素生产率数值大于农业绿色全要素生产率，说明考虑非期望产出的农业绿色全要素生产率更能反映当前中国农业发展实际。东、中、西部 3 大区域农业全要素生产率分解结果显示技术进步是推动其增长的主要源泉，考虑非期望产出的农业绿色技术进步小于忽略农业碳排放、面源污染农业全要素生产率的技术进步，总体都来看都是推动全要素生产率提升的因素。农业技术效率对东、中、西部 3 大区域全要素生产率增长起到阻碍作用，因此，可以得出东、中、西部 3 大区域农业生产效率主要依靠农业技术进步，不考虑农业碳排放、面源污染等因素会虚增其数值。表 3 - 9 显示样本省（区、市）农业技术进步是农业生产效率提升的关键因素，只有浙江省、山东省等少数省（区、市）的农业技术进步与技术效率共同推进农业全要素生产率增长，农业技术效率仍然阻碍了东、中、西部 3 大区域农业生产效率提升。因此，要在"两山"理念指引下加快农业生产方式的绿色转变，不断实现农业全要素生产率增长的双轮驱动效应，实现农业生态资源优势向农业生态经济优势的转换。

3.5.4.2 要素市场扭曲下农业绿色全要素生产率的效应分解研究

（1）要素市场扭曲下不同地域农业绿色全要素生产率的空间影响。

基于空间相关性考虑，本书采用莫兰指数揭示 28 个省（区、市）绿色全要素生产率的空间相关程度，全局莫兰指数分析结果见表 3 - 19。表 3 - 10 中农业绿色全要素生产率的莫兰指数值全部大于 0，且在 1% 显著性水平通过检验。因此，中国农业绿色全要素生产率在整体上呈显著空间关联性，具有较强空间依赖性，可以应用空间计量模型展开空间效应实证分析。

表 3 – 19　　　　　1997～2018 年中国 28 个省（区、市）农业
绿色全要素生产率莫兰指数

年份	Moran's I	Moran's I 统计值	P 值	年份	Moran's I	Moran's I 统计值	P 值
1997	0.268	14.070	0.008	2008	0.523	13.916	0.001
1998	0.226	17.158	0.001	2009	0.507	20.600	0.002
1999	0.423	22.368	0.001	2010	0.483	25.121	0.001
2000	0.402	15.476	0.003	2011	0.407	18.157	0.001
2001	0.338	18.874	0.000	2012	0.278	22.659	0.001
2002	0.635	25.554	0.001	2013	0.235	18.134	0.003
2003	0.603	17.025	0.001	2014	0.440	13.323	0.000
2004	0.508	20.761	0.004	2015	0.418	24.926	0.002
2005	0.349	29.060	0.004	2016	0.406	30.397	0.000
2006	0.294	18.727	0.004	2017	0.386	18.456	0.000
2007	0.550	22.837	0.001	2018	0.325	27.418	0.001

资料来源：笔者依据公式计算所得。

　　表 3 – 20 空间杜宾模型回归结果显示，东、中、西部 3 大区域空间项系数均在 10% 显著性水平上通过检验，表明中国农业绿色全要素生产率具有显著正向的空间溢出效应。东、中、西部 3 大区域所包含的省（区、市）农业绿色全要素生产率同时受到本省（区、市）和临近省（区、市）所在区域的各类因素影响，现代农业生产经营的开放性与包容性等特点使得不同省（区、市）农业生产投入产出关系复杂，因其所处区位不同导致要素投入比存在显著差异。东部省（区、市）比中部省（区、市）、西部省（区、市）在农业基础设施、教育培训等方面拥有更多的优势，在其现代农业生产中会较多采用现代农业科学技术，注重生态友好型农业发展，加速农业绿色科学技术的研发与应用，进而带动在吸引农业生产经营人才和采用农业生产技术创新方面具有雄厚的经济基础优势，最终通过农业绿色技术外溢，实现其他地域的农业技术进步，优化东、中、西部 3 大区域各类要素资源配置结

构，通过共享绿色农业科学技术助推农业绿色全要素生产率的提升。

表 3 – 20　　　　　　　　　空间面板回归结果及稳健性检验

变量	空间回归结果				稳定性检验			
	东部省（区、市）	中部省（区、市）	西部省（区、市）	全国	东部省（区、市）	中部省（区、市）	西部省（区、市）	全国
要素市场扭曲	-0.241*** (0.192)	-0.297* (34.734)	-0.097** (7.816)	-0.197** (0.866)	-0.231** (0.184)	-0.245** (33.344)	-0.093* (7.504)	-0.189** (0.831)
农村人力资本	0.044*** (0.62)	0.327* (86.134)	0.031** (4.471)	0.028*** (0.637)	0.042*** (0.595)	0.313* (82.688)	0.009** (4.292)	0.027** (0.612)
农村金融发展规模	0.051*** (6.633)	0.030** (34.051)	-0.044** (2.345)	0.012*** (7.01)	0.049*** (6.368)	0.509** (32.689)	0.042** (2.251)	0.008** (6.73)
农业贸易开放度	0.012*** (0.284)	0.109** (1.932)	0.009* (1.988)	0.019*** (0.373)	0.011*** (0.272)	0.201* (1.855)	0.015** (1.909)	0.018*** (0.288)
农业规模经营水平	0.030*** (2.218)	0.132** (55.891)	0.013** (11.978)	0.011*** (2.338)	0.029*** (2.13)	0.222*** (53.655)	0.082** (11.499)	0.010*** (2.245)
地区工业化水平	0.011*** (5.13)	0.013** (22.331)	0.004** (2.592)	0.003* (5.412)	0.017*** (4.924)	0.012** (21.438)	0.009** (2.489)	0.015** (5.196)
涉农政策调整	0.061*** (0.404)	0.238** (13.841)	0.115** (23.372)	0.138*** (9.45)	0.058*** (0.388)	0.228** (13.287)	0.111*** (22.437)	0.132*** (0.432)
ρ	0.453*** (7.715)	0.423** (8.016)	0.388** (6.612)	0.414** (7.053)	0.435** (7.406)	0.406* (6.912)	0.373** (6.348)	0.398* (6.771)
θ	0.044*** (3.808)	0.327** (56.14)	0.031** (7.527)	0.230* (6.202)	0.042* (3.655)	0.313*** (53.895)	0.030** (7.392)	0.221** (5.954)
Hausman	34.474	305.726	26.276	25.878	33.095	293.497	25.225	24.843
R^2	0.843	0.836	0.832	0.876	0.913	0.782	0.899	0.841
Wald	33.437	283.276	26.669	28.082	32.100	271.945	25.602	26.958
P 值	0.000	0.003	0.000	0.000	0.000	0.003	0.000	0.000
LR	33.564	284.352	26.770	28.188	32.222	272.978	25.699	27.061
P 值	0.000	0.002	0.000	0.000	0.000	0.002	0.000	0.000

　　注：***、**、*分别表示通过1%、5%和10%水平的显著性检验，括号内数值为系数标准差。

　　资料来源：笔者根据公式计算所得。

表3－20显示，东、中、西部3大区域的要素市场扭曲变量系数均为负值，且在10%水平上通过显著性检验，表明现阶段广泛存在的各类要素市场扭曲对农业绿色全要素生产率具有显著的负向影响。中部省（区、市）要素市场扭曲的抑制效应最大，东部省（区、市）和西部省（区、市）次之，因要素市场扭曲等原因导致现代农业生产关键要素资源存在一定错配，意味着不同地域要素市场扭曲在一定程度上阻碍了农业绿色全要素生产率提升。为消除要素市场扭曲对农业绿色全要素生产率的负面影响，只有通过持续深化要素市场改革，实现各类要素市场自由交易，并在一定范围内实现各类农业生产要素资源跨区域自由流动，降低要素市场扭曲程度，才能借助要素市场优化现代农业生产中的要素配置结构和效率，最终提升农业绿色全要素生产率。表3－20显示，农村人力资本对农业绿色全要素生产率的影响在10%水平上显著为正，说明随着农村人力资本水平提升，越来越多的绿色新技术可以被广泛采用，并使得农业绿色全要素生产率得以有效改善。农村金融发展规模对东部省（区、市）、中部省（区、市）的农业绿色全要素生产率的影响在10%水平上显著为正，但是却抑制了西部省（区、市）农业绿色全要素生产率的增长，说明西部省（区、市）随着农村金融发展水平的提升在一定程度上漏出了西部省（区、市）所聚集的资金，东中部省（区、市）因资本价格较高吸附了西部省（区、市）剩余资金，从而产生了不同地域农村金融发展结果的差异性。表3－20显示农业贸易开放度、农业规模经营水平、地区工业化水平、涉农政策调整对农业绿色全要素生产率的影响均在10%水平上显著为正，都有助于农业绿色全要素生产率的提高，但也存在显著的地域差异，东部省（区、市）的效果明显优于中西部省（区、市）。

本书采用28个省（区、市）省会间地理距离的倒数为地理权重矩阵验证空间回归模型稳健性，如表3－20所示。本书关注的要素市场扭曲对农业绿色全要素生产率的影响在10%水平上显著为负值，说明要素市场扭曲会阻碍农业绿色全要素生产率的提升，这与采用各省份省会间地理距离为权重矩阵的估计结果基本一致。其余变量都在10% 水平上显著促进了农业绿色全要素生产率增长，其与空间回归方程的结果接近，因此，空间回归实证结果显著稳健。

（2）要素市场扭曲下农业绿色全要素生产率的空间溢出效应。

表 3 - 21 显示，要素市场扭曲对本省（区、市）和邻近省（区、市）的直接效应和间接效应在 5% 显著性水平上呈现负向影响，说明只有不断深化资本、劳动力、土地等要素市场改革，降低要素市场扭曲程度，才能有效改善本省（区、市）和邻近省（区、市）的农业绿色全要素生产率，也能够优化其他相邻地区的全要素生产率。要素市场扭曲的直接效应明显高于其间接效应，意味着本省（区、市）要素市场扭曲对其农业绿色全要素生产率增长抑制影响更大，邻近省（区、市）要素市场扭曲对本省（区、市）农业全要素生产率的阻碍效果较弱。因此，要均衡优化东、中、西部 3 大区域的要素市场改革进程，同步降低不同地域要素市场扭曲程度，减少要素市场扭曲的空间溢出效应，实现不同地域农业绿色全要素生产率同步均衡增长。表 3 - 21 显示，农村人力资本、农业贸易开放度、农业规模经营水平、地区工业化水平、涉农政策调整对农业绿色全要素生产率的直接效应和溢出效应均在 10% 显著性水平上呈现正向影响。农村金融发展规模对农业绿色全要素生产率的直接效应为正，而溢出效应为负，说明农村金融发展虽能有效促进本省（区、市）农业绿色全要素生产率提升，却在一定程度上阻碍了邻近省（区、市）农业绿色全要素生产率的改善。农业贸易开放度、涉农政策调整虽能促进本省（区、市）和邻近省（区、市）的农业绿色全要素生产率提升，但显著性较低，提升效果不明显。

表 3 – 21　　　　要素市场扭曲下农业绿色全要素生产率空间效应分解

变量	直接效应	间接效应	总效用
要素市场扭曲	– 0. 026 ** (9. 154)	– 0. 005 ** (4. 954)	– 0. 031 *** (3. 765)
农村人力资本	0. 033 *** (3. 123)	0. 023 ** (8. 182)	0. 057 ** (19. 368)
农村金融发展规模	0. 041 ** (7. 042)	– 0. 077 * (3. 688)	0. 118 ** (4. 261)
农业贸易开放度	0. 019 * (3. 654)	0. 015 * (9. 931)	0. 034 ** (6. 93)
农业规模经营水平	0. 028 *** (8. 506)	0. 010 ** (3. 961)	0. 038 *** (2. 768)
地区工业化水平	0. 003 *** (5. 033)	0. 012 * (6. 498)	0. 006 ** (3. 037)
涉农政策调整	0. 043 * (9. 339)	0. 060 * (4. 283)	0. 103 ** (2. 991)

注：*** 、** 、* 分别表示通过 1%、5% 和 10% 水平的显著性检验，括号内数值为系数标准差。

资料来源：笔者根据公式计算所得。

3.5.5　研究结论与政策启示

在考虑碳排放和农业面源污染等非期望产出情况下，采用基于非径向非角度的 SBM 方向性距离函数构建 Malmquist 生产率指数，对 28 个省（区、市）1997～2018 年农业绿色全要素生产率进行测算，最后采用空间杜宾模型探讨要素市场扭曲下农业绿色全要素生产率空间影响。研究结果表明：考虑碳排放和农业面源污染等非期望产出的农业绿色全要素生产率与不考虑环境因素的全要素生产率相比，更符合中国农业高质量绿色发展的实际水平；无论是否纳入非期望产出，中国农业全要素生产率的提升多数源于农业技术进步，较少出现农业技术进步和技术效率双轮助推的情形，技术效率不足抑制了农业全要素生产率显著提升；农业绿色全要素生产率虽呈现增长趋势，但增速较缓慢，且不同地域存在显著差异；要素市场扭曲对农业绿色全要素生产率的影响为负，其余多数变量显著提高了农业绿色全要素生产率水平，但也具有一定的空间溢出效应，阻碍了不同地域农业绿色全要素生产率同步增长。中国具有显著的地域差异，不同地域要素市场水平、农业生产水平、资源要素禀赋条件等都呈现出东、中、西部地区的梯度差异。因此，从当下中国农业生产实际着手，急需采取差异化发展政策，在要素市场扭曲下结合不同地域特点，制定提升农业绿色全要素生产率各类政策措施，精准施策推动不同地域农业绿色全要素生产率的全面均衡提升。因此，研究的政策启示包括以下四个方面：

第一，变革农业生产方式，推进农业绿色生产。在"两山"理念指引下，采用绿色生产要素投入组合，有效降低农业生产所带来的环境污染等非期望产出水平，确保农村生态不被破坏，实现农业生态资源价值向经济价值转变，稳步提升农业生态环境效应。大力变革农业绿色生产技术，持续推进农业生产技术创新，发挥各项政策对农业绿色生产的助推作用，优化农业生产技术效率，实现技术进步和技术效率双轮驱动农业绿色全要素生产率稳步大幅提升。

第二，优化农业生产区域格局，缩小农业全要素生产率的地域差距。持续加大涉农政策调整，充分发挥各类资源要素的空间溢出效应，制定合理区域农业发展战略，通过农业生产技术帮扶和管理经营传授等方式推动东部省（区、市）农业生产效率向中西部省（区、市）的空间梯度转移。通过各类政策激励各类人才返乡创业，改善农业高素质人才不足的现状，发挥农业高质量发展的科技进步效应，全面均衡中国农业生产总体效率。

第三，全面深化不同地域各类要素市场改革，消除要素市场扭曲对农业绿色全要素生产率提升的阻碍效应。将东部省（区、市）要素市场化改革的经验做法推广到中西部省（区、市），协调不同地域间的相关政策。运用市场手段优化配置各类涉农资源要素，通过要素资源地域间和地域内的自由流动，实现要素资源的市场价值。优化农业生产资源投入产出结构，全面提升不同地域农业生产资源的配置效率，实现中国农业生产的各类地域比较优势，助推农业绿色全要素生产率有效增长。

第四，优化各类涉农保障措施，建立现代农业高质量绿色发展的政策体系。优化各类涉农政策绿色生产补贴力度，完善农业绿色发展的配套基础设施，为农业绿色发展提供系列配套资金、技术、设备等，降低农业生产对环境资源的破坏。优化涉农绿色金融支撑，提升和改善农村绿色金融发展水平和效率，确保各类金融机构优先支持绿色农业生产经营主体，解决农业绿色化生产中出现的资金短缺等难题。大力提升农村人力资本水平，推进农民身份转变，让更多有能力有想法的人加入农民职业，为现代绿色农业发展奠定人才基础，加快各类涉农绿色技术应用，实现农业绿色经济效应提升。

3.6 本章小结

本章采用超越对数函数测算了劳动力和资本市场的扭曲程度，并采用土地出让金收入占财政收入比重去衡量各地区的土地市场扭曲程度。结果显示：中国各类要素市场扭曲状况呈现改善的趋势，劳动力市场正向扭曲程度在降低，资本市场则存在负向价格扭曲，资本市场扭曲程度在一定时期内大于劳动力市场扭曲程度，土地市场存在较为严重的市场价格扭曲程度。在全面测算农业全要素生产率和农业绿色全要素生产率，并通过空间计量模型得出农业生产经营效率在一定程度上影响着农民收入，要素市场扭曲对农业生产存在显著的抑制效应，要素市场扭曲对农业全要素生产率和农业绿色全要素生产率的增长都存在显著阻碍效应，并存在一定程度上的空间溢出性。

参 考 文 献

［1］曹亚军．要素市场扭曲如何影响了资源配置效率：企业加成率分布的视角［J］．南开经济研究，2019（6）：18－36，222．

［2］杜红梅，戴劲．洞庭湖区农业绿色全要素生产率增长时空特征及影响因素分析［J］．湖南农业大学学报（社会科学版），2020，21（3）：7－16．

［3］封永刚，蒋雨彤，彭珏．中国经济增长动力分解：有偏技术进步与要素投入增长［J］．数量经济技术经济研究，2017，34（9）：39－56．

［4］付伟，罗明灿，李娅．基于"两山"理论的绿色发展模式研究［J］．生态经济，2017，33（11）：217－222．

［5］盖庆恩，朱喜，程名望，等．要素市场扭曲、垄断势力与全要素生产率［J］．经济研究，2015，50（5）：61－75．

［6］高杨，牛子恒．农业信息化、空间溢出效应与农业绿色全要素生产率——基于 SBM－ML 指数法和空间杜宾模型［J］．统计与信息论坛，2018，33（10）：66－75．

［7］葛鹏飞，王颂吉，黄秀路．中国农业绿色全要素生产率测算［J］．中国人口·资源与环境，2018，28（5）：66－74．

［8］郭海红，张在旭，方丽芬．中国农业绿色全要素生产率时空分异与演化研究［J］．现代经济探讨，2018（6）：85－94．

［9］郇红艳．中国农业生产效率的萃取与空间差异——基于 1996—2013 年 31 个省份面板数据的测度［J］．江汉论坛，2019（1）：33－42．

［10］金芳，金荣学．农业产业结构变迁对绿色全要素生产率增长的空间效应分析［J］．华中农业大学学报（社会科学版），2020（1）：124－134，168－169．

［11］李欠男，李谷成，高雪，等．农业全要素生产率增长的地区差距及空间收敛性分析［J］．中国农业资源与区划，2019，40（7）：28－36．

［12］李士梅，尹希文．中国农村劳动力转移对农业全要素生产率的影响分析［J］．农业技术经济，2017（9）：4－13．

［13］李文华，郭丰，陈永强．中国区域农业绿色全要素生产率分解及收敛

性分析 [J]. 重庆工商大学学报（社会科学版），2019，36（2）：29 - 39.

[14] 李兆亮，罗小锋，薛龙飞，等. 中国农业绿色生产效率的区域差异及其影响因素分析 [J]. 中国农业大学学报，2017，22（10）：203 - 212.

[15] 梁俊，龙少波. 农业绿色全要素生产率增长及其影响因素 [J]. 华南农业大学学报（社会科学版），2015，14（3）：1 - 12.

[16] 刘战伟. 中国农业全要素生产率的动态演进及其影响因素分析 [J]. 中国农业资源与区划，2018，39（12）：104 - 111.

[17] 吕娜，朱立志. 中国农业环境技术效率与绿色全要素生产率增长研究 [J]. 农业技术经济，2019（4）：95 - 103.

[18] 罗德明，李晔，史晋川. 要素市场扭曲、资源错置与生产率 [J]. 经济研究，2012，47（3）：4 - 14，39.

[19] 孟守卫. 农村金融市场结构对农业全要素生产率的影响研究——基于省际面板数据的分析 [J]. 金融理论与实践，2018（5）：77 - 82.

[20] 尚杰，许雅茹. 生态资本与农业绿色全要素生产率——基于碳强度视角 [J]. 生态经济，2020，36（6）：107 - 111，123.

[21] 尚晓晔. 要素市场价格扭曲对中国经济的影响—理论与实证 [D]. 武汉大学，2016.

[22] 史常亮，占鹏，朱俊峰. 土地流转、要素配置与农业生产效率改进 [J]. 中国土地科学，2020，34（3）：49 - 57.

[23] 孙湘湘，周小亮. 中国省级要素市场扭曲程度的时空格局及影响因素 [J]. 地理科学，2020，40（2）：182 - 189.

[24] 王珏，宋文飞，韩先锋. 中国地区农业全要素生产率及其影响因素的空间计量分析——基于 1992 ~ 2007 年省域空间面板数据 [J]. 中国农村经济，2010（8）：24 - 35.

[25] 王留鑫，姚慧琴，韩先锋. 碳排放、绿色全要素生产率与农业经济增长 [J]. 经济问题探索，2019（2）：142 - 149.

[26] 王奇，王会，陈海丹. 中国农业绿色全要素生产率变化研究：1992—2010 年 [J]. 经济评论，2012（5）：24 - 33.

[27] 王晓丽，陈盛伟. 农业生产效率及增长方式转变研究述评 [J]. 中国农业资源与区划，2019，40（10）：137 - 146.

［28］温铁军，罗士轩，董筱丹，等. 乡村振兴背景下生态资源价值实现形式的创新［J］. 中国软科学，2018（12）：1-7.

［29］解晋. 要素市场扭曲的增长方式效应研究［J］. 云南财经大学学报，2020，36（3）：20-30.

［30］杨刚，杨孟禹. 中国农业全要素生产率的空间关联效应——基于静态与动态空间面板模型的实证研究［J］. 经济地理，2013，33（11）：122-129.

［31］杨骞，王珏，李超，等. 中国农业绿色全要素生产率的空间分异及其驱动因素［J］. 数量经济技术经济研究，2019，36（10）：21-37.

［32］杨万平，杜行. 中国经济增长源泉：要素投入、效率提升还是生态损耗？［J］. 西安交通大学学报（社会科学版），2015，35（4）：23-31.

［33］张杰，周晓艳，李勇. 要素市场扭曲抑制了中国企业 R&D？［J］. 经济研究，2011，46（8）：78-91.

［34］张俊远，王瑞芳. 土地财政与生产要素市场资源配置的扭曲——来自省际面板 VAR 的证据［J］. 社会科学家，2013（3）：49-53.

［35］张乐，曹静. 中国农业全要素生产率增长：配置效率变化的引入——基于随机前沿生产函数法的实证分析［J］. 中国农村经济，2013（3）：4-15.

［36］哲欣（习近平）. 绿水青山也是金山银山［N］. 浙江日报，2005-8-24（1）.

［37］朱喜，史清华，盖庆恩. 要素配置扭曲与农业全要素生产率［J］. 经济研究，2011，46（5）：86-98.

第4章　地域空间视角下农民收入增长的结构变迁与成因

4.1　引　　言

习近平总书记指出，小康不小康，关键看老乡。2019 年是决胜全面建成小康社会，实现第一个百年奋斗目标关键之年，做好"三农"工作有助于应对对各种风险挑战，能确保经济持续健康发展和社会大局稳定。截至 2020 年，连续 17 年中央"一号文件"都把"三农"放在首要位置，提出当前农民收入问题面临着质的转变。与此同时国家大力实施乡村振兴战略，深化农业供给侧结构性改革，乡村发展动能增强，农民收入持续增长。

近年来，在宏观经济下行压力加大、经济增速稳中趋降的背景下，农民收入仍保持了稳定增长态势，农民增收新亮点频出，农村三产融合加快，农民收入来源结构出现了新变化，工资性收入对农民收入增长的作用越显重要，非农产业发展带动非农收入继续成为农民增收最大贡献因素（张海鹏，2019）。但是受多重因素影响，农产品价格偏低导致农业生产经营比较收益率走低，农民经营净收入贡献有所下降。受农村社保制度等国家涉农政策调整，农民获得转移性收入有了一定程度提高。虽然土地流转加快，但农民获得流转承包土地经营权租金收入等财产性收入占总收入比重仍然不高。农民收入总水平不高，增速放缓，是国民经济发展急需解决的重要问题之一，农民收入问题已经成为全面建成小康社会的瓶颈（李昌平，2018）。因此，党的十九大报告聚焦乡村振兴战略，指出乡村振兴最需要做的是增加农民收入，改变农民增收模式，建立可持续的农民增收长效机制至关重要。

2009 年以来，虽然农民收入增长快于城镇居民，城乡收入差距在不断缩小。但农民增收主要是靠农村人口离开农业，离开农村到城市去打工获得非农工资性收入，由农业生产自身特点决定的家庭经营性收入占比呈现显著下降趋势。农民从业方变化业已成为事实，其收入来源也必然变化。农民人均财产净收入增长和政策性转移收入变化虽然呈现上升趋势，但因制度设计与市场交易等方面制约，短期内无法成为农民收入可持续增长的主要源泉。与此同时，不同地域农民收入来源的四大结构对农民总收入支撑度也存在地区差异，部分市场经济活跃的地域，也会引发邻近地域农民收入增加。当前农民收入增长较大程度上源自非农产业和非农就业的支撑，然而这种偏离农业生产经营的农民增收模式却会带来农村农业的衰败凋敝（魏后凯，2019）。因此，中国农民增收路径要围绕农业展开，也必然要建立在依靠农业，依赖农村，实现可持续稳定增收长效机制。

基于以上事实，本章将以农民收入来源结构为研究视角，对地域空间关联下的农民收入结构进行分类细化研究，将有利于深入探究农民收入结构变迁及成因，为农民增收政策的优化调整与完善提供决策参考。

4.2　文　献　综　述

国外研究认为，农民收入增长问题是一个系统性工程，既包括宏观经济因素，又包括微观经济因素，还包括制度因素，只有明确了各类影响因素的理论基础，才能为政府出台应对措施提供坚实平台（Kooreman，1986；Becker，1990；Hatton，1992；Grossman et al.，1994）。国外学者（Bateman，1995；Martin，1999；Michael，2001；William et al.，2012）同时也对农民收入来源构成多样化演变进行研究，得出农民收入逐步由农业经营收入转变为多种收入来源。部分学者（Haton，1995；Misawa，1995；Grossman，1999；Peters，2006；William，2011等）得出家庭资源配置行为影响收入结构变化，制度变革对农村居民收入增长与结构调整有正向影响。也有学者（Mathijs，2004；Iddo Kan，2006；Mishra，2008；Brian，2007；Bruce et al.，2012）研究得出，非农收入是一种稳定增收策略，农民收入结构变动受自身与外界条件多重因素影响，为家庭各种收入来源非均衡增长的结果与表现，同时要素市场发展状况直接制约农村居民收入水平提高（Benjamin，2007；Walder，2009；Du，2012）。

近年来，国内学者围绕农民收入增长动力机制（赵晓锋，2012；李子联，2014；宋瑛等，2017；王宝林等，2018；钱锦等，2018 等）、农民收入增长地方实践（杜华章，2011；李景初，2018；陈玲玲等，2018）、农民收入增长实现路径（吕新业等，2013；秦晖，2016；张红宇，2015；辛立秋等，2017）等维度展开研究。陈锡文（2001）、王春超（2004）、蔡昉等（2005）、徐勇等（2009）等分别采用实证研究方法得出，非农就业收入和提高非农就业机会对提高农民收入有重要作用的结论。沈坤荣等（2007）、杨华（2019）、赵勇智等（2019）研究强调了政府公共支出、市场化改革等对农民收入增量提质的重要影响。钟甫宁等（2007）、张宇青（2013）、陈锡文（2013）、孔祥智等（2016）、潘世磊（2018）等学者指出，增加农民收入关键在于扩大非农就业机会，找到影响农民收入增长的制约因素。而城乡二元结构和农业结构也会在一定程度上制约农民收入增长（韩俊，2009；余家凤等，2014），收入分配体制不合理也影响农民收入增长（王小华等，2017；金丽馥等，2019）。

随着农村经济体制市场化改革的深入推进，影响农民收入增长的微观与宏观因素更加趋于复杂化（钱良泽，2012；关浩杰，2013；李谷成等，2018；贾晋等，2019）。徐宪红等（2016）、温涛等（2018）等学者分别从全局、不同区域研究分析农民收入现状，并提出农民增收渠道单一且增速缓慢。赵霞等（2019）、李琪等（2019）、金丽馥等（2019）研究了电子商务发展、政策调整等对农民增收影响机制。潘文轩等（2018）、王小华（2019）、王海平等（2019）学者对农民收入结构变动值进行测度，并指出农民收入增长源泉发生了变化，收入结构出现调整。现有研究认为，农民收入既受资源禀赋差异制约，又受农村剩余劳动力的影响（陈锡文，2001；王雅鹏等，2001；吴敬琏，2002；陈劲松，2005；张瑞红，2011；张宽等，2017；马轶群等，2019；王建，2019）。

已有的研究成果从多个视角、多个层面深入研究了农民收入问题，为研究奠定了基础。但中国区域差异显著，地域空间发展具有明显的异质性，农民增收路径需要因地制宜，需要厘清地域关联下的影响因素的空间相互作用，进而对不同地域影响农民收入的因素和机理进行进一步探讨。与已有研究相比，本书主要在以下两点做出深化：

（1）大多研究着眼于农民收入增长整体量化分析，而针对地域空间关联下农民收入结构变迁研究较少，无法准确探究不同地域影响农民收入因素的相互作用，进而无法精准施策。

（2）大多研究着眼于农民收入结构变化的宏观成因定性分析，而针对农民收入的影响因素进行空间分解方法较少，较少分析影响因素的本地直接效应和空间溢出效应。因此，研究以地域空间关联下农民收入结构变迁为研究对象，按照四个来源结构，基于空间计量模型对影响农民收入结构变迁的因素展开实证分析，探讨影响农民收入结构变化因素的空间溢出效应，以期为地域空间关联下的农民增长精准施策提供决策依据。

4.3 研究框架、模型构建、变量
设定和数据来源说明

4.3.1 研究框架

当前中国农民收入虽有增长，但幅度不高且不稳定，农民增收不确定性将给农业农村稳定发展，乃至中国经济整体发展带来一系列严峻问题。农民收入未能实现提量增质，不仅严重挫伤广大农民的生产积极性，还将影响农村经济社会的可持续健康发展，如何找到农民收入稳定增长的长效机制是未来政策调整的关键。

改革开放四十多年来，不同地域二元经济向一元经济转换的过程就是不同地域城乡经济发展的过程，也是造成地域经济环境差异的因素之一。由于农业生产经营特点、制度约束等因素带动城乡收入差距逐渐缩小，农民除了农业生产经营收入外，还能获取一定非农工资收入，并且工资性收入呈现出增长趋势。同时，国家通过农村税费和农村医疗保障等制度改革，合乎标准的涉农支持和涉农补贴力度逐渐加大，农民转移性收入不断增加。在产权制度变迁推动下，农业农村中各类要素市场和产权制度不断完善，财产性收入在农民收入构成中所占比例也呈上升趋势，农民增收渠道不断拓宽。城乡二元经济优化调整中，大量农村剩余劳动力转向非农部门，因此，农民收入来源也趋于多元化，不同时期不同地域农民增收路径也存在差异。

对不同时期、不同地域农民收入主要来源结构进行分析，事关农民收入持久增加着力点问题，现阶段农民收入主渠道还将在农业内部，农业收入在大多数地区仍是农民收入增长的主体源泉，但工资性收入来源重要性在提升，部分地区农民收入差距主要源自工资性收入差异。农民收入来源结构变迁，与农民参与市场经济程度密切相关，不同程度市场参与水平，直接导致农民收入增长差异，也直接影响收入结构差异。受不同地域经济发展水平差异影响，地域空间关联下农民收入构成也会呈现差异化，不同地域农民收入结构相对变化会受到很多因素影响，且存在空间关联和溢出效应，但不同收入来源的非均衡增长是收入结构变动的重要根源。受到农业农村经济全面振兴发展、农民职业分化、农业生产多样化等多重因素影响，地域空间关联下不同类别农民收入来源渠道多元化，并呈现地域差异性和关联性。农民收入结构调整，不仅与所处地域经济发展环境紧密相关，还具有很强的地理区位关联效应，地域协作发展对于农民收入增长与结构变化也产生重要影响。

中国农民收入来源结构具有明显地域异质性和空间关联性，伴随着不同地域二元经济转换而出现区域差异性分化。农民收入增长结构调整是改革开放以来农业农村经济活动优化调整的现实表现，并将成为农民有效可持续路径。因此，本章研究基于以下逻辑：农业农村生产经营机制越发合理，农业生产和农村发展就越能得以保障，农民收入必然会持续健康增加。农民收入持续增长又会进一步推动经济社会发展，活跃市场要素参与收入分配，农民增收就越有保障，进而会带来农业农村良性均衡发展。本章研究提出如下假设：一是自然环境改善、科学技术发展，会提高农业生产效率，对农民收入结构调整具有正向调节作用，能够正向提升农民收入整体水平。二是政策性制度优化调整、市场化改革进程推进，能够优化农民不同收入来源比重结构，改善农民增收渠道，整体提升农民收入水平。

不同地域农民收入持续高质量增加，不仅涉及农民自身内在微观因素，还涉及到外在宏观因素。如农民自身素质差异、经济环境、产权组织、社会化服务体系等因素，都在一定程度上影响着本区域农民收入稳定增长，同时又影响其他区域农民收入结构调整，进而应考虑影响农民收入的空间关联性，将影响农民收入增长和结构调整的因素纳入一个实证模型框架中，综合分析影响因素的直接效应与间接效应，推动地域空间关联下农民收入增长的稳定、持续与协调。因此，破解农民持久增收难题的关键，在于科学探究农民收入水平和收入结构变化的影响因素；在于科学认识并解决好农民收入增速下降问题。因此，就需要从农民收入与收入来源结构等方面探讨深层次原因和影响因素间的相互作用机理，并提出对策建议。

4.3.2　实证模型构建

地域空间关联下，地域间影响农民收入变化和来源结构调整的因素比较复杂，不同地域因素间存在一定程度的交叉影响，因此，本章将采用空间滞后模型、空间误差模型分析不同地域农民收入增长与结构变化影响因素的空间关联性及其效应，并借助 LeSage（2009）、赵霞等（2019）等文献对农民收入增长的空间直接效应和间接效应等展开分解。

4.3.2.1　空间滞后模型（SAR）

本章借助空间自回归模型分析地域空间关联下，农民收入增长和结构变迁的空间溢出和扩散效应，构建具体模型如下：

$$Y_{it} = \alpha_{it} + \rho W Y_{it} + X_{it} \beta_{it} + \varepsilon_{it} \qquad (4-1)$$

式（4-1）中，Y_{it} 为因变量（农民总收入、家庭经营收入、工资性收入、转移性收入、财产性收入）；α_{it} 为个体效应项；W 为 $n \times n$ 阶空间权重矩阵。空间权重反映经济变量间空间关联性，距离相隔较远的地域关联作用影响越小，研究采用各省份省会间地理距离构建空间权重矩阵 W，省会间地理距离长期固定，不受社会经济活动影响的外生变量，能够在一定程度上规避空间计量模型内生性问题。WY_{it} 为因变量空间自回归项；X_{it} 为 $n \times k$ 阶自变量矩阵；ρ 为空间自回归系数；ε_{it} 为随机误差项向量；i 为不同地区；t 为不同时期。

4.3.2.2 空间误差模型（SEM）

空间误差模型主要用于误差项之间存在空间自相关情形，本章利用空间误差模型分析地域空间关联下，农民收入观测值误差对地域间农民收入的相互影响，构建具体模型如下：

$$Y_{it} = \alpha_{it} + X_{it}\beta_{it} + \varepsilon_{it} \qquad (4-2)$$

$$\varepsilon_{it} = \lambda W\varepsilon_{it} + \mu_{it} \qquad (4-3)$$

$$\mu \sim N(0, \sigma^2 I) \qquad (4-4)$$

式（4-2）、式（4-3）、式（4-4）中，λ 为空间误差系数，其余参数的含义与式（4-1）相同。

4.3.2.3 基于空间杜宾模型（SDM）空间效应分解

根据前面分析，相邻地域的经济发展等社会经济因素也同样有可能影响本地区农民收入增长和结构变化，为论证农民收入变化是否同时依赖于相邻地区各个自变量，故引入各个解释变量的空间权重矩阵加权项作为解释变量，建立空间杜宾模型。

$$Y_{it} = \alpha_{it}I_{it} + \rho WY_{it} + \beta_{it}X_{it} + \theta WX_{it} + \varepsilon_{it} \qquad (4-5)$$

式（4-5）中，被解释变量、解释变量与式（4-1）变量含义相同。WY 和 WX 分别表示被解释变量和解释变量的空间效应。LeSage（2009）、赵霞等（2019）等研究提出，存在显著空间溢出效应时，就需要用基于空间回归模型偏微分方法得出的效应分解结果来解释。某个地区解释变量变化影响本地区被解释变量，即为直接效应；同时影响其他区域被解释变量，即为间接效应，二者之和为总效应。基于该研究方法，将空间效应分解为直接效应、间接效应和总效应。根据此方法，对式（4-5）做出变换。

$$Y_i = \sum_{r=1}^{k} \left[S_r(W)_{i1}X_{1r} + S_r(W)_{i2}X_{2r} + \cdots + S_r(W)_{in}X_{nr} \right] +$$

$$V(W)I_n\alpha + V(W)_i\varepsilon \qquad (4-6)$$

根据式（4-6），将 Y_i 对其他区域 j 第 r 个解释变量 X_{jr} 求偏导得到式（4-7），将 Y_i 对本区域内第 r 个解释变量 X_{ir} 求偏导得到式（4-8）：

$$\frac{\partial Y_i}{\partial X_{jr}} = S_r(W)_{ij} \qquad\qquad (4-7)$$

$$\frac{\partial Y_i}{\partial X_{ir}} = S_r(W)_{ii} \qquad\qquad (4-8)$$

其中，$S_r(W)_{ij}$ 衡量的是区域 j 第 r 个解释变量对区域 i 被解释变量的影响，$S_r(W)_{ii}$ 衡量的是区域 i 第 r 个解释变量对本区域被解释变量的影响。参考赵霞等（2019）等文献，与传统回归模型相比，在空间回归模型中，若 $j \neq r$，Y_i 对 X_{jr} 的偏导数取决矩阵 $S_r(W)$ 中的第 i、j 个元素。

4.3.3 变量设定

4.3.3.1 被解释变量：农民收入

本章研究涉及农民收入增长和收入结构变迁，是指农民家庭收入总水平变化和家庭收入来源结构变化，以及不同收入来源所占比例和不同收入来源之间相互转换关系。

4.3.3.2 解释变量

农民收入是多种因素共同作用的结果，不同地域、不同收入来源的农民收入影响因素可能存在一定差异，也可能存在一定关联性。本章研究将建立多变量的农民收入空间影响决定方程，定量分析不同地域各个因素对地域空间关联下的农民总收入和收入来源结构变迁的影响，并确定各因素的影响方向和程度。通过梳理现有农民收入影响因素的相关研究可以得出，农民收入主要影响因素集中在自然因素、科技因素、规模经营因素、市场因素、政策因素等方面，考虑到研究目的与数据可得性，选取如下解释变量作为影响农民总收入和收入来源结构变迁的主要因素。

农作物受灾面积（X_1）：中国地域广博，不同地区自然气候条件千差万别，农业生产最易受自然气候条件影响，中国也是各类自然灾害频发的国家之一。不同地区农业灾害种类不同，不同地区基础设施存在差异，农业因灾损失存在一定区域差异性，也会导致农民收入受损水平不一致。本章研究采用农作物受灾面积作为自然因素的替代变量，其用遭受自然灾害袭击的农作物亩数作为统计依据，主要包括旱灾、水灾、风灾、雹灾、霜冻灾、病虫灾、地震，以及其他自然灾害造成的各类灾害。

农业规模经营水平（X_2）：脱离农业生产经营的农民增收方式可能无法持续保持收入增长。虽然农民收入来源结构发生变化，部分地区农民获得工资性收入比重较大，但从中国国情来看，农民收入增长的有效方法之一，就是不断提高农村劳动生产率。农业规模经营水平高低很大程度上依赖于农业机械化程度，机械化程度提高会提升农业生产效率，加速农业生产经营转型升级，对农民收入总水平和收入来源结构产生持久影响。本章研究以农业机械总动力与地区耕地面积之比表示地区农业机械化程度，用以衡量农业规模经营水平。

地区工业化水平（X_3）：区域发展水平影响着农民收入总水平和收入结构调整。不同地域农民收入状况是其所在地区经济社会发展水平和市场化程度的综合反映，劳动密集型制造业发展能够创造出大量非农就业岗位，吸纳农业剩余劳动力，增加了农民工资性收入。然而地区制造业发展又会引发农村空心化，大量劳动力转移会引发农业生产经营不足，可能会减少家庭经营性收入。本章研究采用第二产业增加值占地区生产总值比重来表示工业化水平。

农村市场经济水平（X_4）：农村市场经济发展水平，影响农产品能否正常实现市场交易。区域农产品流通是否顺畅，要素能否实现其市场价值，最终影响农民收入水平。"谷贱伤农"是最直接的印证。总体而言农民收入与农产品价格密切相关，尤其在市场信息不对称的开放市场条件下，竞争力低的农产品无法靠市场交易实现自身价值，严重挫伤并打击农民生产积极性。农民市场经济水平越高的区域，市场经济越活跃，农民收入增长越有保障。本章研究采用农村地区社会消费品零售总额与社会消费品零售总额之比来表示。

农民自身素质水平（X_5）：农民收入持续增加，不仅依靠国家经济政策等外部因素支持，更重要的是依靠农民自身素质改善，而农民自身素质技能的获得又在很大程度上取决于受教育程度。当下随着中国普遍推进九年义务教育等政策实施，农民文化知识水平有了一定程度提高。但是不同地域经济发展水平差异，不同地区农民文化知识水平仍存在一定差距，这在一定程度上制约了农民总收入提高。因此，有效实现农民增长最关键的就是提高农民素质，开发农村人力资源。本章研究采用生均拥有教师的数量来表示不同地区农民素质水平的高低。

农村金融发展规模（X_6）：农村金融发展相比于城市金融，发展过于缓慢，已成为影响我国农村经济进一步发展和城乡二元结构转变的消极因素之一。中国二元经济结构转型，农民日常参与金融、获得生产投资等资金援助渠道不畅，机会较少，无法满足日常农业生产经营扩大需要，导致农村经济发展动力不足，农民收入增长受限。因此，切实解决"三农"问题，发展农村经济，拓宽农民增收渠道，离不开金融支持，而地区金融发展已成为现代农村经济增长的核心。本章研究采用农村存贷款之和占第一产业国内生产总值表示农村金融发展规模。

涉农政策调整（X_7）：为克服农业生产经营的脆弱性和风险性，需要政府实时干预农业生产经营，政府调整实施各类涉农政策也是弥补市场机制缺陷的现实需要。涉农政策调整与实施能够保持农业生产经营的稳定，能够优化农业产业结构，在一定程度上稳定和增加农民收入。然而涉农政策也可能导致市场扭曲，发生资源错配，从而对地区农民生产经营活动产生不利影响。本章研究采用政府涉农财政支出与地区生产总值之比表示涉农政策调整。

4.3.4 数据来源与说明

受部分变量数据可获性制约，本章研究选取 29 个省（区、市）①1998～2018 年数据进行分析。其中，农民收入、非农收入、第一产业国内生产总值、农作物受灾面积、第二产业增加值、国内生产总值、农业机械总动力、农作物总播种面积、人口数、银行存贷款数、社会消费品零售总额等数据来自《中国统计年鉴》（1999～2019 年）、《中国农村统计年鉴》（1999～2019 年）、《中国 60 年统计资料汇编》《中国金融统计年鉴》（1999～2019 年）等；农业综合开发投资、财政补贴、财政支出等数据来自《中国财政年鉴》（1999～2019 年）和《中国统计年鉴》（1999～2019 年）等；生均拥有教师的数据来自《中国统计年鉴》（1999～2019 年）和《中国人口和就业统计年鉴》（1999～2019 年）。因统计项目发生了微调，2015 年及以后的"农村居民人均可支配收入"替代了"农村居民家庭人均纯收入"；"耕地灌溉面积"替代了"有效灌溉面积"。但两类标统计口径差异较小，因此，在数据整理时直接采用"农村居民人均可支配收入"。此外，部分统计数据缺失主要通过查找缺失数据省（区、市）相关网站进行整理，部分缺失数据则用前后两年均值代替。为剔除物价水平变动影响，本章研究以 1998 年为基期，采用价格指数对数据做平减处理。表 4-1 给出主要变量描述性统计结果。

---

① 由于统计数据获取受限，部分省（区、市）的数据不完善，故本章选取的 29 个省（区、市）样本中不含新疆维吾尔自治区和西藏自治区，下面不再赘述。

表 4 - 1 主要变量描述性统计

变量	变量符号	观察值	最小值	最大值	均值	标准差
农民总收入	Y	609	2612.01	310231.75	9526.92	4597.26
工资性收入	Y_1	609	844.80	298092.70	3810.77	1838.90
家庭经营性收入	Y_2	609	549.21	287529.05	5716.15	2758.36
转移性收入	Y_3	609	122.40	6046.35	1905.38	919.45
财产性收入	Y_4	609	283.60	69069.53	2858.08	1379.18
农作物受灾面积	X_1	609	0.12	16283.25	249.54	765.26
农业规模经营水平	X_2	609	0.04	2.67	0.43	0.82
地区工业化水平	X_3	609	0.02	0.91	0.52	0.64
农村市场经济水平	X_4	609	0.01	0.97	0.36	0.58
农民自身素质水平	X_5	609	0.03	2.48	0.62	0.49
农村金融发展规模	X_6	609	0.12	68.23	3.45	4.72
涉农政策调整	X_7	609	0.01	0.36	0.12	0.27

资料来源：国家统计局．中国统计年鉴 2020 ［M］．北京：中国统计出版社，2020.

4.4 实证分析

4.4.1 空间自相关性检验

基于空间相关性考虑，本章研究采用莫兰指数（Moran's Ⅰ）揭示不同地域农民收入空间相关程度。为了定量观察不同地域农民收入的空间相关性，应用 Geoda 软件对不同地域农民总收入和各类收入进行全局莫兰指数分析，计算结果见表 4 - 2。表 4 - 2 中 29 个省（区、市）农民总收入、家庭经营收入、工资性收入、转移性收入、财产性收入的 Moran's Ⅰ 值分别为 0.235、0.198、0.371、0.132 和 0.062，均大于 0。由 P 值可知，各 Moran's Ⅰ 均通过了 5% 的显著性水平检验，因此，不能接受农民总收入、家庭经营收入、工资性收入、转移性收入、财产性收入不存在空间自相关性的原假设。综上所述，本章研究认为上述 5 个变量在空间的分布并不是随机的，而是在整体上呈显著的空间关联性，农民收入具有很强的空间依赖性，可以使用空间计量模型进行方程的拟合。

表 4 - 2   Moran's I 检验

变量	农民总收入方程	家庭经营收入方程	工资性收入方程	转移性收入方程	财产性收入方程
Moran's I	0.235	0.198	0.371	0.132	0.062
Moran's I 统计值	12.342	15.051	27.954	10.098	12.314
P 值	0.0108	0.0037	0.0346	0.0028	0.0069

资料来源：应用 Geoda 软件计算整理所得。

4.4.2 OLS 估计和空间 LM 检验

根据不考虑空间因素的 OLS 估计结果（见表 4 - 3），农民总收入方程、家庭经营收入方程、工资性收入方程、转移性收入方程、财产性收入方程的拟合优度分别为 0.4861、0.3127、0.8043、0.2887 和 0.7424。其中，农作物受灾面积与家庭经营收入成正比，与理论假设不符，且未能通过显著性检验。农业规模经营水平在家庭经营收入方程中的估计系数虽为正，但显著性不高。地区工业化水平对农民总收入和工资性收入的影响不符合预期。农村市场经济水平在家庭经营性收入方程中的估计系数为负，与理论预期不符。而农民自身素质水平在 4 个方程中均为负值，有悖于理论假设。具体选择何种空间计量模型，LM-lag 和 LM-error 检验在 5 个方程里都通过了 10% 的显著性水平检验；5 个方程里稳健性检验的 Robust LM-lag 和 Robust LM-error 检验也基本通过了 10% 的显著性水平检验。结合检验结果，无法确定 5 个方程的空间计量模型，因此，在下面分析中同时提供空间滞后模型和空间误差模型的估计结果。

表 4 - 3　　　　不考虑空间因素的 OLS 估计结果和空间 LM 检验

变量	农民总收入方程（Y）	家庭经营收入方程（Y_1）	工资性收入方程（Y_2）	转移性收入方程（Y_3）	财产性收入方程（Y_4）
C	0.2425 * （ - 0.6874）	- 1.1312 ** （ - 3.1192）	3.7689 （7.6777）	0.1859 * （ - 0.5270）	- 0.8672 （ - 2.3914）
农作物受灾 面积（X_1）	- 0.0046 ** （ - 0.5043）	0.0742 （7.7192）	0.0572 *** （ - 4.3910）	0.0035 *** （ - 0.3866）	- 0.0569 ** （5.91808）
农业规模经营 水平（X_2）	0.1041 *** （ - 5.5587）	0.0588 * （ - 3.0531）	- 0.0598 ** （ - 2.2998）	0.0798 ** （ - 4.2617）	0.0450 （ - 2.3407）
地区工业化 水平（X_3）	- 0.0338 *** （ - 0.2379）	- 0.0253 * （0.1730）	- 0.3981 （ - 2.0137）	0.0259 ** （ - 0.1824）	0.0194 ** （0.1326）
农村市场经济 水平（X_4）	0.0375 ** （1.8610）	- 0.1040 ** （ - 5.0089）	0.3308 ** （11.7626）	0.0287 （1.4268）	- 0.0797 （ - 3.8401）
农民自身素质 水平（X_5）	0.0705 ** （4.2889）	- 0.0338 ** （2.0012）	- 0.0582 （2.5447）	- 0.0541 ** （3.2881）	- 0.0259 ** （1.5342）
金融发展规模 （X_6）	0.0036 * （ - 0.357）	- 0.0109 （1.0471）	0.3242 （22.9351）	0.0027 （ - 0.2737）	- 0.0083 ** （0.8027）
涉农政策调整 （X_7）	0.1964 ** （4.7758）	0.0916 *** （2.1664）	0.2671 ** （4.6652）	- 0.1506 （3.6615）	0.0702 *** （1.6609）
R^2	0.4861	0.3127	0.8043	0.2887	0.7424
Log$L$	20.1102	6.0674	- 147.4251	5.6007	- 136.0846
LM-lag 检验	491.4739 ***	268.0442 *	1152.3216 **	247.4254 ***	1063.6814 **
Robust LM-lag 检验	2636.2381 **	314.1405 ***	1474.7868 *	289.9759 **	1361.3416 ***
LM-error 检验	135.4675 ***	203.2803 ***	714.4719 ***	187.6434 *	659.5119 ***
Robust LM-error 检验	2280.2312 *	249.3766 **	1036.9364 ***	230.1938 ***	957.1721 **

注：***、**、* 分别表示通过 1%、5% 和 10% 水平的显著性检验，括号内数值为系数标准差。

资料来源：笔者根据公式计算所得。

4.4.3　影响农民收入增长与结构变迁因素的空间计量分析

空间相关性结果已说明了不同地域农民总收入和四种收入来源间具有显著的空间依赖性，需要采用空间计量模型进行估计。本章研究同时提供了无固定效应、空间固定效应、时间固定效应和时空固定的空间滞后模型和空间误差模型的估计结果，方程中的空间自回归系数 ρ 和空间误差系数 λ 均通过了显著性水平检验。本章研究选择自然对数似然函数值（LogL）最大的时空固定效应的空间误差模型估计结果进行解释。估计结果显示相邻地区经济发展条件的改善会带来本地区农民收入的增长，不同地区农民收入之间存在显著的空间关联性。

就农民总收入而言，从表 4-4 因变量空间滞后系数来看，本地农民收入增长受邻近地区农民收入变化的影响显著，存在显著的农民收入空间溢出效应。从回归系数来看，农业规模经营水平、地区工业化水平、农村市场经济水平均与农民总收入呈现显著正相关关系。其中，农业规模经营水平显著正相关，表明农业生产经营规模的扩大、农业科技水平的提高能够有效提升农业劳动生产率，激发农业生产的积极性，在增加农业单位产出的基础上还能够保证非农就业增加，促进农民增收。地区工业化水平显著正相关，表明地区工业化水平提高能够加大各类农产品基本原料的需求，扩大农产品销售市场，而且进一步优化调整本地产业结构，吸纳农民工就业，提升农民工资性收入的比重。然而，农作物受灾面积与农民总收入呈现显著负相关关系，说明中国农业基础设施的改善、环境资源的整治能够在一定程度上有利于农民总收入的提升，但幅度仍然有待进一步提高。农村金融发展规模与农民总收入呈现负相关，且显著性不高，说明农村金融发展规模和水平未能对农民收入增加具有显著的促进作用，这有悖于相关理论，可能的解释是当前金融市场的逐利性，金融资本未能惠及广大农村地区，农村金融机构吸纳的存款可能流出了农村地区，今后需要进一步优化农村金融市场改革。涉农政策调整对于农民总收入影响虽然呈现正相关关系，但不是很显著，可能原因是目前涉农政策可能缺乏针对性，政策效率不高，且缺乏精准性，需要进一步调整涉农支出方向。

表 4 - 4   农民总收入空间滞后模型和空间误差模型估计结果

变量	无固定效应		空间固定效应		时间固定效应		时空固定效应	
	SAR	SEM	SAR	SEM	SAR	SEM	SAR	SEM
X_1	0.0470 *	- 0.0643 **	- 0.0068 ***	- 0.0081 **	- 0.0687 **	- 0.0681 **	- 0.0134 **	- 0.0135 ***
X_2	0.0986 **	0.0786 **	0.0812 ***	0.0720 **	0.0777 **	0.0874 **	0.0605 ***	0.0644 **
X_3	0.1160 **	0.1278 **	2.3478 **	2.2625 **	0.0713	0.1073 **	2.0161 **	2.0332 **
X_4	0.0264 ***	0.0505 **	0.0237 **	0.0239 **	0.0509 **	0.0500 **	0.0380 **	0.0366 **
X_5	0.0681 **	0.0558 *	0.0333 ***	0.0272 **	0.0631 **	0.0733	0.0248 **	0.0268 ***
X_6	- 0.0026	- 0.0032 **	- 0.0102 *	- 0.0084 **	- 0.0055 **	- 0.0070 **	- 0.0078 **	- 0.0084 *
X_7	0.1363 **	0.0573 **	0.3045 **	0.3523 **	0.1116 **	0.1549 **	0.3589 **	0.3686 *
ρ	0.9760 **	—	0.7590 ***	—	0.6942 ***	—	0.9295 **	—
λ	—	0.8037 **	—	0.5162 ***	—	- 0.5031 **	—	- 0.9672 **
R^2	0.8053	0.3187	0.3835	0.6294	0.8723	0.8498	0.8250	0.7953
$LogL$	97.3899	85.8817	91.4382	67.5381	32.9944	79.7480	67.5783	47.9651

注：***、**、* 分别表示通过1%、5%和10%水平的显著性检验。
资料来源：笔者根据公式计算所得。

就农民家庭经营收入而言（见表 4 - 5），农作物受灾面积与家庭经营收入呈现反向变动关系，且全部通过1%显著性检验，说明农业生产的自然弱质性仍未得到有效改善。农业规模经营水平与家庭经营收入呈显著的正相关关系，说明农业规模经营水平的提升，有利于家庭经营收入的增加，从而也进一步印证了农业科技和生产经营规模扩大的重要性，单一农户耕种的模式可能不利于农业产出的增加，也会阻碍农民收入改善，因此要因地制宜地加快农村土地流转规模。地区工业化水平与农民家庭经营性收入呈现负相关关系，说明阻碍了家庭经营收入的改善,可能原因是非农就业的增加挤出了农业生产的劳动力投入,部分地区存在较为严重的抛荒现象,也进一步说明土地流转市场的必要性。农村市场经济水平的提高,在一定程度上改善了家庭经营收入水平,但改善力度仍有很大上升空间,要进一步加快市场化改革,提升农产品的市场价值,为农民增收提高市场保障。涉农政策调整与家庭经营性收入呈现负相关关系,与理论预期不符,可能原因是目前涉农政策调整导致无法发挥政策初衷,各类惠农政策落实效果不够到位,影响了其作用的发挥。

表 4 – 5　　农民家庭经营收入空间滞后模型和空间误差模型估计结果

变量	无固定效应		空间固定效应		时间固定效应		时空固定效应	
	SAR	SEM	SAR	SEM	SAR	SEM	SAR	SEM
X_1	– 0.0188 ***	– 0.0257 ***	– 0.0027 ***	– 0.0032 ***	– 0.0275 ***	– 0.0272 ***	– 0.3962 ***	– 0.0054 ***
X_2	0.0395 ***	0.0314 **	0.0325 ***	0.0288 **	0.0311 ***	0.0350 **	0.0242 ***	0.0258 ***
X_3	– 0.0464 **	– 0.0511 *	0.9391 **	– 0.9050 **	0.0285 *	0.0429 ***	– 0.8065 **	– 0.8133 **
X_4	– 0.0106 *	0.0202 **	0.0095 **	0.0095 **	0.0204 *	0.0200 ***	0.0152 **	0.0147 **
X_5	0.0272	– 0.0223 **	0.0133 **	0.0109 **	0.0252 *	– 0.0293 ***	– 0.0099 **	– 0.0107 **
X_6	0.0010 *	0.0013 **	0.0041	0.0033 **	0.0022 **	0.0028 **	0.0031 **	0.0033 ***
X_7	0.0545 **	0.0229 **	– 0.1218 *	– 0.1409 **	0.0446 **	0.0620 **	– 0.0435 **	– 0.0274 **
ρ	0.4815 *	—	0.5265 ***	—	– 0.6013 ***	—	– 0.4669 **	—
λ	—	0.3221 **	—	0.4517 ***	—	0.3399 **	—	0.5560 ***
R^2	0.3831	0.5777	0.8454	0.6909	0.7334	0.6219	0.8698	0.8599
LogL	38.9560	34.3527	236.5753	227.0152	53.1978	55.8992	247.0313	247.1860

注:***、**、*分别表示通过 1% 、5% 和 10% 水平的显著性检验。
资料来源:笔者根据公式计算所得。

就农民工资性收入来看(见表 4 – 6),农作物受灾面积与工资收入呈正相关关系,这说明自然因素使得农业生产经营面临着不确定性,望天收无法保障农民生产积极性,为了提升收入水平,农民不得不离开农业生产经营，转向非农就业。农民自身素质水平与工资性收入呈现正相关关系，自身素质越高的农民越能在非农就业中获得较高的工资报酬收入，说明近年来不断加大的农村教育投入有助于农民收入结构改善，但是也在一定程度上弱化了家庭经营性收入（表4-5），需要今后在政策制定方面适当引导农民在非农就业和农业生产上的合理分配，使得农民增收更加协调发展。地区工业化水平与农民工资性收入呈显著的正相关关系，市场经济体制不断变革，市场经济的飞速发展，引发大量劳动力需求，吸引大量农村劳动力非农就业，提升了农民工资性收入。农业规模经营水平提升也在一定程度上促进了农民工资性收入的增加，成本上升导致农业机械、农业科技等对劳动就业替代逐渐显现，通过机械推广使用，替代了部分农民从事农业生产经营，将进一步减少农业劳动力的数量，再加上外部市场环境的改善，农民越来越多地选择非农就业，工资性收入水平大幅提升。农村金融发展规模与工资性收入呈现显著正相关关系，因为农村金融发展规模扩大能够在一定程度上引起区域经济增长，引致非农劳动力需求的增加，在一定程度上增加非农收入。

表4-6　　农民工资性收入空间滞后模型和空间误差模型估计结果

变量	无固定效应		空间固定效应		时间固定		时空固定	
	SAR	SEM	SAR	SEM	SAR	SEM	SAR	SEM
X_1	0.0141 **	− 0.0193 **	0.0021 **	0.0024 ***	− 0.0206 **	0.0204 **	− 0.2140 ***	− 0.0841 **
X_2	0.0296 *	0.0236 *	0.0244 *	0.0216 **	0.0233 **	0.0262 *	0.0181 ***	0.0193 ***
X_3	0.0348 **	0.0383 **	0.7043 **	0.6788 ***	0.0214 ***	0.0322 **	0.6048 **	0.7199 **
X_4	− 0.0079 ***	− 0.0151 **	− 0.0071 **	− 0.0072 ***	− 0.0153 **	− 0.0150 **	− 0.0114 **	− 0.0110 *
X_5	− 0.0204 **	− 0.0167 ***	− 0.0100 ***	− 0.0082 **	− 0.0189 **	− 0.0220 **	0.0574 **	0.1080 **
X_6	0.0008 **	0.0010 *	0.0031 **	0.0025 **	0.0016 **	0.0021 **	0.0223 **	0.0135 ***
X_7	0.0409	0.0172 *	− 0.0913 **	− 0.1057 *	0.0335 **	0.0465 **	− 0.1077 ***	− 0.1106 **
ρ	0.3228 *	—	0.2877 **	—	− 0.3283 ***		− 0.3388 **	

变量	无固定效应		空间固定效应		时间固定		时空固定	
	SAR	SEM	SAR	SEM	SAR	SEM	SAR	SEM
λ	—	0.3611^*	—	0.3949^{***}	—	-0.4509^{**}	—	-0.3502^{***}
R^2	0.5416	0.8356	0.4151	0.7388	0.6617	0.5549	0.8182	0.7573
$\text{Log}L$	29.2170	25.7645	177.4315	170.2614	39.8983	41.9244	185.2735	185.3895

注：*** 、** 、* 分别表示通过 1% 、5% 和 10% 水平的显著性检验。
资料来源：笔者根据公式计算所得。

就农民转移性收入来看（见表 4 - 7），农作物受灾面积与农民转移性收入呈正相关关系，说明农业生产由于不确定的自然因素影响导致的产出不确定，政府可能会通过各种财政支出的增加来确保农民利益不过度受到损害，维持在极端情况下的农民生产积极性。当前财政资金为引导和改善农业生产经营，国家不断加大涉农支持范围，农业规模经营水平与转移性收入也呈现正相关关系，说明农业生产规模的扩大也在一定程度上拓宽了农民收入水平，各级财政仍然需要通过税收持续减免、农业生产奖补等手段，提升农业规模经营水平。涉农政策调整与农民转移性收入呈现显著的正相关关系，要继续完善对各类农民直补政策，扩大支农覆盖范围，逐步建立农业生产经营补贴长效机制。

表 4 - 7　　农民转移性收入空间滞后模型和空间误差模型估计结果

变量	无固定效应		空间固定效应		时间固定		时空固定	
	SAR	SEM	SAR	SEM	SAR	SEM	SAR	SEM
X_1	0.0113^{**}	0.0154^*	0.0016^{**}	0.0019^*	0.0172^{**}	0.0163^{**}	0.0312^{***}	0.0201^{***}
X_2	0.0237^{**}	0.0189	0.0195^*	0.0173^{**}	0.0186^{**}	0.0210^*	0.0145^{**}	0.0155^{***}
X_3	0.0278	0.0307^*	0.5635^*	0.5430^*	0.0171^*	0.0258^{**}	0.0839^{**}	0.0180^*
X_4	0.0063^*	0.0121^{**}	0.0057^*	0.0057^{***}	0.0122^{**}	0.0120^{***}	0.0091^{**}	0.0088^{***}

变量	无固定效应		空间固定效应		时间固定		时空固定	
	SAR	SEM	SAR	SEM	SAR	SEM	SAR	SEM
X_5	0.0163*	0.0134	0.0080*	-0.0065*	0.0151**	0.0176*	0.0059**	0.0064*
X_6	0.0006**	0.0008**	0.0024*	0.0020**	0.0013*	0.0017*	0.0019***	0.0020***
X_7	0.0327**	0.0138*	0.0731**	0.0846**	0.0268*	0.0372***	0.0861**	0.1085***
ρ	0.2582*	—	0.2302**	—	-0.2626**	—	-0.2710**	—
λ	—	0.2889**	—	0.3159**	—	-0.3608**	—	-0.2801***
R^2	0.6933	0.5765	0.7320	0.7710	0.8094	0.8640	0.9346	0.8932
$LogL$	23.3736	20.6116	141.9452	136.2091	31.9187	33.5395	148.2188	148.3116

注：***、**、*分别表示通过1%、5%和10%水平的显著性检验。
资料来源：笔者根据公式计算所得。

就农民财产性收入来看（见表4-8），农业规模经营水平与农民财产性收入呈现显著正相关关系，原因在于农业规模经营水平提升需要加大土地等生产要素聚集，而农民所拥有的财产要素在市场化改革导向下能最大限度地实现其财产价值，进而实现农民财产性收入增加。通过土地流传等农村集体产权制度改革，推动"三变"改革力度，实现村集体资产的保值增值，并将其细化分配、量化到人，提高农民财产性收入。地区工业化水平与农民财产性收入也呈现显著的正相关关系，主要原因在于外部经济发展良好的地区，在工业土地等要素强烈需求下，附近的农村地区相应要素也会实现价值增加，农民更容易通过市场交易等方式实现财产价值变现，能够更大程度、更大范围地实现财产价值。农村市场经济水平与农民财产性收入也呈现正相关关系，市场交易越活跃，要素越能实现自身价值，因此，要给予农民支配处置各类财产的权利，丰富权利保障机制，为农民财产性收入增加优化路径。以保障农民财产所有权为前提，进行农村金融体制的改革与创新，实现农民财产资本化，并带动财产性收入的长期增长。

表 4 – 8　　　农民财产性收入空间滞后模型和空间误差模型估计结果

变量	无固定效应		空间固定效应		时间固定		时空固定	
	SAR	SEM	SAR	SEM	SAR	SEM	SAR	SEM
X_1	0.0158 **	0.0216 *	0.0023 **	0.0027 **	0.0231 **	0.0229 *	0.0045 **	0.0126 ***
X_2	0.0331	0.0264 *	0.0273 *	0.0242 *	0.0261 **	0.0294 *	0.0203 ***	0.0217 **
X_3	0.0390 *	0.0430 **	0.7889 *	0.7602 *	0.0240 *	0.0361 *	0.0774 **	0.1831 ***
X_4	0.0089	0.0170	0.0080 *	0.0080 **	0.0171 *	0.0168 *	0.0128 **	0.0123 ***
X_5	0.0229 *	0.0187 *	0.0112 **	0.0091	0.0212	– 0.0246 *	0.0083 **	0.0090 *
X_6	0.0009 *	0.0011 *	0.0034 *	0.0028 *	0.0018 *	0.0023	0.0026 *	0.0028 **
X_7	0.0458 **	0.0193 **	– 0.1023 **	– 0.1184 **	0.0375 **	0.0520 ***	0.0206 **	– 0.0138 **
ρ	0.3615 *	—	0.3222 **	—	– 0.3677 **	—	– 0.3794 **	—
λ	—	0.4044 ***	—	0.4422 *	—	– 0.5051 **	—	– 0.3922 ***
R^2	0.5706	0.4071	0.6649	0.5795	0.8931 ***	0.6855	0.7684	0.8271
$\text{Log}L$	32.7230	28.8562	198.7232	190.6928	44.6861	46.9553	194.5063	207.6363

注： *** 、 ** 、 * 分别表示通过 1% 、 5% 和 10% 水平的显著性检验。
资料来源：笔者根据公式计算所得。

4.4.4　直接效应与间接效应分析

研究进一步运用 SDM 模型偏微分法，对变量作用效应进行直接效应和间接效应分解，以便进一步分析自变量对因变量的空间影响程度，结果见表 4 – 9。

表 4 – 9　　　基于 SDM 模型的直接效应和间接效应分解

变量	X_1	X_2	X_3	X_4	X_5	X_6	X_7
	农民总收入方程						
直接效应	– 0.3166 ** (– 0.5729)	0.3490 ** (– 2.5994)	0.6809 ** (6.3981)	0.4367 *** (– 0.6878)	0.1946 ** (– 3.1128)	– 0.2930 * (– 2.18396)	0.4403 *** (7.6772)
间接效应	– 0.1357 * (– 0.4203)	0.1496 * (6.4327)	0.0347 ** (– 3.6592)	0.1871 ** (– 0.5036)	0.0834 * (7.7124)	– 0.1256 ** (5.4034)	0.1887 * (– 4.3904)

续表

变量	X_1	X_2	X_3	X_4	X_5	X_6	X_7
农民总收入方程							
总效用	0.4523*** (−4.6323)	0.4985** (−2.5443)	0.7156** (−1.9165)	0.6238*** (−5.5576)	0.2780*** (−3.0516)	−0.4185* (−2.1312)	0.6290** (−2.2998)
家庭经营收入方程							
直接效应	−0.3799*** (−0.1983)	0.4188*** (0.1442)	0.0971* (−1.6781)	0.5240** (−0.2376)	0.2335*** (0.1734)	−0.3516** (0.1211)	0.5284*** (−2.0172)
间接效应	−0.1628** (1.5509)	0.1795*** (−4.1741)	0.0416** (9.8022)	0.2246** (1.8608)	0.1001* (−5.002)	−0.1507* (−3.5244)	0.2264*** (11.7264)
总效用	−0.5428*** (−3.5741)	0.5983*** (−1.6677)	0.1388** (−2.1206)	0.7486** (−4.8892)	0.3336*** (−2.0124)	0.5022* (−1.4868)	0.7548*** (−2.5472)
工资性收入方程							
直接效应	0.5066*** (−0.2975)	−0.5584** (0.8726)	0.6295*** (19.1126)	0.6987* (−0.357)	0.3114*** (1.0412)	−0.4687* (0.7324)	−0.4045* (22.9312)
间接效应	0.2171** (3.9799)	−0.2393** (1.8054)	0.8155*** (3.8877)	0.2994** (4.7588)	0.1335** (2.1648)	−0.2009 (1.5136)	−0.3019* (4.6624)
总效用	0.7237** (2.6632)	−0.7977** (4.1885)	0.8850*** (−6.4763)	0.9981** (3.1584)	0.4448*** (5.0262)	0.6696* (3.5834)	−0.7064* (−7.7156)
转移性收入方程							
直接效应	0.1900* (−0.9664)	0.2094* (−4.1594)	0.0486* (10.2696)	0.2620* (−1.0968)	0.1168** (−4.0848)	0.1758* (−3.4593)	0.2642*** (12.2852)
间接效应	0.0814** (−0.6248)	0.0897* (10.2232)	0.0208* (−5.8572)	0.1123* (−0.8076)	0.0500* (12.3507)	0.0753* (8.5488)	0.1132*** (−7.0664)
总效用	0.2714* (−7.4168)	0.2991** (−4.0718)	0.0694** (−3.0664)	0.3743** (−8.8916)	0.1668** (−4.5056)	0.2511* (−3.5392)	0.3774*** (−3.1968)
财产性收入方程							
直接效应	0.0633* (−0.3728)	0.0698* (0.2372)	0.0162** (−2.6896)	0.0873* (−0.3736)	0.0389** (0.2864)	0.0586** (0.1048)	0.0881** (−3.2952)

变量	X_1	X_2	X_3	X_4	X_5	X_6	X_7
			财产性收入方程				
间接效应	0.0271* (2.4844)	0.0299** (−6.7856)	0.0069** (15.8352)	0.0374*** (2.9728)	0.0167** (−8.0172)	0.0251 (−5.6094)	0.0377* (18.8224)
总效用	0.0905** (−5.1856)	0.0997** (−2.6832)	0.0231** (−3.1296)	0.1248** (−6.2272)	0.0556** (−3.0194)	0.0837* (−2.3888)	0.1258** (−4.7152)

注：***、**、*分别表示通过1%、5%和10%水平的显著性检验，括号内数值为系数标准差。

资料来源：笔者根据公式计算所得。

农作物受灾面积对农民总收入的影响主要通过家庭经营收入的影响来实现。从其直接效应和间接效应来看，农作物受灾面积对家庭经营收入的负相关回归系数显著，说明农作物受灾面积对于本地和相邻地区农民家庭经营收入的减少均有较大程度的影响。对比直接效应和间接效应可知，农作物受灾面积对于本地农民家庭经营收入的影响更大。农业规模经营水平对农民收入的影响主要通过对家庭经营收入和财产性收入的影响来实现，农业规模经营水平的提升不仅通过规模经济影响家庭经营收入水平，还通过要素市场进一步提高农民财产性收入，由结果可知其对本地收入的直接影响大于其他地区。

地区工业化水平对农民收入的影响主要通过农民工资性收入的提高而实现，其直接效应和间接效应都很显著，说明地区工业化水平的提升能够给农民带来更大的非农就业空间。对比地区工业化水平两种效应发现，其对农民收入的间接效应大于直接效应，说明本地区工业化水平对其他地区农民收入增长的作用更显著。导致其间接效应大于直接效应的原因在于，本地工业化水平的提升会吸引其他地区农民非农就业增加，而增加这些农民的非农就业可以进一步增加其工资性收入。此外，由于地区间经济竞争，本地区高工资会吸附邻近地区的非农就业流入，进而会导致相邻地区为了维持劳动力数量而提高工资待遇。根据"推拉理论"，经济发达地区的工资也相对较高，吸引更多欠发达地区的农民转移参与非农就业，提高非农收入比重。

农村市场经济水平能够直接显著提高本地农民总收入，对农民家庭经营性收入和财产性收入比较显著。农村产品市场和要素市场繁荣活跃，可以确保农业生产经营的市场交换的顺畅，保障市场价值的实现，提升农民收入水平。从间接效应来看，对相邻地区的经营性收入和财产性收入的影响不大，主要是现有政策和制度可能在一定程度上制约了产品和要素市场的跨区域交易。

农民自身素质水平，对本地农民家庭经营收入和工资性收入有显著的正相关关系，农民自身素质水平提高，有助于提升农民收入总水平，有利于提升非农就业档次，提高农业生产经营效率。而农民自身素质水平间接效应显示，其对相邻地区农民总收入显著正相关，相邻地区农民工资性收入因本地区农业生产经营能力提升而提高，本地区经济发展能够为相邻地区农民提供较多就业岗位。农民自身素质水平与农民工资性收入的影响也成正比，随着时代发展的需要，各行业更急需高素质人才，加快农民技能培训，提高农民整体文化素质，是提高农民工资性收入的关键。

农村金融发展规模总体上未能够有效促进本地农民增收，存在一定的漏出效应。大量农村金融资本未能为地区经济发展提供充足的资本，无法形成资金聚集效应。农业生产经营水平的提升需要大量资金投入，但是因农民无法有效获得信贷资本，无法有效提高生产经营水平，导致其增收缓慢。未来要不断加大农村金融市场改革，发挥资金聚集效应，提升金融支农效率，为农民收入结构调整、优化增收提供金融资本保障。

涉农政策调整对于农民总收入增长有一定的正向促进作用，有利于提升转移性收入和农民家庭经营收入水平，但对于工资性收入却呈现阻碍效应。政府涉农支出的增加，在一定程度上改善了农业生产经营环境，提高了农业生产效率，有利于家庭经营性收入水平提升。但却阻碍限制了工资性收入增长，原因在于涉农支出的增加扩大了农业生产经营规模，农业生产经营有利可赚，可能在一定程度上阻碍农民外出参与非农就业的实现。

4.5 研究结论与启示

本章基于中国农民收入增长和收入结构调整的现实，通过构建影响农民收入增长和结构变化影响因素的空间自回归模型和空间误差模型，并将其影响效果分解为直接效应和间接效应，探讨影响因素农民收入变化的方向和程度。通过实证研究得出结论：一是农业规模经营水平、农村市场经济水平等因素的改善能够有效促进家庭经营收入的改善，地区工业化水平、农民自身素质等因素显著提升工资性收入，转移性收入主要受到金融规模、政府干预的影响，财产性收入受农村市场经济水平和地区工业化的影响显著；二是不同地域农民收入及其四大来源构成均具有明显空间关联性，影响不同地域、不同收入来源类型的因素存在显著空间差异。

从目前的实际情况看，实行单一、全局的农民增收政策，可能难以满足农民对收入增长和收入结构优化的需求，地区农民收入不平衡的格局将在未来一段时期持续存在，进而需要结合各地区经济发展的实际差异化制定政策。本章研究的政策启示包括以下四个方面：

第一，加强自然环境整治与保护投入，全面提升农业规模经营水平。不断创新农业生产经营保险类产品，减少自然和市场因素对农业生产经营的不确定性影响。脱离农业发展的农民增收无法持续，农民增收仍然需要在农业上有所突破。加强农业机械的推广及农业技术指导，提高农业生产效率和效益，做好节本增效，未来一段时间需要持续发挥农业科技效应，通过土地流转等形式，扩大农业生产规模，延长农产品价值链，提高农业生产经营效益。

第二，优化地区产业布局，全面提升地区工业化水平。通过结构转型升级，壮大实体经济，拓宽就业渠道，因地制宜持续转移农业就业人口，就地解决农民非农就业需要依靠地区产业发展水平的提高，提升农民工资性收入。离土不离乡，因地制宜发展具有当地优势产业，避免雷同产业布局，加大对农民培训力度，引导农民就地就业，增加其工资性收入。

第三，破除制度障碍，提升农村市场经济水平，发挥金融溢出效应。通过明晰各类产权，赋予农民更多的财产权利，完善农村产权交易制度，激活农村沉睡资产，保障农民财产在市场交易获得应有价值水平。要通过金融制度改革，提升农业生产经营中的金融资本规模，减少金融漏出效应。大力支持返校农民创业创新，激活潜能，通过各类政策激励更多懂经营、会管理的人才扎根农村，增加返乡农民的家庭经营性收入和工资性收入。

第四，合理合法发挥政府效能，完善各类涉农政策。通过合理的制度设计，完善农业补贴制度，有效提升农民转移性收入水平。进一步优化调整土地制度和金融制度，最大限度地实现农民财产价值。协调不同地区涉农政策，减少地区间的政策竞争，避免短视行为，切实长效提升农民收入。因此，在加快推进城乡市场一体化发展基础上，着力提高农村生产力的发展，培育农业竞争力，最终才能从根本上确保农民收入的持久有效增加。

4.6 本章小结

基于农民收入增长结构调整的现实问题，利用 1998～2018 年中国 29 个省（区、市）的面板数据，通过空间滞后模型、空间误差模型、空间效应分解模型进行实证检验。研究表明：制约农民总收入增长及四大来源调整的因素具有显著的空间影响，呈现空间溢出效应；收入来源结构在空间地域上相互影响，农民收入提高受其他地域经济发展环境影响。本章研究提出未来一段时间内，要全面提升农业规模经营水平，提高农村市场经济水平，进一步优化地区产业布局，提升地区工业化水平，破除制度障碍，合理合法发挥政府效能，完善各类涉农政策。

参 考 文 献

［1］陈亮，陶冶．中国农村二元金融发展对农民收入影响的再考察——基于正规金融与非正规金融视角［J］．财经理论与实践，2017，38（1）：42-48．

［2］杜江，张伟科，范锦玲．农村金融发展对农民收入影响的双重特征分析——基于面板门槛模型和空间计量模型的实证研究［J］．华中农业大学学报（社会科学版），2017（6）：35-43，149．

［3］何蒲明．农民收入结构变化对农民种粮积极性的影响——基于粮食主产区与主销区的对比分析［J］．农业技术经济，2020（1）：130-142．

［4］贾晋，李雪峰．"富人治村"是否能够带动农民收入增长——基于CFPS的实证研究［J］．农业技术经济，2019（11）：93-103．

［5］姜长云．当前农民收入增长趋势的变化及启示［J］．人民论坛·学术前沿，2016（14）：46-57，79．

［6］姜会明，孙雨，王健，吉宇琴．中国农民收入区域差异及影响因素分析［J］．地理科学，2017，37（10）：1546-1551．

［7］金丽馥，史叶婷．乡村振兴进程中农民财产性收入增长的瓶颈制约和政策优化［J］．青海社会科学，2019（3）：87-93．

［8］康江江，宁越敏，魏也华，武荣伟．中国集中连片特困地区农民收入的时空演变及影响因素［J］．中国人口·资源与环境，2017，27（11）：86-94．

［9］李谷成，李烨阳，周晓时．农业机械化、劳动力转移与农民收入增长——孰因孰果？［J］．中国农村经济，2018（11）：112-127．

［10］李琪，唐跃桓，任小静．电子商务发展、空间溢出与农民收入增长［J］．农业技术经济，2019（4）：119-131．

［11］李晓龙，郑威. 农民收入影响因素的理论、实证与对策［J］. 中国农业资源与区划，2016，37（5）：90 - 95.

［12］刘进，赵思诚，许庆. 农民兼业行为对非农工资性收入的影响研究——来自 CFPS 的微观证据［J］. 财经研究，2017，43（12）：45 - 57.

［13］刘俊文. 农民专业合作社对贫困农户收入及其稳定性的影响——以山东、贵州两省为例［J］. 中国农村经济，2017（2）：44 - 55.

［14］罗东，矫健. 国家财政支农资金对农民收入影响实证研究［J］. 农业经济问题，2014，35（12）：48 - 53.

［15］马轶群，孔婷婷. 农业技术进步、劳动力转移与农民收入差距［J］. 华南农业大学学报（社会科学版），2019，18（6）：35 - 44.

［16］冒佩华，徐骥. 农地制度、土地经营权流转与农民收入增长［J］. 管理世界，2015（5）：63 - 74，88.

［17］潘文轩，王付敏. 改革开放后农民收入增长的结构性特征及启示［J］. 西北农林科技大学学报（社会科学版），2018，18（3）：2 - 11.

［18］庞新军，冉光和. 传统城镇化与就地城镇化对农民收入的影响研究：基于时变分析的视角［J］. 中国软科学，2017（9）：91 - 98.

［19］朋文欢，黄祖辉. 农民专业合作社有助于提高农户收入吗？——基于内生转换模型和合作社服务功能的考察［J］. 西北农林科技大学学报（社会科学版），2017，17（4）：57 - 66.

［20］王留鑫，洪名勇. 农业分工对农民收入增长的影响效应研究［J］. 统计与决策，2018，34（23）：106 - 109.

［21］王鹏飞，彭虎锋. 城镇化发展影响农民收入的传导路径及区域性差异分析——基于协整的面板模型［J］. 农业技术经济，2013（10）：73 - 79.

［22］王小华，温涛. 农民收入超常规增长的要素优化配置目标、模式与实施［J］. 农业经济问题，2017，38（11）：30 - 39，110 - 111.

［23］王小华，温涛，王定祥. 县域农村金融抑制与农民收入内部不平等［J］. 经济科学，2014（2）：44 - 54.

［24］邬德林，刘凤朝. 农业技术创新促进农民收入稳定增长的困境与对策［J］. 经济纵横，2017（2）：115 - 119.

［25］肖龙铎，张兵. 金融可得性、非农就业与农民收入——基于 CHFS 数据

的实证研究 [J]. 经济科学, 2017 (2): 74 – 87.

[26] 徐宪红, 纪宏. 新常态经济下我国农民收入来源变动趋势预测 [J]. 理论月刊, 2016 (1): 127 – 132.

[27] 许秀川, 温涛. 经济增长、产业贡献与农民收入增长波动——基于宏观收入分配计量模型与谱分析的实证 [J]. 中国农业大学学报, 2015, 20 (3): 251 – 257.

[28] 杨子, 马贤磊, 诸培新, 马东. 土地流转与农民收入变化研究 [J]. 中国人口·资源与环境, 2017, 27 (5): 111 – 120.

[29] 姚旭兵, 罗光强, 黄毅. 区域异质性: 农村人力资本与农民收入增长 [J]. 华南农业大学学报 (社会科学版), 2015, 14 (3): 79 – 91.

[30] 张红宇. 新常态下的农民收入问题 [J]. 农业经济问题, 2015, 36 (5): 4 – 11.

[31] 张荣. 我国农村金融发展对农民收入增长的影响研究——基于2003—2014 年数据的实证分析 [J]. 技术经济与管理研究, 2017 (2): 119 – 123.

[32] 赵霞, 万长松, 徐永锋. 欠发达地区农民收入的影响因素及空间溢出效应研究——以甘肃省为例 [J]. 兰州财经大学学报, 2019, 35 (3): 36 – 47.

[33] 赵勇智, 罗尔呷, 李建平. 农业综合开发投资对农民收入的影响分析——基于中国省级面板数据 [J]. 中国农村经济, 2019 (5): 22 – 37.

[34] 周振, 张琛, 彭超, 孔祥智. 农业机械化与农民收入: 来自农机具购置补贴政策的证据 [J]. 中国农村经济, 2016 (2): 68 – 82.

第5章 要素市场扭曲下中国农民收入地域差异及其影响因素

5.1 问题的提出

中国农业、农村、农民问题的核心是实现农民高水平共同富裕，保障农民收入持续增长。而中国地域广阔，自然、社会、经济等条件存在不同程度上的差异，导致不同地域经济发展不平衡问题日益突出。不同地域农民收入因其所处的市场环境、社会经济等因素存在显著差异，进一步扩大了农民收入地域差距。当前及今后一段较长时间内，制定加快农业农村发展的各类政策都要以促进农民长效均衡增收为出发点和落脚点，通过增加农业经营性收入、非农就业工资性收入、其他收入等多个增收途径切实提升农民收入水平，让不同地域农民实现收入有效均衡增长，不断缩小农民收入地域差异。

中国农民收入问题不仅与收入的形成、分配密切相关，还受到制度变迁、经济发展等多方面因素影响。二元经济结构制约着农民增收潜力，资本、技术、土地等要素资源制约了农业产出增长，农民增收缓慢的深层次原因是制度缺陷，而现有不完善的农村市场体制又增加了农民持续增收的风险。改革开放以来，中国要素市场化改革虽取得了一定成效，但要素市场扭曲现象仍然在一定范围内存在，不同地域要素市场化改革进程的差异引发了农民收入幅度的显著差异，制约着不同地域农民收入持续均衡增长，进而拉大了农民收入的地域差异。

中国经济结构正从传统的二元结构转型到现代的一元经济结构，经济结构转型为农民收入有效均衡增长提供了良好的外部条件，因此，今后需要通过加大资本市场、劳动力市场、土地市场等要素市场改革，提高各类要素配置效率，改善分配格局，确保不同地域农民收入同步协调增长。

农民增收问题引起了国内外学者广泛关注，研究指出农民增收缓慢是受农产品市场制约（D. GaleJohnson，2002；韩俊，2009），制度是影响农民收入增长的重要因素（Gregory Veeck，2004；陈锡文，2017；史清华等，2011），农民增收难是现代国家发展中面临的共同难题（Iddo Kan，2006；宋洪远，2016）。地域经济总量增长为农民增收奠定物质基础（刘俊杰等，2015），但是存在一定时滞效应（高梦滔等，2007），城乡分割的农业农村经济结构不合理也阻碍了农民增收空间（王轶等，2018）。

近年来中国农民收入虽呈快速增长趋势，但农民收入地域差距也被拉大（钟钰等，2012），农民收入水平和地区差异受自身与外界条件多重因素的影响（关浩杰，2013），使得农民收入地域均衡增长成为研究热点（史本林等，2012）。现有缩小区域间农民收入差距的研究，大多关注自然资源禀赋（王春超，2011）、生产要素拥有量（穆红梅，2016）、发展战略的差异性（陈英乾，2004）等，不同地域农民收入存在地区贡献程度差异现象（崔晓娟等，2019）。刘长庚等（2012）、李谷成等（2018）的研究得出涉农政策调整、农业产业结构变革等能够通过优化农民收入构成的路径实现农民增收，进而能够持续缩小不同地域农民收入差异的结论，同时提出要突出增加农民财产性收入的重要性。也有学者从地区或地理特征视角，将农民收入地域差距直接分解为地区内收入差距和地区间收入差距（万广华等，2008；王丽纳等，2019），考察其对不同地域农民收入差异贡献（马轶群等，2019）。

对农民收入地域均衡增长问题研究，不能停留于对其各种因素分解上（许经勇，2008），还需紧扣其所处的市场化环境探讨农民参与市场化进程中所需要素的配置状况（王小华等，2017；苏岚岚等，2019）。中国农民已成为市场化或者正在市场化的农户（武拉平，2020），二元经济结构转变带动农民增收的关键在于要素市场发育和体制改革（周传豹等，2017）。现有相关研究指出，要素投入与农民增收存在较大关联（黄祖辉等，2009），尤其是劳动力市场改革滞后直接制约了农民充分利用市场机制促进增收（王德文，2010），应采取完善要素市场配置体制促进农民增收（徐志刚等，2017）。

现有研究对农民增收制约因素、收入地域不平衡等展开了深入探讨，却少有文献关注农民所处市场环境，尤其是不同地域要素市场发育状况与农民收入地域差异间的关系，缺乏要素市场扭曲下农民收入地域差异的变动及成因等相关问题。鉴于此，本章研究将基于回归方程的 Shapley 值分解方法测算要素市场扭曲等变量对农民收入地域差异的形成、影响及其贡献度，并解释农民收入地域差异成因，为采取有效措施促进不同地域农民收入平衡增长提供新的决策依据。

5.2　理论分析、研究方法和数据说明

5.2.1　理论分析

基于按劳分配与按生产要素分配相结合制度，农民收入实质是生产关系中的初次分配和再分配问题，涉及农民所拥有的各类生产要素数量和要素市场交易机制。农民增收由特定生产关系下的要素贡献数量与效率决定的，初次分配受其拥有的资本、土地、劳动力等生产要素价值影响，再分配取决于国家宏观经济调控政策。约翰逊（2004）指出，农民福利与其所拥有的人力、物质和金融等有形资源数量、质量相关，还与资本市场、土地市场、劳动力等要素市场的运作机制和效

率密切相关，要素市场的运作效率改善是农民福利改善的前提。完全竞争市场条件下，要素价格会按照市场自由交易规则达到均衡状态，获得要素本身应有的价值，因此，要素报酬差距不会存在扩大趋势，会随着要素供需关系的调整而缓和。

农民收入的本质是在一定生产关系下通过投入各类生产要素所作的贡献而获得相应报酬。农民收入来源呈现多元化变动趋势，不同地域农民收入来源构成比例存在显著差异，要素按其贡献大小参与收入分配逐渐被社会所接纳。然而，中国要素市场改革明显慢于产品市场，要素市场扭曲将在一段时间内存在，近期虽有所降低但尚未完全消除。中国要素市场化改革进程滞后，各类要素市场机制尚未完全建立，资本市场、土地市场、劳动力等市场因素存在的各类扭曲打破了原有完全市场下的自动平衡机制，市场交易机制被人为干扰，要素所有者获得的报酬无法体现其自身价值，要素交易价格也无法反映要素需求。要素配置普遍采取计划统筹与市场交易相结合的特殊方式，各类制度制约着要素配置和价值实现。不同地域市场经济发育水平存在差异，制度性障碍使得要素市场存在严重分割状况，影响着要素所有者的要素报酬收入，导致不同地域相同要素出现报酬差异。不同地域借助偶然因素、地理区位、政策制度倾斜等特殊条件在经济增长上呈现空间差异，欠发达地区的资本、劳动等要素会被吸引到发达地区实现其应有的市场价值。市场扭曲下的要素供需关系被打破，各类制度性障碍的存在使得要素难以获得市场报酬，进而影响了欠发达地区要素所有者的收入，最终导致要素所有者报酬存在显著的地域差异。目前，中国资本、劳动力、土地等要素市场均在一定程度上存在严重的扭曲，不仅有损市场经济效率，也同时影响参与要素收入分配的公平性，是不同地域农民收入差距扩大的根源。

基于上述分析，农民收入增长实质上是一种典型的投入产出关系：

$$Y = A \times F(K, L, S) \qquad (5-1)$$

式（5-1）中，Y 代表农民收入，A 代表各类要素资源的配置效率，K 代表资本或资金，L 代表农民劳动力，S 代表农村土地。某一地域因自然、政策等原因会导致某类要素资源供给存在稀缺，进而导致其市场价格较高，引发其他地域要素流入到该地区，降低该地区同类要素的市场价格。同时资本、劳动力、土地等要素随机组合在一起，会形成多种生产要素聚集状态，不同生产要素配置方式所形成的要素集聚效率差异，导致收入存在差异化增长。农民持续有效增收是不同地域、不同要素所有者、不同市场制度下的各类要素聚集、分配的选择结果。由于不同地域农业农村各类资源数量存在差异，不同地域不同的要素组合和要素配置状态也会出现空间异质性，进而共同决定了要素报酬的不同，最直观的体现就是不同地域农民收入存在显著差异。

5.2.2　研究方法

5.2.2.1　农民收入区域差异测度方法

由于常见收入分配不平等程度测度指标对于基础数据敏感性不同，为客观、精确测算不同地域农民收入差异及其变化，本章研究选取基尼系数（GINI）、泰尔指数（Theil）和对数离差值（MLD）综合量化分析。基尼系数对处于中等收入水平的农民收入数据变化较为敏感，泰尔指数对处于较高收入水平的收入数据变动较为敏感，而对数离差值则对处于较低收入水平的数据变动较为敏感。三大衡量收入差异的指标值介于 0 和 1 之间，指标值越大表示不同地域的收入差异越大，收入不平等程度越高。基尼系数（Gini）是在洛伦兹曲线基础上演变出的指标，泰尔指数（Theil）与对数离差均值指数（MLD）是广义熵指数的特殊形式，具体指标构建如下式所示：

$$\text{Gini} = \frac{\sum_{i=1}^{n} \sum_{j=1}^{n} |y_i - y_j|}{2n^2 \bar{y}} \tag{5-2}$$

$$\text{Theil} = \sum_{i=1}^{n} P_i \frac{y_i}{\bar{y}} \ln\left(\frac{y_i}{\bar{y}}\right) \tag{5-3}$$

$$\text{MLD} = \sum_{i=1}^{n} p_i \ln\left(\frac{\bar{y}}{y_i}\right) \tag{5-4}$$

式（5-2）、式（5-3）、式（5-4）中 y_i 和 y_j 分别表示第 i 个和第 j 个样本省份农民收入，本章研究主要指农民家庭收入总水平，采用农村居民家庭人均可支配收入指标来衡量，该指标是按照农村居民家庭常住人口计算的一个平均指标，是其家庭所有成员的平均收入。$\bar{y}$ 表示样本省份农民平均收入，n 表示样本省份的数量，p_i 表第 i 样本省份农村人口数量占全国农村人口数量的比重。

5.2.2.2 基于 Shapley 分解法的农民收入区域差异影响因素分解

为深入分析不同地域农民收入差异成因，在运用 Shapley 值分解法之前，基于式（5-1）以要素市场扭曲、农村人力资本、农村金融发展规模、农业贸易开放度、农业规模经营水平、地区工业化水平、涉农政策调整等影响因素为解释变量，以农民收入为被解释变量，构建农民收入决定模型方程。不同地域农民收入变化影响因素各异，研究仅考察上述七大影响因素在农民收入地域差异形成中的机制与影响路径，建立如下面板数据模型：

$$Y = \alpha + \sum_{i=1}^{7} \beta_i X_i + \mu \tag{5-5}$$

式（5-5）中，Y 为 28 个省（区、市）农民总收入，X 为农民收入的七大影响因素，μ 表示未纳入模型变量之外的其他可能影响因素。基于 Shapley 值的农民收入差异影响因素分解方法是肖罗克斯（Shorrocks，1999）首创的分解收入不平等方法，其以式（5-5）回归方程结果为基础，综合使用农民收入的基尼系数（GINI）、泰尔指数（Theil）和对数离差值（MLD）等指标，通过加权平均计算三大差异指数的平均贡献率，能够得到研究所关注的七大影响因素对农民收入的贡献度和贡献率大小，并按照总体年均贡献率高低对其贡献度进行排序，从而明确导致不同地域农民收入差异的七大因素的相对重要性。

5.2.3 变量选择与数据来源

5.2.3.1 变量选择

要素市场扭曲：借鉴施炳展等（2012）、尚晓晔（2015）等研究，采用C－D生产函数估计1997～2018年中国资本市场和劳动力市场扭曲，并采用1997～2018年住宅用地价格与工业用地价格之比作为衡量土地要素扭曲的量化指标，本章研究将采用资本市场、劳动力市场和土地市场三大要素扭曲值的平均值来衡量。农村人力资本：以农村平均受教育程度进行计算得到农村人力资本变量，根据地区农村居民家庭劳动力受教育状况计算得到各地区农村人力资本情况。0×文盲半文盲＋6×小学程度＋9×初中程度＋12×高中程度＋12×中专程度＋15.5×大专及以上程度，其影响着占农民总收入比重最大的工资性、家庭经营性的收入变化，其与农民收入总量增长密切相关。农村金融发展规模：采用农村存贷款之和占第一产业国内生产总值的比重表示农村金融发展规模，由于农村金融发展相比于城市金融，其发展过于缓慢，已成为影响我国农村经济进一步发展和城乡二元结构转变的消极因素之一，不同地域金融发展成为现代农村经济增长的核心。农业贸易开放度：以根据当期汇率转换为人民币的进出口农产品总值与地区生产总值比值进行计算。农业规模经营水平：以农业机械总动力与地区耕地面积之比表示地区农业机械化程度，用以衡量农业规模经营水平，因其水平高低很大程度上依赖于农业机械化程度，机械化程度提高会提升农业生产效率。地区工业化水平：采用第二产业增加值占地区生产总值比重来表示，地区工业化不仅影响着地区资本总体报酬，还影响劳动力就业结构调整和土地资源的供需，是农民收入增长的保障。涉农政策调整：采用政府涉农财政支出与地区生产总值之比表示，政府因势利导干预农业生产经营，可能在一定程度上弥补市场机制缺陷，但也可能导致市场扭曲进一步加剧，引致资源错配，降低要素配置效率。

5.2.3.2　数据来源

受部分变量数据可获性制约，研究选取 28 个省（区、市）1997 ~ 2018 年数据进行分析。其中，农村居民家庭人均可支配收入、农林牧渔总产值、年底第一产业从业人员数、农作物总播种面积、人口数、银行存贷款数、农村居民家庭劳动力受教育状况、进出口商品总值等数据来自《中国统计年鉴》（1998 ~ 2019 年）、《中国农村统计年鉴》（1998 ~ 2019 年）、《中国 60 年统计资料汇编》《中国金融统计年鉴》（1998 ~ 2019 年）等；农业综合开发投资、财政补贴、财政支出等数据来自《中国财政年鉴》（1998 ~ 2019 年）和《中国统计年鉴》（1998 ~ 2019 年）等。此外，部分统计数据缺失主要通过查找缺失数据省（区、市）相关网站进行整理，部分缺失数据则用前后两年均值代替。为剔除物价水平变动影响，本章研究以 1997 年为基期，采用价格指数对数据做平减处理。在进行方程估计时，出于消除异方差的考虑，对所有变量取对数进行计算。

5.3　实证结果分析

5.3.1　农民收入区域差距变动

依据式（5 - 2）、式（5 - 3）、式（5 - 4）计算出的农民收入差异变动结果详见表 5 - 1。1997 ~ 2018 年农民收入基尼系数持续保持在 0.35 左右；2004 年基尼系数最低，2015 年最高，分别为 0.3124

和 0.3839，处在收入差距合理范围之内。结果显示中国近 20 年来农民收入差距相对较小，虽然有所波动，但是总体数值不断呈现上升趋势，趋向于国际收入差距警戒线。王小华（2019）指出农民增收的源泉已发生根本变化，由单一家庭经营性收入转变为主要以工资性收入为主，其他收入来源并存的多元化收入结构，农民收入增长来源逐渐走向多元化。不同地域经济发展水平差异引致了工资性收入差异，其已成为农民收入差距扩大的主要影响因素之一，非农就业获得的收入是导致农民收入差距的主要因素。

表 5 – 1　　　　　　　　　中国农民收入的地区差异

年份	基尼指数	泰尔指数	对数离差值	年份	基尼指数	泰尔指数	对数离差值
1997	0.3285	0.1971	0.1314	2008	0.3404	0.2042	0.1362
1998	0.3369	0.2021	0.1348	2009	0.3609	0.2165	0.1444
1999	0.3361	0.2017	0.1344	2010	0.3505	0.2130	0.1420
2000	0.3451	0.2071	0.1380	2011	0.3656	0.2194	0.1462
2001	0.3504	0.2102	0.1402	2012	0.3636	0.2182	0.1454
2002	0.3522	0.2113	0.1409	2013	0.3789	0.2274	0.1516
2003	0.3576	0.2146	0.1430	2014	0.3728	0.2237	0.1491
2004	0.3124	0.2054	0.1370	2015	0.3839	0.2303	0.1536
2005	0.3170	0.2022	0.1348	2016	0.3818	0.2291	0.1527
2006	0.3149	0.2009	0.1340	2017	0.3789	0.2274	0.1516
2007	0.3352	0.2011	0.1341	2018	0.3728	0.2237	0.1491

资料来源：笔者根据《中国统计年鉴》（1998～2019 年）等数据计算得到。

5.3.2　农民收入回归方程的回归结果分析

研究基于 F 统计值、LM 检验及 Hausman 检验，选择固定效应。同时使用 Wooldridge 检验、Pesaran 检验、Wald 检验，结果表明，同时存在异方差、自相关和截面相关等问题，因此，研究最终选用全面广义最小二乘法（FGLS）对计量模型进行估计。表 5 - 2 给出了模型 FGLS 估计结果，同时为了对比，表 5 - 2 分别列出了 OLS、FE、RE 等回归结果。基于以上检验分析，最终选择模型 FGLS（4）估计结果得出研究估计方程。

表 5 - 2　　　　　　　　　　　　　模型回归结果

变量	OLS（1）	FE（2）	RE（3）	FGLS（4）
要素市场扭曲 （SCNQ）	- 0.0357 ** （0.0060）	- 0.0243 ** （0.0081）	- 0.0223 * （0.0224）	- 0.0261 *** （0.0000）
农村人力资本 （RLZB）	0.0089 ** （0.0079）	0.0263 * （0.0152）	0.0649 ** （0.0087）	0.0269 *** （0.0000）
农村金融发展规模 （JRFZ）	0.0717 （0.2631）	0.0664 ** （0.0059）	0.0723 * （0.0126）	0.0160 * （0.0291）
农业贸易开放度 （MYKF）	0.0306 * （0.0326）	0.0208 ** （0.0065）	0.0478 （0.1103）	0.0416 * （0.0222）
农业规模经营水平 （GMJY）	0.0125 ** （0.0084）	0.0141 ** （0.0072）	0.0397 *** （0.0000）	0.0115 *** （0.0000）
地区工业化水平 （GYH）	0.0471 （0.1282）	0.0401 ** （0.0063）	0.0709 ** （0.0086）	0.0548 *** （0.0000）
涉农政策调整 （SNZC）	0.0123 * （0.0181）	0.02517 ** （0.0056）	0.0389 （0.2154）	0.0522 * （0.0392）
C	1535.5440 ** （0.0073）	1878.2080 * （0.0281）	1459.9600 ** （0.0078）	1402.7440 *** （0.0000）
R^2	0.7652	0.8439	0.8317	0.8286
AIC	327.71	253.96	—	—

注：表中 ***、**、* 分别表示通过 1%、5%、10% 的显著性检验，括号内数值为系数标准差。

资料来源：笔者根据公式计算所得。

表 5 - 2 模型 FGLS（4）回归结果的变量系数基本符合预期，要素市场的扭曲制约了农民收入增长，其他相关因素都显著增加了农民收

入，同时变量系数均在 5% 水平上显著，说明回归结果稳健。同时，全面广义最小二乘法（FGLS）模型的拟合优度 $R^2 = 0.8286$，表明模型能够较好解释变量间的关系。

从具体影响因素看，要素市场扭曲对农民收入增长呈现抑制效果，系数为 -0.0261，且在 0.1% 水平下显著，说明只有不断优化要素市场运行机制，改善要素市场环境，确保要素市场扭曲数值下降才能带来农民收入改善。这和杨柳（2012）的研究观点相一致，因此，要不断加快要素市场改革进程，加速农村资本、劳动力、土地等要素市场均衡发展，拓宽农民增收渠道。农村人力资本能够显著增加农民收入，可能路径是通过自身素质的提升，能够在一定程度上增加非农务工收入，同时，也有能力应用农业新技术，提高农业生产效率，带动农业收入增长。农业规模经营水平显著提高了农民收入，原因在于通过家庭资源配置重组改善了要素投入效率，通过土地流转，扩大了农业生产经营规模，实现了农业生产规模效益和要素配置双重效应，与此同时，机械化水平的提升能够释放部分农业剩余劳动力从事非农工作，改善农民收入来源结构。地区工业化水平能够显著增加农民收入，源于地区工业化快速发展，能吸纳农业富余劳动力参加非农就业，也能提高农业初级产品收购价格，带动农民收入总水平显著增长。

表 5－2 结果显示，农村金融发展规模虽然能在一定程度上增加农民收入，但是显著性不高，说明增收效果不明显，源于农村金融发展规模和效率无法有效推动农民收入增长。农业贸易开放度有助于农民增收，但仅在 5% 水平上通过显著性检验，增收效果不显著是由于连续多年农产品贸易逆差所形成的农业贸易格局挤占了农业发展的增收效果，说明现有农业国际竞争力不强，农民通过国际市场交换无法改善其收入。涉农政策调整系数符号为正但显著性不高，农民增收效应不大，原因在于现有涉农政策无法有效满足不同地域农民增收的迫切需要，涉农政策可能存在错配。

5.3.3 分解结果

表 5 - 2 中 FGLS（4）模型回归结果表明，要素市场扭曲、农村人力资本、农村金融发展规模、农业贸易开放度、农业规模经营水平、地区工业化水平、涉农政策调整等因素均对农民收入变动有显著影响。由于地域差异显著，不同地域相关影响因素有较大差异，这些因素的差异引致了农民收入地域差异。本章研究涉及的七大因素对不同地域农民收入差异贡献如何，需要借助 Shapley 值分解展开进一步探讨。表 5 - 2 中的 FGLS（4）模型系数都在 5% 水平上通过显著性检验，基本符合 Shapley 值分解要求，故选择该模型作为 Shapley 值分解的回归函数：

$$\ln(Y) = 1402.7440 - 0.0261SCNQ + 0.0269RLZB + 0.0160JRFZ +$$
$$0.0416MYKF + 0.0115GMJY + 0.0548GYH + 0.0522SNZC$$

$$(5 - 6)$$

本章研究选用 LIMDEP 计量软件进行农民收入 Shapley 值的分解和运算，结果见表 5 - 3 和表 5 - 4。

表 5 - 3、表 5 - 4 中农民收入影响因素贡献分解结果显示，除了涉农政策调整缩小了收入地域差异之外，其余六大变量都在一定程度上造成农民收入增长地域差异。要素市场扭曲对农民收入地域差异影响最大，总体平均数为 0.415，排在第 1 位，说明农民收入地域差异主要由要素市场扭曲造成，是农民收入地域差异扩大的原因之一。要素市场扭曲对农民收入地域差异的平均贡献率由 1997 年的 0.527，逐年下降至 2018 年的 0.318，说明随着要素市场改革进程不断加快，要素市场扭曲对农民收入地域差异的影响度在下降，也说明缩小农民收入的地域差异，不断培育欠发达地区要素市场活力，恢复市场机制在要素资源配置中的基础地位对农民收入地域平衡增长非常关键。

表5-3

1997~2018年影响变量分解结果

年份	1997	1998	1999	2000	2001	2002	2003	2004	2005	2006	2007
要素市场扭曲	0.527	0.508	0.516	0.531	0.523	0.492	0.512	0.406	0.425	0.378	0.443
农村人力资本	0.269	0.283	0.209	0.277	0.214	0.315	0.275	0.232	0.216	0.331	0.203
农村金融发展规模	0.092	0.102	0.078	0.116	0.168	0.095	0.149	0.127	0.099	0.118	0.134
农业贸易开放度	0.303	0.257	0.163	0.313	0.125	0.067	0.101	0.134	0.121	0.219	0.107
农业规模经营水平	0.075	0.165	0.102	0.193	0.108	0.178	0.153	0.253	0.186	0.249	0.116
地区工业化水平	0.127	0.186	0.284	0.137	0.235	0.158	0.242	0.199	0.227	0.141	0.293
涉农政策调整	-0.393	-0.501	-0.352	-0.567	-0.373	-0.305	-0.432	-0.351	-0.274	-0.436	-0.296

年份	2008	2009	2010	2011	2012	2013	2014	2015	2016	2017	2018
要素市场扭曲	0.366	0.473	0.372	0.344	0.386	0.299	0.324	0.352	0.327	0.312	0.318
农村人力资本	0.254	0.334	0.153	0.315	0.242	0.236	0.206	0.184	0.221	0.273	0.224
农村金融发展规模	0.087	0.094	0.109	0.143	0.107	0.052	0.068	0.049	0.048	0.051	0.043
农业贸易开放度	0.143	0.139	0.211	0.111	0.088	0.013	0.072	0.126	0.105	0.112	0.119
农业规模经营水平	0.279	0.158	0.204	0.102	0.136	0.188	0.197	0.127	0.184	0.161	0.253
地区工业化水平	0.254	0.237	0.348	0.291	0.322	0.331	0.376	0.395	0.361	0.352	0.337
涉农政策调整	-0.383	-0.435	-0.397	-0.306	-0.281	-0.119	-0.243	-0.233	-0.246	-0.261	-0.294

资料来源：笔者根据《中国统计年鉴》（1998~2019年）等数据计算得到。

表 5 - 4   总体年均贡献率和贡献度排序

变量	要素市场扭曲	农村人力资本	农村金融发展规模	农业贸易开放度	农业规模经营水平	地区工业化水平	涉农政策调整
年均贡献率	0.415	0.248	0.097	0.143	0.171	0.265	- 0.340
贡献度排序	1	3	6	5	4	2	7

资料来源：笔者根据《中国统计年鉴》（1998~2019年）等数据计算得到。

地区工业化水平是导致农民收入地域差异的第 2 大贡献因素，其对农民收入地域差异的总体年均贡献率占 0.265。从其发展趋势来看，平均贡献率已由 1997 年 0.127 上升至 2018 年 0.337，这反映出随着地区工业化水平的提高，不同地域工业化进程的差距加剧了农民收入地域差异的扩大，并呈现逐年上升的趋势。工业发达的地区，就业机会相对较多，农民获得工资性收入占比也更大，进而造成不同地域农民收入构成比率存在显著的地域差异。

农村人力资本是收入地域差异的第 3 大贡献因素，其总体年均贡献率占 0.248，说明农民自身素质的地域差异也在一定程度上影响不同地域收入差异。农业规模经营水平、农业贸易开放度、农村金融发展规模分别是农民收入地域差异的第 4、第 5、第 6 位的贡献因素，总体年均贡献率分别占 0.171、0.143、0.097。但从贡献变化趋势看，农业规模经营水平的平均贡献率由 1997 年 0.075 逐年上升至 2018 年 0.253，说明土地流转、农业科技应用等在一定程度上提升了农业规模经营水平，但也因不同地域的自然、社会等原因导致农业规模经营水平差异，进而造成了农民收入地域差异扩大。农业贸易开放度的平均贡献率由 1997 年 0.303 逐年下降至 2018 年 0.119，说明中国出口农产品对不同地域农民增收的影响呈现趋同性，农产品贸易竞争力的下降需要进一步调整农产品贸易结构，发挥其应有的增收效应。农村金融发展规模的平均贡献率由 1997 年 0.092 逐年下降至 2018 年 0.043，其对农民收入地域差异的贡献最低，说明现有农村金融发展的支持力度不足、缺乏可行的金融创新产品等，而尚处于发展完善中的农村金融未能发挥农民收入增长促进效应。

涉农政策调整对农民收入地域差异的贡献率均为负值，总体年均贡献率为 -0.340，说明较为全面的涉农政策调整在很大程度上缩小了农民收入的地域差异，弥补了要素和产品市场机制不健全对农民收入地域差距扩大的影响。其平均贡献率由 1997 年的 -0.393 变化至 2018 年的 -0.294，说明不断调整的涉农政策体系，对缩小农民收入地域差异作用日益显现，成为缩小农民收入地域差异的重要因素。

5.4　结论与政策启示

基于 28 个省（区、市）1997~2018 年面板数据，采用收入分配不平等程度测度指标综合量化分析农民收入的地域差异，发现农民收入地域差异呈逐年扩大趋势，虽有所波动，但是总体数值趋向于国际收入差距警戒线。实证分析结果表明，不同地域要素市场扭曲对农民收入增长具有显著负向影响，而农村人力资本、农村金融发展规模、农业贸易开放度、农业规模经营水平、地区工业化水平、涉农政策调整等因素均对农民收入增长有显著正向影响。通过 Shapley 值分解得到影响农民收入地域差异的主要因素排序显示，要素市场扭曲是造成农民收入地域差异扩大的首位因素，涉农政策调整是唯一缩小农民收入地域差异的因素，其余因素也都在一定程度上扩大了农民收入的地域差异。

基于以上结论，要全面提升农民收入，缩小农民收入地域差异，需要从以下七个方面加以施策：

（1）通过深化要素市场改革，不断优化要素市场资源配置机制，提升资本、劳动力、土地等各类要素市场化水平，充分利用公平合理的市场交易机制，发挥各类要素资源配置的市场作用，提升农民参与市场交易的水平。

（2）继续优化调整涉农政策组合，进一步理顺各类涉农政策的增收机理，针对不同地域农民增收受阻所面临的主客观因素，采取差异化的涉农政策，提升不同地域的涉农政策支持的精准性。

（3）不同地域要针对已有工业基础和资源要素禀赋，尤其是中西部地区要大力调整产业体系，为农民增加就业岗位数量，吸引农民参加非农就业，增加工资性收入，进而缩小农民总收入的地域差异。

（4）继续保持农村义务教育水平，不断扩大对农民的各类培训，全面提升农民自身素质，使农民具备农业就业和非农就业的基本技能，为缩小地域差异积淀人力资本。

（5）因地制宜提升农业规模经营水平，加大对农业技术研发投入支持力度，加快土地流转规模，全面提升农业全要素生产率，让部分农民获得稳定的农业生产经营收益，优化农民收入构成。

（6）针对不同地域自然资源和农产品生产特点，不断优化调整农产品生产布局和产品种类，扩大优势农产品的出口增收福利效应，全面提升农业对外开放水平。

（7）切实采取有效措施支持和引导农村金融市场的有序健康成长，采取差异化的农村金融支持农业发展的政策体系，尤其是促进中西部地区的农村金融市场发育，发挥农村金融提升农民收入的门槛作用，充分发挥农村金融发展规模效应。

5.5　本 章 小 结

基于 28 个省（区、市）1997～2018 年面板数据，采用基尼系数（GINI）、泰尔指数（Theil）和对数离差值（MLD）综合量化分析农民收入地域差异，并运用 Shapley 值分解方法对要素市场扭曲下农民收入地域差异的影响因素进行分解，并测度其贡献度。研究发现：农民收入地区差异呈逐年扩大趋势，虽有所波动，但是总体数值趋向于国际收入差距警戒线；不同地区要素市场扭曲对农民收入增长具有显著负向影响，而农村人力资本、农村金融发展规模、农业贸易开放度、农业规模经营水平、地区工业化水平、涉农政策调整等因素均对农民收入增长有显著正向影响；要素市场扭曲是造成农民收入地域差异扩大的首位因素，涉农政策调整是唯一缩小农民收入地区差异的影响因素，其余因素都在一定程度上扩大了农民收入的地域差异。

参 考 文 献

[1] 陈英乾. 中国农民收入的地区性差异及对比分析 [J]. 农村经济，2004 (12)：68 - 70.

[2] 陈锡文. 论农业供给侧结构性改革 [J]. 中国农业大学学报（社会科学版），2017，34 (2)：5 - 13.

[3] 崔晓娟，蔡文伯，付晶晶. 农村家庭收入差距与农民子女教育获得——基于"中国家庭收入项目调查" [J]. 西南大学学报（社会科学版），2019，45 (4)：100 - 108.

[4] 高梦滔，姚洋. 农户收入差距的微观基础：物质资本还是人力资本？ [J]. 经济研究，2007 (12)：71 - 80

[5] 关浩杰. 我国农民收入结构变动与收入波动的关联性分析 [J]. 南京审计学院学报，2013，10 (3)：17 - 23.

[6] 韩俊. 制约农民收入增长的制度性因素 [J]. 求是，2009 (5)：35 - 36.

[7] 黄祖辉，徐旭初，蒋文华. 中国"三农"问题：分析框架、现实研判和解决思路 [J]. 中国农村经济，2009 (7)：4 - 11.

[8] 李谷成，李烨阳，周晓时. 农业机械化、劳动力转移与农民收入增长——孰因孰果？[J]. 中国农村经济，2018 (11)：112 - 127.

[9] 刘长庚，王迎春. 我国农民收入差距变化趋势及其结构分解的实证研究 [J]. 经济学家，2012 (11)：68 - 75.

[10] 刘俊杰，张龙耀，王梦珺等. 农村土地产权制度改革对农民收入的影

响—来自山东枣庄的初步证据［J］. 农业经济问题，2015，36（6）：51－58，111.

［11］马轶群，孔婷婷. 农业技术进步、劳动力转移与农民收入差距［J］. 华南农业大学学报（社会科学版），2019，18（6）：35－44.

［12］穆红梅. 论农民收入及其影响因素——以福建省为例［J］. 人口与发展，2016，22（2）：64－71.

［13］尚晓晔. 要素市场价格扭曲对中国经济的影响—理论与实证［D］. 武汉：武汉大学，2016.

［14］施炳展，冼国明. 要素价格扭曲与中国工业企业出口行为［J］. 中国工业经济，2012（2）：47－56.

［15］史本林，万年庆，关丽娟等. 我国农民收入时空差异的地域与因子结构双重解析［J］. 地域研究与开发，2012，31（4）：9－13.

［16］史清华，晋洪涛，卓建伟. 征地一定降低农民收入吗：上海7村调查—兼论现行征地制度的缺陷与改革［J］. 管理世界，2011（3）：77－82，91.

［17］宋洪远. 关于农业供给侧结构性改革若干问题的思考和建议［J］. 中国农村经济，2016（10）：18－21.

［18］苏岚岚，孔荣. 农民金融素养与农村要素市场发育的互动关联机理研究［J］. 中国农村观察，2019（2）：61－77.

［19］万广华，张藕香，伏润民. 1985～2002年中国农村地区收入不平等：趋势、起因和政策含义［J］. 中国农村经济，2008（3）：4－15.

［20］王春超. 农村土地流转、劳动力资源配置与农民收入增长：基于中国17省份农户调查的实证研究［J］. 农业技术经济，2011（1）：93－101.

［21］王丽纳，李玉山. 农村一二三产业融合发展对农民收入的影响及其区域异质性分析［J］. 改革，2019（12）：104－114.

［22］王德文. 深化要素市场改革　建立农民增收长效机制［J］. 农村财政与财务，2010（5）：33－34.

［23］王小华，温涛. 农民收入超常规增长的要素优化配置目标、模式与实施［J］. 农业经济问题，2017，38（11）：30－39，110－111.

［24］王小华. 中国农民收入结构的演化逻辑及其增收效应测度［J］. 西南大学学报（社会科学版），2019，45（5）：67－77，198－199.

［25］王轶，詹鹏，姜竹．城镇化进程中失地农民与城镇居民和未失地农民收入差距研究——基于北京地区的调查数据［J］．中国农村经济，2018（4）：121 - 139.

［26］武拉平．中国农业市场化改革的逻辑［J］．农业现代化研究，2020，41（1）：7 - 15.

［27］徐志刚，宁可，朱哲毅等．市场化改革、要素流动与我国农村内部收入差距变化［J］．中国软科学，2017（9）：38 - 49.

［28］许经勇．农民收入增长缓慢与要素市场发育滞后问题研究［J］．经济经纬，2008（1）：105 - 108.

［29］杨柳．要素市场与农民增收问题研究［J］．山西财经大学学报，2012，34（S3）：4 - 5.

［30］约翰逊．经济发展中的农业、农村、农民问题［M］．北京：商务印书馆，2004：7 - 8.

［31］钟钰，蓝海涛．中高收入阶段农民增收的国际经验及中国农民增收趋势［J］．农业经济问题，2012，33（1）：73 - 79，112.

［32］周传豹，吴方卫，张锦华．我国城乡要素收入的隐性转移及其测度［J］．统计研究，2017，34（12）：63 - 74.

［33］D. GaleJohnson. Can Agricultural Labour Adjustment Occur Primarily through Creation of Rural Non-farm Jobs in China? ［J］. Urban Studies, 2002, 39 (12): 2163 - 2174.

［34］Gregory Veeck. Rural Economic Restructuring and Farm Household Income in Jiangsu, People's Republic of China ［J］. Journal of Contemporary China, 2004, 13 (41): 801 - 817.

［35］Iddo Kan, Ayal Kimhi, Zvi Lerman. Farm output, non-farm income andcommercialization in rural Georgia ［J］. Agricultural and Development Economic, 2006, 3: 276 - 286.

第6章 要素市场扭曲下农民增收的空间影响因素及其效应分解研究

6.1 文献综述与问题的提出

近十年来，中国农民收入年均增长速度较低，城乡收入存在一定差距，农民收入增长乏力将阻碍中国经济整体快速发展。自2004～2020年，国家连续17年发布中央"一号文件"，制定实施了一系列促进"三农"发展政策，农民农业收入和非农收入水平均有一定幅度提高。但地域间人文自然资源禀赋的差异会引发各地农村经济的不平衡发展，进而又会导致自然资源和生产要素的大规模跨区域流转。不同地域间农村要素市场不完全和要素配置不合理都会导致地域经济关系扭曲，影响经济运行效率，而且还可能引起一系列矛盾，带来许多社会问题。由于自然人文要素区域间流动和聚集的不均衡状况，已经严重影响农村经济可持续增长。因此，探究地域要素市场和要素配置等问题，通过科学的途径和方法实现要素合理配置，实现不同地域农村经济协调增长已成为当前学界和政府关注的焦点。目前，中国的资本要素、劳动力要素、土地要素等要素市场仍然存在高度扭曲的现象，劳动力市场的不完全、土地和资本市场的市场运行机制缺失，都将对农民收入水平提高和收入来源结构调整产生影响，进而制约农民福利的改善。因此，厘清并进一步辨析影响不同地域农民增收的因素，甄别要素市场扭曲影响区域农民收入增长的路径，对于科学制定农村和农业发展政策，有效促进农民增收，缩小农民收入地域差异具有重要现实意义。

　　本章研究主要探讨地域差异下的要素市场扭曲对中国农民增收问题的影响，将要素市场扭曲纳入中国不同地域农民收入增长和结构优化的分析框架中，进而探讨不同地域农民收入增长的影响因素，挖掘要素市场扭曲对不同地域农民收入增长潜力等问题。为了实现这一目标，本章研究将从要素市场扭曲、农民收入增长等方面对前人研究成果进行回顾，为本章研究建立研究框架、选择研究方法提供参考和借鉴。

　　从中国要素市场化改革视角对要素市场展开研究。蔡昉等（2001）研究认为，生产要素市场，特别是劳动力市场发育滞后导致资源配置扭曲情况在不同地区间存在差异。要素市场扭曲，是指由于市场不完善而导致的生产要素资源在国民经济中的非最优配置，要素的市场价格与其机会成本之间发生偏差或背离，现有要素市场不完全呈现要素流动障碍、要素价格刚性，以及要素价格差别化。从资源配置效率、全要素生产率和社会福利损失等方面对要素价格扭曲的经济效应展开研究，认为存在要素市场价格扭曲的国家，社会福利容易遭受损失。当前，由于地域性、政策性和制度性障碍，农村生产要素（资本、劳动力、土地等）还不可能按照市场的信号，无条件配置到效益较高的环节和领域，从而极大地限制着农民收入的增长。樊纲等（2011）研究认为，由于各地区资源禀赋、地方政策的不同，市场化程度存在着明显的地域差异。经典理论研究收入分配与增长的分析框架隐含着两点前提：第一，制度是不变的，或者至少是稳定的；第二，要素市场管理体制比较完善，要素配置方式完全市场化。但目前中国要素的市场化严重滞后于产品市场化，要素市场化水平仍然很低，出现要素市场化与产品市场化"不对称"的现象。

　　从要素市场扭曲的内涵及度量方法对要素市场扭曲现状展开研究。林毅夫等（2004）研究认为，我国要素市场不完全主要体现在要素供给扭曲、要素价格扭曲、要素配置扭曲等三个方面，要素市场扭曲将影响我国经济增长的路径，会导致资源使用结构的扭曲，进而影响资源配置效率。张杰等（2011）研究认为，目前要素市场改革进程滞后于产品市场，林伯强（2013）等研究得出不同地区要素市场的市场化进程也不一致的结论，张幼文（2008）研究认为，由于制度性的原因，这种扭曲还难以在短期内得以消除。罗德明等（2012）认为要素市场扭曲通过要素价格扭曲导致的价格信号失真，也会使得要素资源无法实现最优配置。窦勇（2010）实证得出结论，国内经济市场化程度中得分最低的是要素市场，钱忠好等（2013）得出扭曲原因主要是政府对于要素价格的控制政策所致。

从中国农民收入增长所处的环境研究农民收入问题。陈锡文（2011）认为中国正处在从二元经济向一元经济过渡的关键时期，周传豹等（2017）得出经济结构转变为建立农民收入长期增长机制提供了历史机遇。但能否抓住这个历史机遇，党国英（2016）研究得出提高农民收入增长对经济增长的响应程度，在很大程度上取决于今后的要素市场发育和体制改革。随着市场化进程的加速，罗楚湘（2012）研究得出，土地、劳动力和资本等要素的价格在城乡间存在显著的差异。钟研（2019）研究得出，农业供给侧结构性改革的核心是资源要素领域的市场化改革，龚明远等（2019）得出结果应该坚持市场在要素配置中的决定性作用。杨志才（2019）研究得出，要消除要素市场扭曲的源头。武拉平（2020）认为，中国农民已经成为市场化或者正在市场化的农户，其参与市场的各种经济行为也取决于其家庭经济资源的配置。黄祖辉等（2009）研究得出，要素投入与农民增收存在较大关联。王德文（2010）研究得出，要素市场尤其是劳动力市场改革的滞后，直接制约了农民充分利用市场机制促进增收。王小华等（2017）研究指出，要通过要素市场改革，推动农户之间的分工分业，提高农业的专业化和现代化水平。此外，农户经济决策取决于农户所能掌握的经济资源条件，农民增收须提高其自生能力和要素的优化配置，徐志刚等（2017）研究提出，应采取完善要素市场配置体制，促进劳动力、土地、资本等要素合理配置；完善政府宏观调控职能等政策，促进农民增收。

已有成果从多个视角多个层面深入研究了要素市场扭曲测度及其影响，大量文献对农民收入增长的内外部因素展开研究，为研究奠定了基础。但少有文献关注农民所处市场环境，尤其是要素市场化发育状况与农民收入增长之间的关系，鲜有就要素市场扭曲对不同地域农民收入增长差异展开研究。基于以上事实，本章将以要素市场扭曲对农民收入的影响为研究视角，对不同地域三大要素市场扭曲对农民收入的影响进行定量实证研究，能为切实提升不同地域农民收入提供政策参考依据。因此，本章以要素市场扭曲和农民收入增长为研究对象，基于省级面板数据模型，采用广义矩估计和"法准"极大似然估计等研究方法对影响农民增收的因素展开实证分析，探讨要素市场扭曲对农民增收空间影响及其溢出效应，以期为要素市场扭曲下促进农民增长的精准施策提供依据。

6.2 模型构建、变量设定和数据来源说明

6.2.1 模型构建

近年来，国内外研究关注了要素市场不完全对农民收入的影响，要素市场扭曲已经成为阻碍农民收入增长的重要障碍，农民福利取决于要素资源数量和要素市场运行效率，确保农民增收途径需要改善要素市场运行。中国农民收入四大来源结构中的三大收入（工资性收入、家庭经营收入、财产性收入）都属于要素性收入，转移性收入属于非要素性质的涉农政策引致收入。目前，中国农民收入绝大部分都来源于要素性收入，要素市场扭曲在一定程度上影响农民收入可持续有效增长，要素市场发展对于解决农民增收问题显得尤为重要。当前，由于人文自然地理条件的地域差异，加上地域政策性和制度性阻

碍，今后一段时间内，劳动力、土地和资本等生产要素还不可能按照市场经济运行规律因势利导地配置到效益较高的环节和领域。要素市场化进程的严重滞后引致要素市场扭曲将导致不同地域农民收入来源和增长幅度存在差异，也将导致不同地域农民收入差异扩大，进而要通过一系列涉农、惠农政策调整来提高农民收入水平，改善农民收入结构，必须正视现实存在的地域要素市场扭曲的影响。

为深入分析要素市场扭曲对农民增收的影响，研究运用面板数据进行研究，时间跨度为 1997～2018 年，地区跨度为中国 28 个省（区、市）。基于上述分析，以农民收入为被解释变量，以资本市场、劳动力市场和土地市场的要素市场扭曲数值为关键解释变量，同时，引入农村人力资本、农村金融发展规模、农业贸易开放度、农业规模经营水平、地区工业化水平、涉农政策调整 6 个变量作为控制变量。为了与空间面板模型进行比较，本章首先建立不含空间效应的普通面板数据模型，具体模型设定如下：

$$Y_{it} = \alpha_{it} + \beta_{it} X_{it} + \varepsilon_{it} \qquad (6-1)$$

式（6-1）中，Y_{it} 为因变量（农民收入）；X_{it} 为 $n \times k$ 阶自变量矩阵（资本市场扭曲值、劳动力市场扭曲值、土地市场扭曲值、6 个控制变量等）；α_{it} 为个体效应项；i 为不同地区；t 为不同时期。

同时，为了研究要素市场扭曲对农民收入增长的空间影响及其空间溢出扩散效应，研究构建空间滞后模型、空间误差模型和空间杜宾面板模型来进行分析，模型设定如下：

$$Y_{it} = \alpha_{it} + \rho W Y_{it} + X_{it} \beta_{it} + \varepsilon_{it} \qquad (6-2)$$

式（6-2）中，Y_{it}、X_{it} 含义同式（6-1）；W 为 $n \times n$ 阶空间权重矩阵，空间权重反映经济变量间空间关联性，距离相隔较远的地域关联作用影响越小，研究采用各省份省会间地理距离构建空间权重矩阵 W，省会间地理距离长期固定，不受社会经济活动影响的外生变量，能够在一定程度上规避空间计量模型内生性问题；$W Y_{it}$ 为因变量的空间自回归项；ρ 为空间自回归系数；ε_{it} 为随机误差项向量；i 为不同地区；t 为不同时期。

本章研究利用空间误差模型，分析相邻地区农民收入观测值误差对本地区农民收入的影响，构建的具体模型如下：

$$Y_{it} = \alpha_{it} + X_{it}\beta_{it} + \varepsilon_{it} \tag{6-3}$$

$$\varepsilon_{it} = \lambda W\varepsilon_{it} + \mu_{it} \tag{6-4}$$

$$\mu \sim N(0, \sigma^2 I) \tag{6-5}$$

式（6-3）、式（6-4）、式（6-5）中，λ 为空间误差系数，其余参数的含义与式（6-1）相同。

根据前面分析，相邻地域的经济发展等社会经济因素也同样有可能影响到本地区农民收入，为论证农民收入的变化是否同时依赖于相邻地区各个自变量，引入各个解释变量的空间权重矩阵加权项作为解释变量，建立空间杜宾模型。

$$Y_{it} = \alpha_{it}I_{it} + \rho WY_{it} + \beta_{it}X_{it} + \theta WX_{it} + \varepsilon_{it} \tag{6-6}$$

式（6-6）中，被解释变量、解释变量与式（6-1）、式（6-2）变量含义相同。WY 和 WX 分别表示被解释变量和解释变量的空间效应。同时，为检验空间杜宾模型的稳健性，研究中将分别采用省会城市间的空间距离和空间距离的倒数展开验证。

6.2.2 变量设定

本章研究将变量分为因变量、自变量和控制变量。各变量描述性统计具体如表6-1所示。

表6-1　　　　　　　　　主要变量描述性统计

变量	变量符号	观察值	最小值	最大值	均值	标准差
农民总收入	Y	616	2612.01	310231.75	9541.54	4527.18
资本市场扭曲	X_1	616	0.75	1.86	1.29	0.37

变量	变量符号	观察值	最小值	最大值	均值	标准差
劳动力市场扭曲	X_2	616	0.61	2.02	1.43	0.52
土地市场扭曲	X_3	616	0.86	1.93	1.34	0.41
农村人力资本	X_4	616	6.48	11.92	7.89	3.26
农村金融发展规模	X_5	616	0.12	68.23	3.26	4.35
农业贸易开放度	X_6	616	0.01	0.68	0.49	0.08
农业规模经营水平	X_7	616	0.04	2.67	0.41	0.79
地区工业化水平	X_8	616	0.02	0.91	0.54	0.62
涉农政策调整	X_9	616	0.01	0.36	0.14	0.23

资料来源：国家统计局．中国统计年鉴 2020［M］．北京：中国统计出版社，2020.

6.2.2.1 因变量

因变量为农民收入，是指农民家庭收入总水平，本章采用农村居民家庭人均可支配收入指标来衡量农民收入，该指标是按照农村居民家庭常住人口计算的一个平均指标，是其所有成员的平均收入。农民收入来源包含 4 个部分，分别是工资性收入、家庭经营纯收入、财产性收入和转移性收入，4 个收入来源都和要素市场有密切的关系，三大要素市场扭曲和控制变量在一定程度上影响着农民收入结构变动和收入总水平的高低，并能够在总体上衡量农民福利的变化，能够全面反映要素市场扭曲等因素对农民收入的影响。

6.2.2.2 自变量

自变量为要素市场扭曲，本章研究将其细化为资本市场扭曲、劳动力市场扭曲和土地市场扭曲。现有研究仅涉及资本和劳动要素价格扭曲，而对于中国农业生产经营而言，土地要素是非常关键的生产要素之一，忽略土地要素市场扭曲对农民收入结构调整和收入总水平变化的影响，显然会影响到农民收入结构变化与收入水平持续增长等研究的科学合理性。中国土地市场扭曲来自地方政府对农地非农化市场的垄断，地方政府借助这样的制度垄断行为获得财政资金。而土地出让金收入占比越高的地区，土地市场扭曲程度越大。本章将借鉴施炳展等（2012）、尚晓晖等（2016）的研究，采用 C – D 生产函数估计 1997 ~ 2018 年中国资本市场和劳动力市场扭曲程度，并采用 1997 ~ 2018 年住宅用地价格与工业用地价格之比作为衡量土地要素扭曲的量化指标。

6.2.2.3 控制变量

本章研究的 6 个控制变量为农村人力资本、农村金融发展规模、农业贸易开放度、农业规模经营水平、地区工业化水平、涉农政策调整。农村人力资本影响着占农民总收入比重最大的工资性收入、家庭经营性收入的变化，其与农民收入密切相关。以农村平均受教育程度进行计算，得到农村人力资本变量，根据地区农村居民家庭劳动力受教育状况，依据 0 × 文盲半文盲 + 6 × 小学程度 + 9 × 初中程度 + 12 × 高中程度 + 12 × 中专程度 + 15.5 × 大专及以上程度，计算得到各地区农村人力资本情况。农村金融发展规模：农村金融发展相比于城市金融，发展过于缓慢，已成为影响我国农村经济进一步发展和城乡二元结构转变的消极因素之一，地区金融发展成为现代农村经济增长的核心，采用农村存贷款之和占第一产业国内生产总值之比表示农村金融发展规模。农业贸易开放度：根据当期汇率转换为人民币的进出口农产品总值与地区生产总值比值进行计算。农业规模经营水平：农业规模经营水平高低，很大程度上依赖于农业机械化程度，机械化程度提高会提升农业生产效率，本章研究以农业机械总动力与地区耕地面积之比表示地区农业机械化程度，用以衡量农业规模经营水平。地区工业化水平：地区工业化不仅影响着地区资本的报酬，还影响劳动力就业结构调整和土地资源的供需，本章研究采用第二产业增加值占地区生产总值比重来表示工业化水平。涉农政策调整：政府实时干预农业生产经营，可能在一定程度上弥补市场机制缺陷，但也可能导致市场扭曲，发生资源错配，本章研究采用政府涉农财政支出与地区生产总值之比表示涉农政策调整。

6.2.3 数据来源

受部分变量数据可获性制约，研究选取 28 个省（区、市）1997~2018 年数据进行分析。其中，农村居民家庭人均可支配收入、农林牧渔总产值、年底第一产业从业人员数、农作物总播种面积、人口数、银行存贷款数、农村居民家庭劳动力受教育状况、进出口商品总值、等数据来自《中国统计年鉴》（1998~2019 年）、《中国农村统计年鉴》（1998~2019 年）、《中国 60 年统计资料汇编》《中国金融统计年鉴》（1998~2019 年）等；农业综合开发投资、财政补贴、财政支出等数据来自《中国财政年鉴》（1998~2019 年）和《中国统计年鉴》（1998~2019 年）等。此外，部分统计数据缺失主要通过查找缺失数据省（区、市）相关网站进行整理，部分缺失数据则用前后两年均值代替。为剔除物价水平变动影响，本章研究以 1997 年为基期，采用价格指数对数据做平减处理。在进行方程估计时，出于消除异方差的考虑，对所有变量取对数进行实际计算。

6.3 实证分析

6.3.1 不考虑空间因素的实证分析

为克服内生性问题导致估计结果不可靠，本章研究利用系统广义矩估计方法进行研究，结果详见表 6-2。通过对三大效应模型进行回归、检验与选择，经过联合假设检验和豪斯曼检验，研究选择固定效应模型进行结果分析。表6-2中的个体固定效应模型回归结果显示，三大要素市场扭曲的符号虽全部为负，资本市场扭曲、劳动力市场扭曲均在5%显著性水平上显著，但是土地市场扭曲未通过显著性检验。随机效应结果中，劳动力市场扭曲的系数为正，且未通过显著性检验。双向固定效应模型的回归结果基本符合预期，三大要素市场扭曲系数均通过显著性检验，但是显著水平不高。其他控制变量中，农村人力资本未通过显著性检验，而农村金融发展规模、农业贸易开放度、涉农政策调整虽然都在5%显著性水平上通过了显著性检验，但是其系数符号却与现实理论相悖。因此，表6-2结果说明不考虑空间因素时，可能无法准确获得相关变量间的关系。

表6-2　　　　　　　　农民收入的固定效应和随机效应估计结果

变量	个体固定效应		随机效应		双向固定效应	
资本市场扭曲	-0.1347 ***	(2.0937)	-0.3819 **	(6.2663)	-0.0329 *	(3.4354)
劳动力市场扭曲	-0.0026 **	(0.0318)	0.2802	(5.2395)	-0.0885 *	(2.4114)
土地市场扭曲	-0.0579	(0.0336)	-0.0882 **	(2.2767)	-0.0962 **	(1.8564)
农村人力资本	-0.0188 *	(0.2212)	-0.1322 *	(3.2287)	0.0961	(1.1573)
农村金融发展规模	0.0209 **	(0.1838)	0.0339 ***	(3.5348)	-0.0827 **	(6.4232)
农业贸易开放度	0.0392 *	(0.0323)	-0.0827 *	(4.4135)	-0.0118 **	(1.6893)
农业规模经营水平	-0.0020 *	(0.418)	0.0983 **	(7.7413)	0.0817 **	(5.4841)
地区工业化水平	0.0091 **	(0.1483)	0.0533 ***	(2.5918)	0.0036 **	(4.1268)
涉农政策调整	0.0381 **	(0.1287)	0.0755 *	(4.3175)	-0.0923 **	(3.2592)
常数项	-0.0808 **	(1.2562)	-0.0292 *	(2.5592)	-1.0398	(4.2621)
拟合优度	0.7621		0.8935		0.8563	
沃尔德检验	1296.124		1032.597		1388.405	
过度识别检验	0.2067		0.2481		0.3539	
一阶序列相关检验	0.003		0.006		0.004	
二阶序列相关检验	0.194		0.225		0.253	

注：***、**、*分别表示通过1%、5%和10%水平的显著性检验，括号内数值为系数标准差。

资料来源：笔者根据公式计算所得。

6.3.2 纳入空间因素的实证分析

6.3.2.1 空间自相关性检验

基于空间相关性考虑，本章研究采用莫兰指数揭示农民收入空间相关程度，应用 Geoda 软件对不同地域农民收入进行全局莫兰指数分析，计算结果见表 6 – 3。表 6 – 3 中 1997～2018 年的 28 个省（区、市）农民收入莫兰指数值均大于 0。由 P 值可知，各年份莫兰指数均通过了 5% 的显著性水平检验，因此，不能接受农民收入不存在空间自相关性的原假设。结合表 6 – 2 结果，研究认为农民收入在空间的分布并不是随机的，而是在整体上呈显著的空间关联性，农民收入具有很强的空间依赖性，可以使用空间计量模型进行实证分析。

表 6 – 3 　　　　　　　　　农民收入莫兰指数检验

年份	Moran's Ⅰ	Moran's Ⅰ 统计值	P 值	年份	Moran's Ⅰ	Moran's Ⅰ 统计值	P 值
1997	0.1354	7.1088	0.0038	2008	0.2640	7.0310	0.0002
1998	0.1142	8.6693	0.0006	2009	0.2563	10.4083	0.0008
1999	0.2136	11.3016	0.0004	2010	0.2438	12.6926	0.0002
2000	0.2030	7.8197	0.0015	2011	0.2054	9.1742	0.0001
2001	0.1709	9.5362	0.0002	2012	0.1406	11.4490	0.0003
2002	0.3206	12.9115	0.0002	2013	0.1186	9.1622	0.0015
2003	0.3048	8.6021	0.0006	2014	0.2222	6.7315	0.0002
2004	0.2568	10.4899	0.0021	2015	0.2112	12.5942	0.0010
2005	0.1762	14.6827	0.0005	2016	0.2050	15.3586	0.0002
2006	0.1483	9.4622	0.0019	2017	0.1949	9.3250	0.0001
2007	0.2779	11.5387	0.0003	2018	0.1642	13.8533	0.0004

资料来源：应用 Geoda 软件计算整理所得。

6.3.2.2　SDM 模型实证结果估计

本书研究采用的空间计量模型是在传统计量模型基础上纳入各变量的空间相关关系来消除内生性，采用空间滞后模型、空间误差模型、空间杜宾模型（1）进行参数估计。为检验空间杜宾模型稳健性，研究同时采用各省会间的空间距离的倒数矩阵为空间权重的空间杜宾模型（2），并与空间杜宾模型（1）对比。因自变量包含空间权重矩阵，研究采用准极大似然估计对上述 4 个模型进行参数估计，同时根据联合假设检验和豪斯曼检验结果，选择固定效应模型展开实证研究。表 6 - 4 显示两种空间权重模型回归结果基本相似，核心变量通过显著性检验，且影响方向基本符合预期，说明模型结果是稳健的，下面以空间杜宾模型（1）展开分析。

表 6 - 4　　　　　　　　　空间模型估计结果

变量	空间滞后模型	空间误差模型	空间杜宾模型（1）	空间杜宾模型（2）
资本市场扭曲	- 0.0485 * （5.1897）	- 0.0149 （7.4328）	- 0.0824 *** （7.3211）	- 0.0032 *** （9.1664）
劳动力市场扭曲	- 0.0143 * （4.6124）	- 0.1072 * （8.6537）	- 0.072 ** （4.4328）	- 0.0129 *** （5.5582）
土地市场扭曲	- 0.0208 ** （5.0179）	- 0.0157 ** （4.5239）	- 0.0136 *** （3.5489）	- 0.0433 ** （6.1145）
农村人力资本	- 0.0067 * （8.3621）	- 0.0475 * （3.4776）	0.0146 *** （5.1663）	0.0158 *** （5.3349）
农村金融发展规模	0.0075 * （4.8452）	0.3726 *** （4.5183）	0.0052 * （9.1126）	0.0097 * （8.2342）
农业贸易开放度	- 0.0141 ** （4.9917）	- 0.8574 * （2.8426）	- 0.0037 ** （3.024）	0.0046 * （4.5322）

续表

变量	空间滞后模型	空间误差模型	空间杜宾模型（1）	空间杜宾模型（2）
农业规模经营水平	- 0.072 * （3.2358）	- 0.0714 ** （9.6481）	0.0239 *** （4.1588）	0.0121 ** （8.5573）
地区工业化水平	0.0398 ** （5.4581）	0.9556 * （3.7562）	0.0752 *** （4.8423）	0.0614 ** （5.9641）
涉农政策调整	0.0128 ** （6.005）	0.6398 ** （4.4992）	0.0061 ** （6.2479）	0.0122 * （5.2338）
空间自回归系数	0.2957 ** （8.2636）	—	0.3662 *** （6.5268）	0.2541 ** （4.9024）
空间误差系数	—	0.1983 *** （9.3247）	—	—
空间交互项系数	—	—	0.1195 *** （5.4561）	0.0962 ** （3.6883）
豪斯曼检验	28.2451	22.1593	31.6523	28.2905
	固定效应	固定效应	固定效应	固定效应
拟合优度	0.732	0.852	0.895	0.867
沃尔德检验	—	—	17.42	26.38
P 值	—	—	0.0002	0.0004
似然比检验	—	—	23.45	31.82
P 值	—	—	0.0003	0.0001

注：***、**、* 分别表示通过1%、5%和10%水平的显著性检验，括号内数值为系数标准差。

资料来源：笔者根据公式计算所得。

表6-4中空间杜宾模型（1）的结果显示，资本市场扭曲、劳动力市场扭曲、土地市场扭曲与农民收入增长在5%显著性水平上呈负向关系，分别为 - 0.0824、- 0.072、- 0.0136，这意味着三大要素市场扭曲都抑制了农民增收，且较表6-2的普通面板模型显著性更高，说明在考虑各省空间相关性时，要素市场扭曲对农民收入增加具

有更大的显著性负向影响，三大要素市场扭曲的农业收入抑制效应也更大。因此，急需通过资本市场、劳动力市场、土地市场等要素市场深化改革，推进城乡一体化协调平衡发展战略，建立农民增收长效机制。

农村人力资本与农民收入增长在1%水平上呈现显著正向影响，因为重视乡村教育，通过普及九年义务教育和各类公益培训等方式，在一定程度上提高了农民素质，农村人力资本每提高1%，能够带动农民增收0.0146%。改革开放以来，通过发挥农民的技能效应、劳动力非农转移效应等渠道，显著提高了农民的经营性收入、工资性收入，说明农村人力资本的提升能在一定条件下显著提高农民收入水平。农村金融发展规模虽在一定程度上促进了农民收入增长，但显著性不高，影响程度有限，说明农村金融发展对农民增收效果尚未完全发挥作用，这与金融资本的逐利性分不开，农村地区形成的大量金融资本流向了非农部门，与此同时农业生产经营中的资金短缺问题却无法得以满足。今后要不断加大对农村金融发展的扶持与引导，改善农村金融环境，发挥金融引领农村经济增长的动能效应。农业贸易开放未能促进农民收入增长，反而具有抑制作用。近年来，中国农产品贸易年年逆差，国外农产品大量涌入，这在一定程度上降低了国内农产品市场价格，与此同时，中国农产品因自身优势不足，难以发挥其在调整农业生产结构、拓宽农民就业渠道等方面的积极推动效应，农民无法享有贸易自由化带来的福利改善效应。

农业规模经营水平对农民增收在1%显著性水平上具有正向影响，能在一定范围内应用农业新技术，降低农业生产成本，提高农业全要素生产率，进而能够全面提升农民的经营性收入、农业工资性收入和部分农民的土地流转等财产性收入，能够成为农民增收的有力保障。地区工业化水平在1%显著性水平上促进农民收入增长，因为地区工业化发展一方面需要大量农产品原料投入，能够带动农产品销售价格的上升，另一方面又能吸引农民非农就业，能够有效优化农民收入结构，说明通过地区工业化发展能在一定程度上有效促进农民增收。涉农政策调整在 5% 水平上显著促进农民增收，但影响有限，仅为 0.0061，说明现有涉农政策的增收指向性有待进一步完善，各类市场机制的不完善，在一定程度上直接削弱了政策效应。

6.3.2.3　空间效应分解

表 6 - 4 模型结果可能因特定空间单元变量间相互作用，存在反馈效应而导致结果偏差，因而运用空间杜宾模型偏微分法对变量作用效应进行直接效应和间接效应分解，以便进一步分析自变量对因变量的空间影响程度。表 6 - 5 中资本市场扭曲在 1% 显著性水平上对农民收入水平影响的直接效应和总效用为负，分别为 - 0.0541 和 - 0.0506，表明资本市场扭曲抑制了本地区农民收入增长。但资本市场扭曲在 5% 的显著性水平上对邻近区域农民收入水平呈现正向间接效应，说明本地区资本市场扭曲在一定程度上增加了邻近区域的农民收入增长，呈现空间溢出效应。劳动力市场扭曲在 5% 的显著性水平上对农民收入水平影响的直接效应、间接效应和总效用均呈现显著负向效应，说明劳动力市场扭曲对本地区和邻近地区的农民收入增长具有阻碍作用。改革开放以来，中国城乡、地区间劳动力市场分割虽有改善，但是歧视性差异化的农民工社会保障制度等在一定范围内仍然侵害农民根本权益，各种制度性障碍阻碍了农民收入的持续增长。土地市场扭曲在 5% 的显著性水平上对农民收入水平影响的直接效应和总效用显著为负，说明土地市场扭曲对本地区农民收入增长起到阻碍作用，无法确保农民收入增长。但在 5% 的显著性水平上对邻近地区农民收入增长呈现显著正向影响，可能原因是邻近地区农民到本地区参与土地流转、租赁土地开展农业生产经营，从而提高了自身收入水平。近年来，中国农民虽然拥有土地的承包经营权和使用权，但因其制度所限，农民无法实现其真正价值，虽然土地流转等形式的土地要素市场交易能够为农民带来部分收益，但远远未达到土地要素带给农民的应有的收益水平。

表 6 - 5 空间杜宾模型的空间效应分解

变量	空间杜宾模型 （省会城市距离为权重）			空间杜宾模型 （省会城市距离的倒数为权重）		
	直接效应	间接效应	总效用	直接效应	间接效应	总效用
资本市场扭曲	-0.0541*** （3.3937）	0.0035** （9.3574）	-0.0506*** （11.3068）	-0.0654*** （23.0336）	0.0246* （7.1744）	-0.0408** （4.6032）
劳动力市场扭曲	-0.0773** （5.2284）	-0.0114** （3.1573）	-0.0887** （3.1717）	-0.0773*** （13.1732）	0.0114** （17.7542）	-0.0659*** （2.6324）
土地市场扭曲	-0.0523*** （4.1764）	0.0090** （9.1548）	-0.0433** （3.1764）	-0.0523*** （6.8994）	-0.0090* （7.0268）	-0.0613** （1.3795）
农村人力资本	0.0365** （2.0796）	0.0039* （1.5112）	0.0404** （1.1948）	0.0265*** （6.0416）	0.0029** （3.3979）	0.0294** （1.2022）
农村金融发展规模	0.0854*** （2.3122）	-0.0160*** （15.0236）	0.0694** （3.9952）	0.0354*** （5.2792）	-0.0160** （11.0516）	0.0194*** （7.0574）
农业贸易开放度	-0.0576** （4.1152）	-0.0052** （6.0372）	-0.0628* （5.1746）	-0.0321** （7.6346）	-0.0025*** （4.6028）	-0.0346* （1.5268）
农业规模经营水平	0.0547*** （8.0326）	0.0017** （3.1416）	0.0564** （4.972）	0.0219** （8.8086）	0.0082*** （2.4076）	0.0301** （3.7612）
地区工业化水平	0.0732*** （2.2752）	0.0141*** （6.4544）	0.0873*** （5.801）	0.0323* （13.9952）	0.0094*** （4.9826）	0.0417* （2.7944）
涉农政策调整	0.0490* （4.3328）	-0.0170** （15.0716）	0.0320** （6.6958）	0.0900*** （23.3146）	0.0151** （11.5602）	0.1051** （4.6626）

注：***、**、*分别表示通过1%、5%和10%水平的显著性检验，括号内数值为系数标准差。

资料来源：笔者根据公式计算所得。

农村人力资本在10%水平上对农民增收的直接效应、间接效应和总效应显著为正，但系数值较小，说明农村人力资本对农民增收没有发挥推动效应，说明农村人力资本水平仍然偏低，需要进一步加大农村人力资本投资与培训。农村金融发展规模在5%水平上对本地区农民的直接效应和总效用为正，间接效应为负，说明本地区农村金融发展能够在一定程度上促进本地农民增收，但抑制了邻近地区农民收入增长，可能由于本地区农村金融发展形成了良好的投资空间，通过空间传导机制吸附了邻近区域的农村富余资金，进而抑制了邻近地区农村金融发展的效应。农业贸易开放度仅在 10% 的显著性水平上对农民增收的直接效应、间接效应和总效应均显著为负，说明农业贸易开放未能有效带动农民收入增长。农村规模经营水平在 5% 显著性水平上对农民收入增长的所有效应均为正，说明现阶段通过土地流转、农业科技应用等渠道扩大的农村规模经营水平，提高了农业生产效应，能够带动农业收入和财产性收入，进而有利于增加农民收入总水平。地区工业化水平在 1% 显著性水平上对农民收入的直接效应、间接效应和总效应均为正，工业化水平提升带来农民就业渠道增多，农民非农收入随之加速增长，通过空间关联传导效应能带动邻近地区农民工资性收入增长。在空间关联效应下，地区工业化发展不仅为本地区农民收入增长提高动力源泉，还能显著带动邻近区域农民收入增长。涉农政策调整在 10% 的显著性水平上对农民收入增长的直接效应和总效应为正，说明现有涉农政策虽能在一定程度上促进农民收入增长，但是效果不显著，说明现有涉农政策未能发挥应有作用，需要进一步优化涉农政策调整的方向和结构。涉农政策调整在 5% 的显著性水平上对农民增收的间接效应为负，在一定程度上抑制了邻近区域农民收入增长，说明各地区涉农政策未能形成联动机制，可能原因是不同地域为获得各类资源而采取相互竞争且趋同的政策，削弱了各类涉农政策原有的效果。

6.4　研究结论与对策

6.4.1　研究结论

本章研究采用空间计量模型研究了要素市场扭曲下不同类别因素

对农民收入增长的影响及空间效应分解，探讨影响因素对农民收入变化的方向和程度的影响。其结论如下：

（1）农民收入具有较强的空间依赖性，不同地区农民收入存在显著空间关联效应。

（2）资本市场、劳动力市场、土地市场等要素市场存在较为严重的市场扭曲，对农民收入增长起到显著的阻碍作用。

（3）要素市场扭曲不仅对本地区农民收入增长起到一种作用，还存在显著的空间溢出效应，制约着邻近地区农民收入的提升。

（4）农业规模经营水平、地区工业化水平显著促进了本地区和邻近地区农民收入增长，农村人力资本虽有助于农民增收，但作用尚未完全发挥；农村金融发展规模、涉农政策调整有助于本地区农民增收，但抑制了邻近地区农民收入增长；农业贸易开放度对农民收入增长所有效应为负，但显著性不高，今后需要进一步理顺各影响因素，充分发挥各类因素增收效能。

6.4.2　研究对策

基于要素市场对农民收入增长的影响结论，研究对策包括以下四个方面：

6.4.2.1　破除制度性障碍，建立持久长效农民收入增长机制

继续深化资本、劳动力、土地等要素市场改革，加快推进农业供给侧改革，推进农村集体产权制度改革，提高各类要素市场配置效率，改善城乡收入分配格局，构建农民利用和参与市场的路径，不断提高农民的非农工资收入水平，确保农民农业收入和财产性收入稳步增长。

6.4.2.2　完善区域政策，加快区域协调快速均衡高质量发展

加快区域联动，打破一定范围内地域行政障碍，发挥各类涉农政

策的空间溢出效应，规避消除要素市场流动障碍，调整区域考核标准，实现不同地域农民利益共享联结，避免总体利益受损的区域间竞争，整合区域要素资源开展区域专业化协作。

6.4.2.3　改革资源分配，完善整合各类农村教育基础工程

消除城乡教育资源投资不均，加大对农村基础教育投入，完善农村各类职业教育和技能培训，提高持续增加农村人力资本，提高农业劳动生产率，扩大农民非农就业渠道，解决农村剩余劳动力转移，改善农民收入结构，优化农民总收入。

6.4.2.4　优化农业生产布局，充分发挥区域农产品生产优势

通过布局调整，提高农业生产效率和农业综合效益，不断提升优势农产品质量，引导各地生产具有国际竞争力的特色农产品，适度加强对农业生产的合理支持力度，加大农业基础设施建设，抵御农业生产经营风险，发挥国内外需求市场对农民收入增长的带动作用。

6.5　本章小结

基于中国 28 个省（区、市）1997～2018 年面板数据为样本，以资本市场扭曲值、劳动力市场扭曲值、土地市场扭曲值和农民收入为核心的解释变量和被解释变量，构建普通面板模型和空间面板模型，实证分析三大要素市场扭曲对农民收入增长的空间影响，并对其空间溢出效应展开分解研究。本章研究表明：农民收入具有较强的空间依赖性，不同地区农民收入存在显著空间关联效应；资本市场、劳动力市场、土地市场等要素市场存在较为严重的市场扭曲，对农民收入增长起到显著的阻碍作用；要素市场扭曲不仅对本地区农民收入增长起到抑制作用，还存在显著的空间负向溢出效应，制约着邻近地区农民

收入的提升，今后需要进一步理顺各影响因素，充分发挥各类因素增收效能。

参 考 文 献

［1］蔡昉，王德文，都阳. 劳动力市场扭曲对区域差距的影响［J］. 中国社会科学，2001（2）：4 - 14，204.

［2］陈锡文. 工业化、城镇化要为解决"三农"问题做出更大贡献［J］. 经济研究，2011，46（10）：8 - 10.

［3］党国英. 中国农业发展的战略失误及其矫正［J］. 中国农村经济，2016（7）：2 - 14.

［4］窦勇. 开放进程中要素市场扭曲与宏观经济失衡［D］. 北京：中共中央党校，2010.

［5］樊纲，王小鲁，马光荣. 中国市场化进程对经济增长的贡献［J］. 经济研究，2011，46（9）：4 - 16.

［6］龚明远，周京奎，张朕. 要素禀赋、配置结构与城乡收入差距［J］. 农业技术经济，2019（6）：57 - 69.

［7］黄祖辉，徐旭初，蒋文华. 中国"三农"问题：分析框架、现实研判和解决思路［J］. 中国农村经济，2009（7）：4 - 11.

［8］林伯强，杜克锐. 要素市场扭曲对能源效率的影响［J］. 经济研究，2013，48（9）：125 - 136.

［9］林毅夫，刘明兴. 经济发展战略与中国的工业化［J］. 经济研究，2004（7）：48 - 58.

［10］罗楚湘. 我国农村集体所有土地征收制度之检视——以土地价格"剪刀差"为视角［J］. 社会科学家，2012（6）：92 - 96.

［11］罗德明，李晔，史晋川. 要素市场扭曲、资源错置与生产率［J］. 经济研究，2012（3）.

［12］钱忠好，牟燕. 土地市场化是否必然导致城乡居民收入差距扩大［J］. 管理世界，2013.

［13］尚晓晔. 要素市场价格扭曲对中国经济的影响—理论与实证［D］. 武

汉：武汉大学，2016.

[14] 施炳展，冼国明.要素价格扭曲与中国工业企业出口行为 [J].中国工业经济，2012 (2)：47 - 56.

[15] 王德文.深化要素市场改革 建立农民增收长效机制 [J].农村财政与财务，2010 (5)：33 - 34.

[16] 王小华，温涛.农民收入超常规增长的要素优化配置目标、模式与实施 [J].农业经济问题，2017，38 (11)：30 - 39，110 - 111.

[17] 武拉平.中国农业市场化改革的逻辑 [J].农业现代化研究，2020，41 (1)：7 - 15.

[18] 徐志刚，宁可，朱哲毅，李明.市场化改革、要素流动与我国农村内部收入差距变化 [J].中国软科学，2017 (9)：38 - 49.

[19] 杨志才.要素配置、收入差距与经济增长的实证研究 [J].经济与管理研究，2019，40 (10)：16 - 29.

[20] 张杰，周晓艳，郑文平，芦哲.要素市场扭曲是否激发了中国企业出口 [J].世界经济，2011 (8).

[21] 张幼文.政策引致性扭曲的评估与消除——中国开放型经济体制改革的深化 [J].学术月刊，2008 (1)：60 - 69.

[22] 钟研.农业供给侧改革：核心是资源要素市场化改革 [N].粮油市场报，2019 - 07 - 20 (B03).

[23] 周传豹，吴方卫，张锦华.我国城乡要素收入的隐性转移及其测度 [J].统计研究，2017，34 (12)：63 - 74.

第7章　要素市场扭曲下不同地域农民收入变动与结构优化研究

7.1　引　　言

中国"三农"问题的核心是农民收入持续增长问题，连续 17 年中央"一号文件"构建了系列富农政策体系，农民收入总水平有了明显改善，收入来源结构也呈现一定程度上的优化。然而在国内外经济增速放缓制约下，中国地区发展不均衡问题导致农民家庭经营性收入和工资性收入增长动力不足，收入地域差距不断扩大，农民有效增收面临着巨大挑战。如何优化农民收入结构，提高收入总水平，缩小收入地域差距，对于全面实现两个"一百年"奋斗目标具有重要意义。

伴随中国改革开放进程不断深化，要素市场化程度有明显提升，农民收入中的三大来源都与要素市场改革密切相关，使农民增收与要素市场发育的紧密程度进一步加深。市场经济变革下的农业生产结构调整，带动中国传统农业向现代农业转变，引发各类要素资源在农业部门和非农部门间转换，改变了农民收入来源结构，带动了农民增收。然而，在一系列相关政策影响下，中国资本、劳动力、土地等要素市场化改革进程明显慢于产品市场化，导致与农民收入密切相关的要素市场价值难以完全实现，制约着农民收入结构优化和总收入增长。因此，本章研究分析要素市场扭曲对中国农民收入变动与结构优化的地区差异影响，分析不同地域农民收入变动趋势和收入结构优化规律，进而探讨农民收入结构的地区差异影响因素及其效应，最终寻找优化农民增收路径的有效对策。

7.2 文 献 综 述

现有文献对农民收入展开了大量研究，主要集中在农民收入增长困境与挑战、增收影响因素与解决路径、增收潜力与收入结构优化等。

就农民收入增长困境与挑战，诺斯曼（2004）、霍尔顿等（2004）等研究基于尼日利亚、印度、中国等不同国家农民收入水平与非农就业间的关系为研究对象，得出经济改革后的广大农村居民非农就业有助于农民收入总水平提升，但是会使得农民收入可能遭遇到外界环境的影响更多，增收效果具有不确定性。布里奥尼斯等（2013）研究得出农业生产经营结构是农民收入增加的基础与保障，农业生产经营结构优化能够保障农民收入水平提升。王小华等（2017）等研究社会保障制度的缺失、农产品市场失灵、贸易逆差等使农民面临巨大挑战。盛来运（2007）、刘慧等（2017）等研究得出随着二元经济结构调整，农业剩余劳动力的非农就业增加，能够增加农民收入，降低农村贫困。杨华（2019）、程国强等（2020）等得出因自然、经济、社会等环境影响导致不同地域农民增收难存在一定差异，急需针对性施策。

就增收影响因素与解决路径，丁等（2011）得出在农业生产经营中，不同类别农业科技应用的农民增收机理存在差异影响，对待农业科技的态度决定了农民增收的幅度和速度。许经勇（2008）、苏岚岚等（2019）等研究指出，农民生产方式变革使自然、社会、市场等因素成为阻碍农民收入增长的关键因素，农民自身受教育程度、农业生产经营组织化程度，以及涉农相关制度的僵化、不合理，进一步引发了农民收入的地区差异。王菁等（2018）等研究指出，城镇化、工业化、市场化程度的提升有助于农民增收，要通过发展独具地方优势的农业生产经营，不断调整农村三产结构，发挥特色产业优势，实现农民收入来源结构优化。刘纯彬等（2010）研究认为，加大涉农支农政策力度，搞活农业生产经营格局，提高农民素质，给予农民更多增收空间。王德文（2010）、郭庆海（2015）等指出，要不断加大农民基础设施建设力度，有序推进农村产权制度改革，推进"三变"进程，搞活农村经济，在"两山"理念指引下开拓农民增收渠道。万年庆等（2012）、程名望等（2014）、关浩杰（2016）等得出随着改革开放以来的二元经济结构转换带动的农民收入结构调整具有显著的阶段性，不同时期农村人力资本水平、城镇化发展和农村金融发展等因素对农民收入来源的影响与作用方向具有显著差异，不同地域农民收入水平和结构动态变化存在一定程度上的地域差异。张红宇（2015）、吕屹云等（2020）等研究得出要从引导农业农村各类资源优化配置入手，适应国内外市场需求，调整相关涉农惠农政策，因势利导优化各类收入来源在总收入中的比重。

就增收潜力与收入结构优化，格拉韦等（2013）得出拉丁美洲小农经济的迅猛发展使得农民与市场的关系更加紧密，带来了收入来源多样化和收入总水平的提升。蔡昉等（2005）、何蒲明（2010）等提出，因农业生产方式变革引致的农业生产效率提升，节约了农业就业人口数量，大量富余农村劳动力的非农就业带动了工资性收入显著增加，优化了农业收入和非农工资性收入的比重结构，非农收入已成为农民增收的主要来源渠道。杨柳（2012）等认为，农民自身素养、资源市场配置效率、经济社会体制等因素影响了农民增长，破除现有制度障碍后的农民收入增长潜力巨大，需要调整农民生产生活所面临的各类限制体制。姜会明（2017）、贺雪峰（2020）等认为农村经济整体活力不强、涉农科技对农业生产经营的贡献度不高、涉农政策无法聚焦、涉农科技因农业生产经营自身所限而无法得到有效推广，不同地域农民就业获利机会不同，使得农民收入增长乏力。

现有文献对农民增收做了大量系统研究，但大多文献都忽视了农业生产经营和农民所处的市场环境，缺乏在要素市场不完全条件下，对农民收入结构地域差异的深入探讨，无法有效聚焦农民收入来源结构优化与收入总水平提升的对策。目前，中国农民收入绝大部分都来源于要素性收入，要素市场扭曲在一定程度上影响农民收入可持续增长和收入来源结构优化，要素市场发展对于解决农民增收问题显得尤为重要。鉴于此，需要将农民收入结构优化和收入总水平提升置于要素市场扭曲下来探讨收入变动效应。本章的研究基于基尼系数探讨要素市场扭曲下农民收入总水平增长和不同收入来源变化的地域差异，并采用夏普利值分解法测算要素市场扭曲下农民收入不同来源结构和收入总水平的地域差异影响，对农民收入来源结构的地域差异进行系统研究，并与农民收入总体变化做对比分析，为采取精准施策，促进不同地域农民收入来源结构优化和收入总水平提升提供决策参考。

7.3 研究设计

7.3.1 数据来源

研究基于中国 28 个省（区、市）1997～2018 年面板数据进行分析，所有数据源自《中国统计年鉴》（1998～2019 年）、《中国农村统计年鉴》（1998～2019 年）、《中国 60 年统计资料汇编》《中国金融统计年鉴》（1998～2019 年）、《中国财政年鉴》（1998～2019 年）等。少数年份缺失的统计数据采用查找缺失数据省（区、市）相关网站的统计公报数据补充，极少数缺失数据用前后两年均值代替。为剔除物价水平变动影响和消除异方差的考虑，研究以 1997 年数据为基期，采用价格指数对数据做平减处理，并对所有变量取对数进行计算。

7.3.2 研究方法

7.3.2.1 农民收入区域差异的基尼系数测度

为客观、精确测算不同地域农民收入总水平和收入来源结构的地域差异及其变化，研究选取基尼系数（GINI）综合量化分析农民收入总水平和收入来源结构的地域差异。基尼系数指标值越大表示不同地域收入来源结构的差异越大，不同收入来源的不平等程度越高。量化地域收入差距时，通过比较基尼系数值能说明农民收入总水平和收入来源的差距是否过于悬殊，其数值介于 0 和 1 之间，系数值越接近 0，说明收入差距越小，反之越接近 1 表明收入差距越大。本章研究采用衡量收入差距的基尼系数是在洛伦兹曲线基础上演变出的指标，具体指标构建如式（7 - 1）所示。

$$\text{Gini} = \frac{\sum_{i=1}^{n} \sum_{j=1}^{n} |y_i - y_j|}{2n^2 \bar{y}} \qquad (7 - 1)$$

式（7 - 1）中的 y_i 和 y_j 分别表示第 i 个和第 j 个样本省份农民收入，研究主要指农民家庭收入总水平、家庭经营性收入、工资性收入、财产性收入和转移性收入，$\bar{y}$ 表示样本省份农民平均收入，n 表示样本省份的数目。由式（7 - 1）可知，基尼系数值大小在 0 和 1 之间，指数为 0 表示农民收入总水平和不同收入来源结构地域间无差异，指数为 1 则表示农民收入总水平和不同收入来源结构地域间完全差异。

7.3.2.2 农民收入总水平和收入来源结构的区域差异影响因素分解

为系统分析不同地域农民收入总水平和收入来源结构差异的成因，研究构建农民收入总水平和不同收入来源的收入决定模型方程，分别以农民收入总水平和不同收入来源（家庭经营性收入、工资性收入、财产性收入和转移性收入）为因变量，以要素市场扭曲（SCNQ）、农村人力资本（RLZB）、农村金融发展规模（JRFZ）、农业贸易开放度（MYKF）、农业规模经营水平（GMJY）、地区工业化水平（GYH）、涉农政策调整（SNZC）7 个变量为自变量，建立面板回归模型，并运用夏普利值分解法展开研究。不同地域农民收入总水平变化和不同收入来源变动的影响因素错综复杂，本章研究仅涉及上述七大因素，系统分析七大因素在农民收入总水平和不同收入来源结构的地域差异形成中的影响机制与路径，建立面板数据模型如式（7-2）所示。

$$\ln(Y) = \alpha + \beta_1 SCNQ + \beta_2 RLZB + \beta_3 JRFZ + \beta_4 MYKF +$$
$$\beta_5 GMJY + \beta_6 GYH + \beta_7 SNZC + \mu \qquad (7-2)$$

式（7-2）中，Y 为样本省份农民收入（农民收入总水平、家庭经营性收入、工资性收入、财产性收入和转移性收入）。要素市场扭曲（SCNQ），将借鉴施炳展等（2012）、尚晓晔（2015）等研究方法测算，研究将采用资本市场、劳动力市场和土地市场三大要素扭曲值的平均值来衡量。农村人力资本（RLZB），以农村平均受教育程度进行计算得到农村人力资本变量。农村金融发展规模（JRFZ），采用农村存贷款之和占第一产业国内生产总值的比重来衡量。农业贸易开放度（MYKF），根据当期汇率转换为人民币的进出口农产品总值与地区生产总值比值进行计算。农业规模经营水平（GMJY），以农业机械总动力与地区耕地面积之比表示。地区工业化水平（GYH），采用第二产业增加值占地区生产总值比重来表示。涉农政策调整（SNZC），采用涉农财政支出与地区生产总值之比表示。μ 表示已有变量之外的其他因素对农民收入的随机误差影响。以式（7-2）回归结果为基础，基于夏普利值分解收入不平等方法，能够得到七大影响因素对农民收入总水平和来源结构的贡献度及贡献大小排序，从而明确影响农民收入总水平和来源结构的七大因素相对重要性排序。

7.4 实证过程与结果分析

7.4.1 农民收入区域差距变动

依据式（7-1）计算出农民总收入、家庭经营性收入、工资性收入的地域差异变动结果详见表7-1。1997~2018年农民总收入基尼系数持续保持在0.37左右，2004年基尼系数最低，2015年最高，分别为0.3124和0.3839，处在收入差距合理范围之内。工资性收入的基尼系数值明显高于家庭经营性收入，平均值分别为0.358和0.256，说明不同地域农民非农工资性收入存在很大的差异，对农民收入总水平的影响较大。表7-1结果可以看出中国近20年来农民收入总水平、家庭经营性收入、工资性收入的差距相对较小，不同年份间虽有波动，但各类收入的基尼系数值有上升趋势，不断接近国际收入差距警戒线。中国农民总收入的基尼系数变化与工资性收入变化趋势一致，不同地域经济发展水平差异引致了工资性收入差异，非农就业获得的收入是导致农民收入地域差距的主要因素，说明工资性收入地域差距可能是引发农民收入总水平地区差异的原因之一。

表7-1　　1997~2018年中国农民收入地域差异的基尼指数值

年份	总收入	家庭经营性收入	工资性收入	年份	总收入	家庭经营性收入	工资性收入
1997	0.3285	0.23652	0.3311	2002	0.3522	0.25356	0.3551
1998	0.3369	0.24252	0.3397	2003	0.3576	0.25752	0.3604
1999	0.3361	0.24204	0.3387	2004	0.3124	0.24648	0.3452
2000	0.3451	0.24852	0.3478	2005	0.3170	0.24264	0.3397
2001	0.3504	0.25224	0.3533	2006	0.3149	0.24108	0.3377

续表

年份	总收入	家庭经营性收入	工资性收入	年份	总收入	家庭经营性收入	工资性收入
2007	0.3352	0.24132	0.3379	2013	0.3789	0.2729	0.3820
2008	0.3404	0.2450	0.3431	2014	0.3728	0.2684	0.3757
2009	0.3609	0.2598	0.3639	2015	0.3839	0.2764	0.3870
2010	0.3505	0.2556	0.3578	2016	0.3818	0.2749	0.3847
2011	0.3656	0.2633	0.3683	2017	0.3789	0.2729	0.3820
2012	0.3636	0.2618	0.3665	2018	0.3728	0.2684	0.3757

资料来源：笔者根据《中国统计年鉴》（1997～2019 年）等数据通过式（7-1）计算得到。

7.4.2 基于农民收入决定方程的回归结果分析

研究基于 F 统计值、LM 检验及 Hausman 检验，选择固定效应。同时，使用 Wooldridge 检验、Pesaran 检验、Wald 检验，结果表明同时存在异方差、自相关和截面相关等问题，因此，研究最终选用全面广义最小二乘法（FGLS）对计量模型进行估计，结果详见表 7-2。

表 7-2　　　　农民总收入和四大收入来源的模型回归结果

变量	总收入	家庭经营性收入	工资性收入	财产性收入	转移性收入
要素市场扭曲（SCNQ）	-0.0261 *** (0.0000)	-0.0082 ** (0.0030)	-0.0316 ** (0.0062)	-0.0125 * (0.0336)	0.0323 ** (0.0021)
农村人力资本（RLZB）	0.0269 *** (0.0000)	0.0214 ** (0.0082)	0.0557 ** (0.0065)	0.0549 * (0.0092)	0.0318 ** (0.0067)
农村金融发展规模（JRFZ）	0.0160 * (0.0291)	0.0231 ** (0.0039)	0.0161 ** (0.0048)	0.0617 ** (0.0063)	0.0054 * (0.0052)
农业贸易开放度（MYKF）	0.0416 * (0.0222)	-0.0525 ** (0.0021)	0.0315 ** (0.0056)	0.0442 * (0.0142)	0.0078 ** (0.0003)

变量	总收入	家庭经营性收入	工资性收入	财产性收入	转移性收入
农业规模经营水平 （GMJY）	0.0115 *** （0.0000）	0.0783 *** （0.0000）	- 0.0327 ** （0.0089）	0.0481 *** （0.0000）	0.0505 *** （0.0000）
地区工业化水平 （GYH）	0.0548 *** （0.0000）	0.0136 * （0.0188）	0.0529 *** （0.0000）	0.0148 *** （0.0000）	0.0709 *** （0.0000）
涉农政策调整 （SNZC）	0.0522 * （0.0392）	0.0123 ** （0.0014）	- 0.02468 ** （0.0021）	0.0294 ** （0.0000）	0.0266 *** （0.0000）
C	1402.7440 *** （0.0000）	2432.6793 ** （0.0081）	843.3357 * （0.0349）	526.8642 * （0.0062）	312.7731 ** （0.0035）
R^2	0.8286	0.9312	0.8911	0.8455	0.8186

注：表中 ***、**、* 分别表示通过1%、5%、10%的显著性检验，括号内数值为系数标准差。

资料来源：笔者根据公式计算所得。

表7-2结果显示，农民总收入和四大收入来源回归方程的变量系数基本符合预期，要素市场扭曲不仅制约农民收入总水平的增长，也抑制了家庭经营性收入、工资性收入、财产性收入的增长。其余多数变量都在5%水平上显著促进了农民收入增长，说明表7-2中5个回归结果稳健，表明五大收入模型都能较好解释变量间的相互关系。

从具体影响因素看，要素市场扭曲在5%水平上显著抑制了农民总收入、家庭经营性收入、工资性收入、财产性收入增长，说明不断深化要素市场改革才能有助于农民增收。而要素市场扭曲在5%水平上显著增加农民转移性收入，究其原因转移性收入属于非要素收入，其与要素市场关联不大，且属于二次收入分配，与相关涉农政策调整有关。改革开放以来，一系列收入分配制度调整在一定程度上消除了要素市场扭曲带来的收入分配的扭曲效应，体现了涉农政策的公平、合理性。

农村人力资本在5个回归方程中都有助于农民增收，农村人力资本提高可以直接增加非农工资性收入，也能因自身素质提升带动涉农科技应用最终增加家庭经营性收入。农村金融发展规模在 5% 显著性水平上促进农民收入总水平和四大来源的收入水平提高，但其增收总体效果不明显，说明现有农村金融发展规模和效率的农民收入增长效应尚未完全发挥，需要进一步活化农村金融制度，释放金融活水功能。农业贸易开放度在 1% 水平上显著抑制了家庭经营性收入，在 5% 水平上促进了农民总收入、工资性收入、财产性收入、转移性收入增长，农业贸易开放的农民增收效果不显著可能是因为中国农业国际贸易竞争力不强，出口优势不显著，长期农产品贸易逆差阻碍了农民增收，迫切需要扭转农业贸易格局。农业规模经营水平提高抑制了工资性收入增长，却有助于其他来源的收入增长，通过土地流转扩大了家庭资源数量，通过土地、资本、劳动力等要素配置的重组，提高了农业生产经营效率。地区工业化水平显著增加了农民所有类别收入水平，有助于农民非农就业的工资性收入增长，有助于初级农产品的售卖价格提高，有助于农民所拥有的各类财产的价值增值，也使得地方政府能够获得更多的财政收入来保障各类涉农转移性支付。除工资性收入外，涉农政策调整在 5% 显著性水平上促进了农民增收，但对农民收入总水平的促进效果不明显，涉农政策可能与现实需要不匹配。

7.4.3　分解结果

由于地域差异显著，不同地域相关影响因素有较大差异，这些因素差异引致了农民收入总水平和不同来源结构的地域差异。本章研究关注七大因素对不同地域农民收入总水平和不同来源结构的地域差异贡献度，需要借助夏普利值分解展开进一步探讨。表 7-2 中 5 个收入决定模型系数都在 5% 显著性水平上通过显著性检验，基本符合夏普利值分解要求，以其结果构建夏普利值分解的回归函数：

$$\ln(Y_{总}) = 1402.7440 - 0.0261SCNQ + 0.0269RLZB + 0.0160JRFZ +$$

$$0.0416MYKF + 0.0115GMJY + 0.0548GYH + 0.0522SNZC$$

$$(7-3)$$

$$\ln(Y_{家}) = 2432.6793 - 0.0082SCNQ + 0.0214RLZB + 0.0231JRFZ -$$
$$0.0525MYKF + 0.0783GMJY + 0.0136GYH + 0.0123SNZC$$

$$(7-4)$$

$$\ln(Y_{工}) = 843.3357 - 0.0316SCNQ + 0.0557RLZB + 0.0161JRFZ +$$
$$0.0315MYKF - 0.0327GMJY + 0.0529GYH - 0.02468SNZC$$

$$(7-5)$$

$$\ln(Y_{财}) = 526.8642 - 0.0125SCNQ + 0.0549RLZB + 0.0617JRFZ +$$
$$0.0442MYKF + 0.0481GMJY + 0.0148GYH + 0.0294SNZC$$

$$(7-6)$$

$$\ln(Y_{转}) = 312.7731 + 0.0323SCNQ + 0.0318RLZB + 0.0054JRFZ +$$
$$0.0078MYKF + 0.0505GMJY + 0.0709GYH + 0.0266SNZC$$

$$(7-7)$$

为更精准分解七大变量对农民收入总水平和四大来源结构变化的贡献度及排序，本章研究以农民收入的基尼系数值计算农民收入总水平和收入来源结构变化的影响因素贡献率后，按照年均贡献率高低对核心变量的贡献度进行排序。研究选用 LIMDEP 计量软件进行农民收入夏普利值的分解和运算结果见表 7-3 和表 7-4。

表 7-3　　　　　　　　1997~2018 年影响变量分解结果

农民总收入	1997~2000年平均	2001~2004年平均	2005~2008年平均	2009~2012年平均	2013~2016年平均	2017年	2018年
要素市场扭曲	0.521	0.483	0.403	0.394	0.326	0.312	0.318
农村人力资本	0.260	0.259	0.251	0.261	0.212	0.273	0.224
农村金融发展规模	0.097	0.135	0.110	0.113	0.054	0.051	0.043
农业贸易开放度	0.259	0.107	0.148	0.137	0.079	0.112	0.119

续表

农民总收入	1997~2000 年平均	2001~2004 年平均	2005~2008 年平均	2009~2012 年平均	2013~2016 年平均	2017 年	2018 年
农业规模经营水平	0.134	0.173	0.208	0.150	0.174	0.161	0.253
地区工业化水平	0.184	0.209	0.229	0.300	0.366	0.352	0.337
涉农政策调整	-0.453	-0.365	-0.347	-0.355	-0.210	-0.261	-0.294

家庭经营性收入	1997~2000 年平均	2001~2004 年平均	2005~2008 年平均	2009~2012 年平均	2013~2016 年平均	2017 年	2018 年
要素市场扭曲	0.322	0.315	0.361	0.250	0.254	0.322	0.315
农村人力资本	0.201	0.209	0.270	0.218	0.179	0.201	0.209
农村金融发展规模	0.188	0.190	0.043	0.141	0.134	0.188	0.190
农业贸易开放度	0.118	0.110	0.062	0.090	0.095	0.118	0.110
农业规模经营水平	0.166	0.212	0.139	0.229	0.252	0.166	0.212
地区工业化水平	0.182	0.248	0.293	0.282	0.320	0.182	0.248
涉农政策调整	-0.178	-0.284	-0.168	-0.209	-0.235	-0.178	-0.284

工资性收入	1997~2000 年平均	2001~2004 年平均	2005~2008 年平均	2009~2012 年平均	2013~2016 年平均	2017 年	2018 年
要素市场扭曲	0.342	0.333	0.348	0.343	0.350	0.342	0.333
农村人力资本	0.226	0.235	0.191	0.240	0.202	0.226	0.235
农村金融发展规模	0.045	0.045	0.022	0.020	0.017	0.045	0.045
农业贸易开放度	0.101	0.096	0.055	0.078	0.083	0.101	0.096
农业规模经营水平	0.123	0.126	0.146	0.135	0.213	0.123	0.126
地区工业化水平	0.377	0.394	0.386	0.363	0.337	0.377	0.394
涉农政策调整	-0.214	-0.230	-0.147	-0.180	-0.202	-0.214	-0.230

资料来源：笔者根据《中国统计年鉴》（1998~2019 年）等数据计算得到。

表 7-4 总体年均贡献率和贡献度排序

项目		要素市场扭曲	农村人力资本	农村金融发展规模	农业贸易开放度	农业规模经营水平	地区工业化水平	涉农政策调整
收入总水平	年均贡献率	0.415	0.248	0.097	0.143	0.171	0.265	-0.340
	贡献度排序	1	3	6	5	4	2	7
家庭经营性收入	年均贡献率	0.306	0.212	0.153	0.100	0.197	0.251	-0.219
	贡献度排序	1	3	5	6	4	2	7
工资性收入	年均贡献率	0.342	0.222	0.034	0.087	0.142	0.375	-0.202
	贡献度排序	2	3	6	5	4	1	7

资料来源：笔者根据《中国统计年鉴》（1998～2019年）等数据计算得到。

表7-3、表7-4显示，涉农政策调整能显著缩小农民收入总水平和不同收入来源结构的地域差异，其他六大因素引致了农民收入总水平增长和收入来源结构的地域差异。要素市场扭曲对农民收入总水平和家庭经营性收入的地域差异影响最大，分别为0.415和0.306，位列第1位，说明农民收入总水平和家庭经营性收入的地域差异主要由要素市场扭曲造成的，是农民收入地域差异扩大的主要因素之一。要素市场扭曲对农民工资性收入的地域差异影响位列第2位，说明要素市场扭曲通过影响家庭经营性收入和工资性收入进而影响农民收入总水平的地域差异。从要素市场扭曲对农民收入总水平和不同收入来源的地域差异平均贡献率来看，呈现不断下降趋势，说明改革开放以来社会主义市场机制的建立在一定程度上降低了要素市场扭曲，进而降低了对农民收入地域差异的负面影响，但是贡献度数值依然较高，今后需要进一步推进要素市场化改革，降低要素市场扭曲对农民增收的阻碍效应。

地区工业化水平是导致不同地域农民收入总水平和家庭经营性收入差异的第2大影响因素，其是造成工资性收入地域差异的首要因素。从其平均贡献率来看，不同地域工业化进程差异扩大了农民工资性收入地域差异，而对家庭经营性收入影响呈现先上升后下降的倒 U 型状态，说明其是造成农民不同收入来源的地域差异原因之一。农村人力资本是农民收入总水平、家庭经营性收入和工资性收入地域差异的第 3 大影响因素，平均贡献率相对稳定，说明近年来不断加大农村基础教育和各类培训等有助于缩小农民收入的地域差异。农业规模经营水平对农民收入总水平、家庭经营性收入和工资性收入地域差异的贡献位列第 4 位，说明不同地域土地流转活跃程度、涉农科技的应用等引发了农业规模经营水平的地域差异，进而扩大了农民增收的地域差异。农业贸易开放度、农村金融发展规模是农民收入地域差异的第 5 位、第 6 位影响因素，说明其对农民收入地域差异的扩大不具有显著效应，仍然要不断加大农业贸易开放，提升农村金融发展水平，充分发挥其对农民增收的促进效应。涉农政策调整对农民收入总水平和不同收入来源的地域差异贡献率均为负值，年均贡献率分别为 - 0.340、- 0.219 和 - 0.202，涉农政策调整能够缩小农民收入地域差异，说明不断调整优化的涉农政策能弥补因市场机制不健全导致的农民收入地域差异，有助于缩小农民收入地域差距。

7.5　研究结论与政策建议

7.5.1　研究结论

研究探讨地域差异视角下的要素市场扭曲对农民收入总水平增长和不同收入来源结构的地域差异，量化分析包括要素市场扭曲等七大影响因素对不同地域农民收入差异的贡献率和贡献排序。研究采用选取基尼系数分析农民收入总水平和不同收入来源结构的地域差异，结果发现农民收入总水平地域差异呈逐年扩大趋势，工资性收入的基尼系数值明显高于家庭经营性收入，农民收入总水平和工资性收入的基尼系数值趋向于国际收入差距警戒线，不同地域经济发展水平引致了农民不同收入来源的地域差异。农民收入决定方程结果表明，要素市场扭曲阻碍了不同地域农民总收入及不同来源的收入增长，而其他因素具有显著的增收效应，都有助于农民收入总量增长和不同来源的增长。夏普利值分解结果显示要素市场扭曲、农村人力资本、地区工业化水平是导致不同地域农民总收入差异和不同收入来源的收入地域差异扩大的前3位因素，涉农政策调整能够缩小农民收入总水平和各类收入来源的地域差异。

7.5.2 政策建议

结合研究结论，要缩小农民收入地域差异，全面提升农民收入总水平，优化农民收入不同来源构成，研究主要从要素市场扭曲下优化提高农民收入的角度提出以下建议：

架构完善的竞争性要素市场体系。兼顾控制地域收入差异和农民持续增收的利益联结机制，通过深化包括户籍、土地、金融等制度创新在内的要素市场改革，不断优化要素市场资源配置机制，提升资本、劳动力、土地等各类要素市场化水平，充分利用公平合理的市场交易机制促进农民增收。

改革优化现有资源要素配置，提高资源要素利用效率。包括推动多要素集聚、多产业叠加、多领域联动、多环节增效等，优化调整涉农政策组合，因地制宜提升农业规模经营水平，全面提升农民自身素质，全面提升农业全要素生产率，充分发挥农村金融发展规模效应，为农民增收打下坚实基础。

优化不同地域农民收入结构，挖掘不同地域要素市场化改革对农民收入结构优化的作用。多方助力，进一步降低农民负担，提高农民家庭经营性收入总量，增加土地规模化经营主体的经营性收入，保护农民的土地承包权等财产权利，切实加快"三变"改革进程增加农民的财产性收入，探索建立要素市场改革进程下的促进农民收入增长和收入来源结构优化的支持补偿机制。

7.6 本章小结

研究基于基尼系数探讨要素市场扭曲下农民收入总水平增长和不同收入来源变化的地域差异，采用夏普利值分解法量化分析包括要素市场扭曲等七大影响因素对不同地域农民收入差异的贡献率和贡献排序。研究发现：农民收入总水平地域差异呈逐年扩大趋势，工资性收入的基尼系数值明显高于家庭经营性收入，农民收入总水平和工资性收入的基尼系数值趋向于国际收入差距警戒线；要素市场扭曲阻碍了不同地域农民总收入及不同来源的收入增长，而其他因素具有显著的增收效应；要素市场扭曲、农村人力资本、地区工业化水平是导致不同地域农民总收入差异和不同收入来源地域差异扩大的前 3 位因素，涉农政策调整能够缩小农民收入总水平和各类收入来源的地域差异。

参 考 文 献

［1］蔡昉，王德文. 经济增长成分变化与农民收入源泉［J］. 管理世界，2005（5）：77 - 83.

［2］程国强，朱满德. 2020 年农民增收：新冠肺炎疫情的影响与应对建议［J］. 农业经济问题，2020（4）：4 - 12.

［3］程名望，史清华，Jin Yanhong. 农户收入水平、结构及其影响因素——基于全国农村固定观察点微观数据的实证分析［J］. 数量经济技术经济研究，2014（5）：3 - 19.

［4］关浩杰. 二元经济转换过程中农民收入结构变化规律及实证分析［J］. 商业经济研究，2016（21）：148 - 150.

［5］郭庆海. 当前农村改革的若干重大问题［J］. 当代经济研究，2015（2）：38 - 39.

［6］贺雪峰. 半市场中心与农民收入区域差异［J］. 北京工业大学学报（社会科学版），2020（4）：1 - 6.

［7］何蒲明. 中国农村居民收入结构与消费关系的实证研究及趋势展望［J］. 农业展望，2010（7）：39 - 42.

［8］姜会明，孙雨，王健，等. 中国农民收入区域差异及影响因素分析［J］. 地理科学，2017（10）：1546 - 1551.

［9］蒋含明. 要素市场扭曲如何影响我国城镇居民收入分配？——基于 CHIP 微观数据的实证研究［J］. 南开经济研究，2016（5）：132 - 144，153.

［10］吕屹云，蔡晓琳. 农业科技投入、区域经济增长与农民收入关系研究——以广东省 4 个区域为例［J］. 农业技术经济，2020（4）：127 - 133.

［11］刘长庚，王迎春. 我国农民收入差距变化趋势及其结构分解的实证研究［J］. 经济学家，2012（11）：68 - 75.

［12］刘纯彬，陈冲. 我国省际间农民收入差距的地区分解与结构分解：1996—2008［J］. 中央财经大学学报，2010（12）：67 - 72.

［13］苏岚岚，孔荣. 农民金融素养与农村要素市场发育的互动关联机理研究［J］. 中国农村观察，2019（2）：61 - 77.

［14］万年庆，李红忠，史本林. 基于偏离—份额法的我国农民收入结构演进的省际比较［J］. 地理研究，2012（4）：672 - 686.

［15］施炳展，冼国明. 要素价格扭曲与中国工业企业出口行为［J］. 中国工业经济，2012（2）：47 - 56.

［16］尚晓晔. 要素市场价格扭曲对中国经济的影响—理论与实证［D］. 武汉：武汉大学，2016.

［17］王菁，焦娜. 农村金融发展对农民收入影响的地区差异研究——基于收入回归的 Shapley 分解［J］. 浙江金融，2018（9）：73 - 80.

［18］王小华，温涛. 农民收入超常规增长的要素优化配置目标、模式与实施［J］. 农业经济问题，2017（11）：30 - 39，110 - 111.

［19］王德文. 深化要素市场改革，建立农民增收长效机制［J］. 农村财政与财务，2010（5）：33 - 34.

［20］许经勇．农民收入增长缓慢与要素市场发育滞后问题研究［J］．经济经纬，2008（1）：105 - 108.

［21］杨华．农民家庭收入地区差异的微观机制研究［J］．河南社会科学，2019（9）：84 - 96.

［22］杨柳.2012 要素市场与农民增收问题研究［J］．山西财经大学学报，2012（S3）：4 - 5.

［23］张红宇．新常态下的农民收入问题［J］．农业经济问题，2015（5）：4 - 11.

［24］张宇青，周应恒，易中懿．农村金融发展、农业经济增长与农民增收—基于空间计量模型的实证分析［J］．农业技术经济，2013（11）：55 - 56.

第8章 研究结论与对策建议

8.1 研究结论

8.1.1 三大要素市场扭曲阻碍了农业全要素生产率增长

以中国 28 个省（区、市）作为研究样本，在测算要素市场扭曲和农业全要素生产率的基础上，利用空间计量模型分析要素市场扭曲对农业全要素生产率空间影响及其效应分解。研究结果表明：中国资本市场、劳动力市场、土地等要素市场扭曲度比较高，同时呈现显著的地区差异。中国农业全要素生产率增长以技术进步驱动为主，大多数省份的技术效率不高，同时呈现出东部地区高于中西部地区的区域不平衡特点。要素市场扭曲对农业全要素生产率的影响为负，资本市场、劳动力市场、土地等要素市场扭曲在一定程度上阻碍了农业全要素生产率的提升。要素市场扭曲对全要素生产率具有一定的空间溢出效应，也在一定程度上抑制了全要素生产率增长。

8.1.2 考虑非期望产出的农业绿色全要素生产率更能体现中国农业发展现状，要素市场扭曲抑制了农业绿色全要素生产率增长

在考虑碳排放和农业面源污染等非期望产出情况下，采用基于非

径向非角度的 SBM 方向性距离函数构建 Malmquist 生产率指数对 28 个省（区、市）1997～2018 年农业绿色全要素生产率进行测算，最后采用空间杜宾模型探讨要素市场扭曲下农业绿色全要素生产率空间影响。研究结果表明：考虑碳排放和农业面源污染等非期望产出的农业绿色全要素生产率相比于不考虑环境因素的全要素生产率更符合中国农业高质量绿色发展的实际水平。无论是否纳入非期望产出，中国农业全要素生产率提升多数源于农业技术进步，较少出现农业技术进步和技术效率双轮助推的情形，技术效率不足抑制了农业全要素生产率显著提升。农业绿色全要素生产率虽呈现增长趋势，但增速较缓慢，且不同地域存在显著差异；要素市场扭曲对农业绿色全要素生产率的影响为负，其余多数变量显著提高了农业绿色全要素生产率水平，但也具有一定的空间溢出效应，阻碍了不同地域农业绿色全要素生产率同步增长。中国具有显著的地域差异，不同地域要素市场水平、农业生产水平、资源要素禀赋条件等都呈现东、中、西部地区梯度差异。因此，从当下中国农业生产实际着手，急需采取差异化发展政策，在要素市场扭曲下结合不同地域特点，制定提升农业绿色全要素生产率各类政策措施，精准施策，推动不同地域农业绿色全要素生产率的全面均衡提升。

8.1.3 不同地域农民收入及其四大来源构成均具有明显空间关联性，影响不同地域不同收入来源类型的因素存在显著空间差异

基于中国农民收入增长和收入结构调整的现实，通过构建影响农民收入增长和结构变化影响因素的空间自回归模型和空间误差模型，并将其影响效果分解为直接效应和间接效应，探讨影响因素对农民收入变化的方向和程度的影响。通过实证研究得出：农业规模经营水平、农村市场经济水平等因素的改善能够有效促进家庭经营收入的改

善，地区工业化水平、农民自身素质等因素显著提升工资性收入，转移性收入主要受到金融规模、政府干预的影响，财产性收入受农村市场经济水平和地区工业化的影响显著。不同地域农民收入及其四大来源构成均具有明显空间关联性，影响不同地域、不同收入来源类型的因素存在显著空间差异。

8.1.4 要素市场扭曲显著抑制了农民收入增长，是农民收入地域差异扩大的首位因素

基于 28 个省（区、市）1997～2018 年面板数据，采用收入分配不平等程度测度指标，综合量化分析农民收入的地域差异，发现农民收入地域差异呈逐年扩大趋势，虽有所波动，但是总体数值趋向于国际收入差距警戒线。实证分析结果表明，不同地域要素市场扭曲对农民收入增长具有显著负向影响，而农村人力资本、农村金融发展规模、农业贸易开放度、农业规模经营水平、地区工业化水平、涉农政策调整等因素均对农民收入增长有显著正向影响。通过 Shapley 值分解得到影响农民收入地域差异的主要因素排序显示，要素市场扭曲是造成农民收入地域差异扩大的首位因素，涉农政策调整是唯一缩小农民收入地域差异的因素，其余因素也都在一定程度上扩大了农民收入的地域差异。

8.1.5 要素市场扭曲对农民收入增长起到显著的阻碍作用，还存在显著的空间溢出效应，制约着邻近地区农民收入的提升

采用空间计量模型研究了要素市场扭曲下不同类别因素对农民收入增长的影响及空间效应分解，探讨影响因素农民收入变化的方向和程度。研究得出：农民收入具有较强的空间依赖性，不同地区农民收

入存在显著空间关联效应。资本市场、劳动力市场、土地市场等要素市场存在的较为严重的市场扭曲对农民收入增长起到显著的阻碍作用。要素市场扭曲不仅对本地区农民收入增长起到阻碍作用，还存在显著的空间溢出效应，制约着邻近地区农民收入的提升。农业规模经营水平、地区工业化水平显著促进了本地区和邻近地区农民收入增长，农村人力资本虽有助于农民增收但作用尚未完全发挥，农村金融发展规模、涉农政策调整有助于本地区农民增收但抑制了邻近地区农民收入增长，农业贸易开放度对农民收入增长所有效应为负但显著性不高，今后需要进一步理顺各影响因素，充分发挥各类因素增收效能。

8.1.6　要素市场扭曲阻碍了不同地域农民总收入及不同来源的收入增长，要素市场扭曲导致不同地域农民总收入差异和不同收入来源的收入地域差异扩大

探讨地域差异视角下的要素市场扭曲对农民收入总水平增长和不同收入来源结构的地域差异，量化分析包括要素市场扭曲等七大影响因素对不同地域农民收入差异的贡献率和贡献排序。研究采用选取基尼系数分析农民收入总水平和不同收入来源结构的地域差异，结果发现农民收入总水平地域差异呈逐年扩大趋势，工资性收入的基尼系数值明显高于家庭经营性收入，农民收入总水平和工资性收入的基尼系数值趋向于国际收入差距警戒线，不同地域经济发展水平导致农民不同收入来源的地域差异。农民收入决定方程结果表明，要素市场扭曲阻碍了不同地域农民总收入及不同来源的收入增长，而其他因素具有显著的增收效应，都有助于农民收入总量增长和不同来源的增长。夏普利值分解结果显示要素市场扭曲、农村人力资本、地区工业化水平是导致不同地域农民总收入差异和不同来源的收入地域差异扩大的前3位因素，涉农政策调整能够缩小农民收入总水平和各类收入来源的地域差异。

8.2 对策建议

结合本书研究结论，要缩小农民收入地域差异，全面提升农民收入总水平，优化农民收入不同来源构成。从目前的实际情况看，试图单一全局的农民增收政策，可能难以满足农民收入增长和收入结构优化，地区农民收入不平衡的格局将在未来一段时期持续存在，进而需要结合各地区经济发展的实际差异化制定相应政策。从目前中国农业生产经营的实际情况看，现有各类旨在提升农民收入和缩小城乡收入差距的政策，在要素市场扭曲的环境下可能无法发挥其效用，因此研究提出以下 5 个方面的对策建议：

8.2.1 破除制度性障碍，建立持久长效农民收入增长机制

继续深化资本、劳动力、土地等要素市场改革，加快推进农业供给侧改革，推进农村集体产权制度改革，提高各类要素市场配置效率，改善城乡收入分配格局，构建农民利用和参与市场的路径，不断提高农民的非农工资收入水平，确保农民农业收入和财产性收入稳步增长。

架构完善的竞争性要素市场体系。兼顾控制地域收入差异和农民持续增收的利益联结机制，通过深化包括户籍、土地、金融等制度创新在内的要素市场改革，不断优化要素市场资源配置机制，提升资本、劳动力、土地等各类要素市场化水平，充分利用公平合理的市场交易机制促进农民增收。

通过深化要素市场改革，不断优化要素市场资源配置机制，提升资本、劳动力、土地等各类要素市场化水平，充分利用公平合理的市场交易机制，发挥各类要素资源配置的市场作用，提升农民参与市场

交易的水平。全面深化不同地域各类要素市场改革，消除要素市场扭曲对农业绿色全要素生产率提升的阻碍效应。将东部省份要素市场化改革的经验做法推广到中西部省份，协调不同地域间的相关政策。运用市场手段优化配置各类涉农资源要素，通过要素资源地域间和地域内的自由流动实现要素资源的市场价值。优化农业生产资源投入产出结构，全面提升不同地域农业生产资源的配置效率，实现中国农业生产的各类地域比较优势，助推农业绿色全要素生产率有效增长。

通过要素市场化改革，理顺政府管制和市场自发交易的关系，协调区域内和区域间的各项政策，统筹采取各类资源配置方式，在条件具备的情况下完全通过市场交易机制，不断扭转区域资源错配，打破制度障碍，发挥不同地域的资源优势，提升农业各类资源配置效率。破除制度障碍，提升农村市场经济水平，发挥金融溢出效应。

通过明晰各类产权，赋予农民更多的财产权利，完善农村产权交易制度，激活农村沉睡资产，保障农民财产在市场交易中获得应有价值水平。要通过金融制度改革，提升农业生产经营中的金融资本规模，减少金融漏出效应。大力支持返校农民创业创新，激活潜能，通过各类政策激励更多懂经营、会管理的人才扎根农村，增加返乡农民的家庭经营性收入和工资性收入。

8.2.2 继续优化调整涉农政策组合，进一步理顺各类涉农政策的增收机理

针对不同地域农民增收受阻所面临的主客观因素，采取差异化的涉农政策，提升不同地域的涉农政策支持的精准性。持续加大涉农政策调整，发挥各项政策对农业农村生产经营的促进作用，大力吸引各类人才回流农村，改善农业高素质人才不足的问题，不断加快农业科技创新，发挥农业高质量发展的科技进步效应。优化各类涉农保障措施，建立现代农业高质量绿色发展的政策体系。

优化各类涉农政策绿色生产补贴力度，完善农业绿色发展的配套基础设施，为农业绿色发展提供系列配套资金、技术、设备等，降低农业生产对环境资源的破坏。优化涉农绿色金融支撑，提升和改善农村绿色金融发展水平和效率，确保各类金融机构优先支持绿色农业生产经营主体，解决农业绿色化生产中出现的资金短缺等难题。

大力提升农村人力资本水平，推进农民身份转变，让更多有能力有想法的人加入农民职业，为现代绿色农业发展奠定人才基础，加快各类涉农绿色技术应用，实现农业绿色经济效应提升。合理合法发挥政府效能，完善各类涉农政策。通过合理的制度设计完善农业补贴制度，有效提升农民转移性收入水平。

通过制度创新实现农民增产增收，完善各类政策着力点，实现农业增产增效。进一步优化调整土地制度和金融制度，最大限度地实现农民财产价值。协调不同地区涉农政策，减少地区间的政策竞争，避免短视行为，切实长效提升农民收入。因此，在加快推进城乡市场一体化发展基础上，着力提高农村生产力的发展，培育农业竞争力，最终才能从根本上确保农民收入的持久有效增加。

完善区域政策，加快区域协调快速、均衡、高质量发展。加快区域联动，打破一定范围内地域行政障碍，发挥各类涉农政策的空间溢出效应，规避消除要素市场流动障碍，调整区域考核标准，实现不同地域农民利益共享联结，避免总体利益受损的区域间竞争，整合区域要素资源开展区域专业化分工协作。

8.2.3　优化农业生产区域格局，筑牢农民增收基础

持续加大涉农政策调整，充分发挥各类资源要素的空间溢出效应，制定合理的区域农业发展战略，通过农业生产技术帮扶和管理经营经验传授等方式推动东部省份农业生产效率向中西部省份的空间梯度转移。统筹谋划不同地域各类土地资源的开发规划，结合不同地域农业

生产经营特点深化涉农土地制度改革，制定涉农土地流转、使用相关政策，增强农民收入可持续提升的要素资源基础。

不同地域依据本地域特点建立统一惠农、支农的各类补贴综合平台，打造公开透明的发放流程，打通各类平台数据通道，实现不同平台间相关数据的共享。运用好国家各类政策，精准足额对涉农相关补贴进行及时发放，确保政策有效性。

依据不同地域农业发展实际，加快促进贫困户、低收入农户的收入增长，充分了解不同地域农民增收难的关键所在，通过输血式帮扶搞活农业生产方式，多种方式促使农民广泛参与到各类帮扶措施中，确保转移性支出能够落到实处，最终通过转移性收入来确保农民总收入的增长。

改革优化现有资源要素配置，提高资源要素利用效率。包括推动多要素集聚、多产业叠加、多领域联动、多环节增效等，优化调整涉农政策组合，因地适宜提升农业规模经营水平，全面提升农民自身素质，全面提升农业全要素生产率，充分发挥农村金融发展规模效应，为农民增收打下坚实基础。

通过各类政策激励各类人才返乡创业，改善农业高素质人才不足，发挥农业高质量发展的科技进步效应，全面均衡中国农业生产总体效率。变革农业生产方式，推进农业绿色生产。在"两山"理念指引下，采用绿色生产要素投入组合，有效降低农业生产所带来的环境污染等非期望产出水平，确保农村生态不被破坏，实现农业生态资源价值向经济价值转变，稳步提升农业生态环境效应。

大力变革农业绿色生产技术，持续推进农业生产技术创新，发挥各项政策对农业绿色生产的助推作用，优化农业生产技术效率，实现技术进步和技术效率双轮驱动农业绿色全要素生产率稳步大幅提升。

8.2.4 改善农民收入结构，优化农民收入来源

建立健全覆盖不同层级的分级分类教育培训，强化各类涉农政策

保障和技能教育培训，加大对返乡就业创业的农民培训教育，丰富农民各类就业技能，促进不同地域农民实现充分就业。依据不同地域资源要素特征进一步优化营商环境，推动三产协调健康发展，提升农民本地非农就业机会，大幅提高农民非农工资性收入。

农民财产性收入在近年来有所增长，但是所占比重却始终维持在较低水平，因此，要通过不断深化农村改革，通过市场化交易方式提高农民财产收入所占的份额。深入推进"三变""三权分置"等集体所有制下的产权制度改革，完善农村各类资源要素的产权交易平台，通过市场机制实现资源要素的市场交易。通过制度创新组建培育农业现代经营主体，共同参与长期分享集体资产的收益，实现农民财产性收入的持续增长。

优化农业生产布局，充分发挥区域农产品生产优势。通过布局调整提高农业生产效率和农业综合效益，不断提升优势农产品质量，引导各地生产具有国际竞争力的特色农产品，适度加强对农业生产的合理支持力度，加大农业基础设施建设，抵御农业生产经营风险，发挥国内外市场需求对农民收入增长的带动作用。

完善整合各类农村教育基础工程，逐渐消除城乡教育资源投入差距，加大对农村基础教育投入力度，完善农村各类职业教育和技能培训，持续增加农村人力资本，提高农业劳动生产率，扩大农民非农就业渠道，解决农村剩余劳动力转移。

不断加大对农业农村生产经营的金融资源投入，采取切实可行的措施，确保农村金融水平的提升，改善农村金融发展效率，引导各类金融机构开展涉农贷款等支农活动，解决农业生产经营规模扩大过程中的资金限制，不断提升农业生产经营规模，发挥农业生产的规模效益，提升各类农业生产要素投入效率。加强自然环境整治与保护投入，全面提升农业规模经营水平。

不断创新农业生产经营保险类产品，减少自然因素和市场因素对农业生产经营的不确定性。脱离农业发展的农民增收无法持续，农民增收仍然需要在农业上有所突破。加强农业机械的推广及农业技术指导，提高农业生产效率和效益，做好节本增效，未来一段时间需要持续发挥农业科技效应，通过土地流转等形式，扩大农业生产规模，延长农产品价值链，提高农业生产经营效益。

不断优化农业产业结构，发展生态绿色农业，加大对农业新兴产业的培育力度，实现农民身份向农民职业的观念转变，吸引新农人加入、留在农村，用科技改造传统农业，融合农村三产，推进农业和旅游业的深度融合，将生态绿色优势转化为生态产业的经济优势。依据不同地域自然禀赋特点，大力培养农村新兴绿色高效产业，推进农业生产的生态化、规模化，通过市场风险管理大幅提高农业全要素生产率，通过农业市场竞争能力的提升，实现农业持续增产增效，从而持续增加农民经营性收入。

8.2.5 优化不同地域农民收入结构，挖掘不同地域要素市场化改革对农民收入结构优化的作用

发挥不同地域区位优势，建立现代农业产业体系，推进三大产业融合，实现农业生产价值链的完善，提升农业整体附加值，优化农民收入增长路径。多方助力，进一步降低农民负担，提高农民家庭经营性收入总量，增加土地规模化经营主体的经营性收入，保护农民的土地承包权等财产权利，切实加快"三变"改革进程，增加农民的财产性收入，探索建立要素市场改革进程下的促进农民收入增长和收入来源结构优化的支持补偿机制。

通过结构转型升级，壮大实体经济，拓宽就业渠道，持续转移农业就业人口，就地解决农民非农就业需要依靠地区产业发展水平的提高，从而提升农民工资性收入。离土不离乡，因地制宜发展当地优势产业，避免雷同产业布局，加大对农民培训力度，引导农民就地就业，增加其工资性收入。

不同地域要针对已有工业基础和资源要素禀赋，尤其是中西部地区要大力调整产业体系，为农民增加就业岗位，吸引农民参加非农就业，增加工资性收入，进而缩小农民总收入的地域差异。继续保持农村义务教育水平，不断扩大对农民的培训范围，全面提升农民自身素质，使农民具备农业就业和非农就业的基本技能，为缩小地域差异积淀人力资本。

中国农民持久增收要依靠农业发展，不断挖掘农业产业内部的各种增收路径潜力，调整优化农业生产经营结构，依据市场规律和资源要素等特点将农业生产调整为生产各类市场紧缺的农产品，调整为各类优质特色农产品，通过创设品牌培养优势特色农产品，通过延伸价值链和产业链不断提高各类农产品市场价值，拓展农业增值增效空间。

因地制宜地提升农业规模经营水平，加大对农业技术研发投入支持力度，加快土地流转规模，全面提升农业全要素生产率，让部分农民获得稳定的农业生产经营收益，优化农民收入构成。针对不同地域自然资源和农产品生产特点，不断优化调整农产品生产布局和产品种类，扩大优势农产品的出口增收福利效应，全面提升农业对外开放水平。

解决现代农业发展中的资金不足，各级政府可以广开各类融资渠道，拓宽农村金融的规模和水平，使得农业金融资源的分配使用更加合理，提升金融资源利用效应，发挥各类涉农金融的活水效应，将民间资本引入农业生产经营中，使其与农业生产密不可分，共享收益共摊风险，使得外来社会资本广泛参与农业经营。切实采取有效措施支持和引导农村金融市场的有序健康成长，采取差异化的农村金融支持农业发展的政策体系，尤其是促进中西部地区的农村金融市场发育，发挥农村金融提升农民收入的门槛作用，充分发挥农村金融发展规模效应。

大力扶持农民创业创新，并给予各类扶持补贴，通过培育新农人带动农业经济增长，充分发挥新农人敢闯、敢拼的创业创新的自身优势，拓宽其获得收入的来源渠道。建立健全各类涉农产业政策，着力推进各类小城镇建设，延长涉农产业链和价值链，结合地域特色加快各类地区产业建设力度，大力发展能广泛吸纳非农就业的第二、第三产业，促使剩余劳动力本地非农就业，增加农民非农就业选择机会。

参 考 文 献

[1] 卜炜玮，周伟，张思敏. 基于农民收入结构关联度的产业扶贫分析 [J]. 河北农业大学学报（社会科学版），2019，21（5）：1-6.

[2] 陈文胜：围绕痛点难点发力促农民增收 [J]. 山东经济战略研究，2020（7）：44-45.

[3] 程国强，朱满德. 2020 年农民增收：新冠肺炎疫情的影响与应对建议 [J]. 农业经济问题，2020（4）：4-12.

[4] 崔晓娟，蔡文伯，付晶晶. 农村家庭收入差距与农民子女教育获得——基于"中国家庭收入项目调查" [J]. 西南大学学报（社会科学版），2019，45（4）：100-108.

[5] 邓文，肖百川. 农民增收困境与路径：地方治理视角的研究——以湖北省孝感市为例 [J]. 湖北社会科学，2019（9）：66-74.

[6] 顾吾浩. 从农民增收看新中国 70 年成就 [J]. 上海农村经济，2019（10）：10-11.

[7] 郭军，张效榕，孔祥智. 农村一二三产业融合与农民增收——基于河南省农村一二三产业融合案例 [J]. 农业经济问题，2019（3）：135-144.

[8] 何蒲明. 农民收入结构变化对农民种粮积极性的影响——基于粮食主产区与主销区的对比分析 [J]. 农业技术经济，2020（1）：130-142.

[9] 贾晋，李雪峰. "富人治村"是否能够带动农民收入增长——基于 CFPS 的实证研究 [J]. 农业技术经济，2019（11）：93-103.

[10] 姜长云，芦千文. 当前农民增收的形势、难点及对策 [J]. 宏观经济管理，2017（10）：69-73.

[11] 姜长云. 中国农民收入增长趋势的变化 [J]. 中国农村经济，2008（9）：4-12.

［12］金福子，果晓玉．三产融合下的现代农业发展对农民收入影响研究［J］．燕山大学学报（哲学社会科学版），2020，21（2）：84－90.

［13］柯炼，黎翠梅，汪小勤，李英，陈地强．土地流转政策对地区农民收入的影响研究——来自湖南省的经验证据［J］．中国土地科学，2019，33（8）：53－62.

［14］李谷成，李烨阳，周晓时．农业机械化、劳动力转移与农民收入增长——孰因孰果？［J］．中国农村经济，2018（11）：112－127.

［15］李会，王晓兵，任彦军．中介效应机制分析的比较研究——来自农民收入与健康的证据［J］．农业技术经济，2019（9）：58－72.

［16］李明贤，刘宸璠．农村一二三产业融合利益联结机制带动农民增收研究——以农民专业合作社带动型产业融合为例［J］．湖南社会科学，2019（3）：106－113.

［17］李乾，芦千文，王玉斌．农村一二三产业融合发展与农民增收的互动机制研究［J］．经济体制改革，2018（4）：96－101.

［18］李睿，陈传波．农村经营管理队伍素质对农民增收的影响——基于中国省级面板数据分析［J］．调研世界，2020（7）：60－65.

［19］林立，张志新，黄海蓉．农业技术进步对农民增收的影响机理分析——来自黑、苏、皖、鲁、川、贵6省的证据［J］．重庆社会科学，2020（6）：27－37.

［20］刘娥苹．健全土地产权制度改革中农民利益持续增收机制［J］．上海农村经济，2018（2）：16－19.

［21］刘海英，王殿武，谢建政．粮食增产与农民增收一致性关系研究［J］．云南社会科学，2018（6）：80－85，188.

［22］刘海颖．我国财政金融扶贫政策对贫困地区农民收入的影响研究［J］．价格理论与实践，2019（12）：79－82.

［23］刘琦，李宝怀．工业化、人口转型与农民收入增长的关系：以陕西省为例［J］．贵州农业科学，2018，46（9）：160－165.

［24］刘文敏．新时期上海休闲农业与乡村旅游发展研究——从农民增收视角［J］．上海农村经济，2019（11）：8－10.

［25］刘祖军，王晶，王磊．精准扶贫政策实施的农民增收效应分析［J］．兰

州大学学报（社会科学版），2018，46（5）：63 – 72.

[26] 吕屹云，蔡晓琳. 农业科技投入、区域经济增长与农民收入关系研究——以广东省 4 个区域为例［J］. 农业技术经济，2020（4）：127 – 133.

[27] 罗明忠，雷显凯. 非农就业经历对新型职业农民农业经营性收入的影响［J］. 广东财经大学学报，2020，35（4）：103 – 112.

[28] 马艾，徐合帆，余家凤. 粮食价格上涨还会促进农民增收吗——以小麦主产区为例［J］. 价格月刊，2019（12）：9 – 15.

[29] 盛来运. 农民收入增长格局的变动趋势分析［J］. 中国农村经济，2005（5）：21 – 25.

[30] 石华军. 货币政策定向调控对农业经济发展、农民增收的影响研究——基于金融抑制的视角［J］. 现代经济探讨，2017（11）：41 – 47.

[31] 孙立刚. 资源、产权与农民收入问题［J］. 农业经济问题，2001（12）：11 – 14.

[32] 孙永朋，王美青，于祥龙，徐萍，毛文琳. 新时期浙江农民持续增收的若干思考［J］. 浙江经济，2019（21）：44 – 45.

[33] 唐娟莉，倪永良，郑丽娟. 农民收入倍增能力测算及其影响因素分析［J］. 农业经济与管理，2018（3）：46 – 56.

[34] 唐跃桓，杨其静，李秋芸，朱博鸿. 电子商务发展与农民增收——基于电子商务进农村综合示范政策的考察［J］. 中国农村经济，2020（6）：75 – 94.

[35] 王海平，许标文，周江梅，林国华. 改革开放 40 年福建县域农民收入时空演变分析［J］. 福建农林大学学报（哲学社会科学版），2019，22（5）：9 – 17.

[36] 王小华. 中国农民收入结构的演化逻辑及其增收效应测度［J］. 西南大学学报（社会科学版），2019，45（5）：67 – 77，198 – 199.

[37] 王玉斌，李乾. 农业生产性服务、粮食增产与农民增收——基于 CHIP 数据的实证分析［J］. 财经科学，2019（3）：92 – 104.

[38] 王志伟. 发展农村经济增加农民收入的有效途径探索［J］. 山西农经，2020（14）：55 – 57.

[39] 温涛，何茜，王煜宇. 改革开放 40 年中国农民收入增长的总体格局与未来展望［J］. 西南大学学报（社会科学版），2018，44（4）：43 – 55，193 – 194.

［40］杨宏力，李宏盼．农地确权对农民收入的影响机理及政策启示［J］．经济体制改革，2020（4）：86 – 93.

［41］杨晶，孙飞，申云．收入不平等会剥夺农民幸福感吗——基于社会资本调节效应的分析［J］．山西财经大学学报，2019，41（7）：1 – 13.

［42］杨柠泽，周静．互联网使用能否促进农民非农收入增加？——基于中国社会综合调查（CGSS）2015 年数据的实证分析［J］．经济经纬，2019，36（5）：41 – 48.

［43］杨义武，林万龙．农业科技创新、空间关联与农民增收［J］．财经科学，2018（7）：70 – 82.

［44］杨园争．农民工资性收入流动的解构与影响因素——来自我国 8 省的微观证据［J］．调研世界，2019（7）：15 – 22.

［45］姚红健．完善"两山"转化机制　拓宽农民增收渠道［J］．新农村，2020（6）：8 – 10.

［46］叶林，李艳琼，方峥，余江，郭子桢．文化产业扶贫政策的增收和减贫效应：微观机制和贵州农民画的经验［J］．贵州财经大学学报，2020（2）：84 – 97.

［47］游琰，郑宝华．家庭经营性收入依赖型省区农民增收难题与突破路径［J］．农村经济，2020（6）：57 – 65.

［48］余志刚，胡雪琨，王亚．我国农民工资性收入结构演变的省际比较——基于偏离——份额分析［J］．农业经济与管理，2019（6）：62 – 72.

［49］曾亿武，郭红东，金松青．电子商务有益于农民增收吗？——来自江苏沭阳的证据［J］．中国农村经济，2018（2）：49 – 64.

［50］张车伟，王德文．农民收入问题性质的根本转变——分地区对农民收入结构和增长变化的考察［J］．中国农村观察，2004（1）：2 – 13，80.

［51］张公望，朱明芬．农村宅基地制度改革与农民增收——基于 6 个试点县（市、区）面板数据的双重差分分析［J/OL］．（2020 – 8 – 23）［2020 – 9 – 23］．http：//kns. cnki. net/kcms/detail/33. 1151. S. 20200720. 0955. 042. html.

［52］张红宇．新常态下的农民收入问题［J］．农业经济问题，2015，36（5）：4 – 11.

［53］张润叶，王雪，李阳，潘俊安，朱宏伟．基于乡村振兴视域下的甘肃

农民收入构成及增收路径分析——以永昌县、会宁县、宁县为例［J］. 甘肃农业，2020（5）：30 – 32.

［54］张志新，林立，黄海蓉. 再论技术进步的农民增收效应：来自中国 14 个农业大省 2000—2017 年的证据［J］. 湖南社会科学，2020（2）：112 – 120.

［55］赵勇智，罗尔呷，李建平. 农业综合开发投资对农民收入的影响分析——基于国省级面板数据［J］. 中国农村经济，2019（5）：22 – 37.

［56］周丽，黄汉勇，龙琴琴，张秋梦，李宏芸. 基于投影寻踪模型的农民收入质量研究——以四川省为例［J］. 四川师范大学学报（自然科学版），2019，42（6）：839 – 846.

后　记

　　本书是在作者国家社科基金结题报告的基础上修改、扩充、完善而成的，感谢课题组全体成员精诚合作，从课题申报的选题优化、研究框架设计与调整、论文撰写与修改、结题材料的整理与完善等方面都倾注了大量心血。

　　特别感谢国家社科基金通讯鉴定 5 位专家辛勤付出，对研究成果的中肯评价与批评完善建议，这是本书进一步完善的动力与深化拓展方向所在。

　　同时，也向全国社科规划办、浙江省社科规划办、湖州师范学院人文社科处等表示感谢，结题材料从系统提交，到完成结项所有手续，仅用了 3 个月，效率如此之高，是相关部门通力协作的必然结果。

　　本书部分内容以论文形式发表于《经济经纬》《生态经济》《湖南农业大学学报（哲学社科版）》《常州大学学报（哲学社科版）》等学术期刊上。

　　值此书付梓之际，特别感谢在工作、学习、生活多个方面给予我诸多帮助的各位老师、各位同事、各位同窗，没有大家的帮助和悉心指导，我难以取得现在的成果，在此深表谢意。

　　本书的出版得到了国家社科基金结余经费、湖州师范学院经济管理学院学科发展基金的联合资助。

　　感谢经济科学出版社李雪、高波两位编辑为本书的出版所给予的大量无私付出！

　　谨以此书献给我最爱的家人！我在工作中取得的点滴成就都离不

开家人的理解和支持，我在学习、工作上取得的点滴成就也都离不开家人在背后的默默支持与包容。

　　最后我要将此书献给我的儿子和女儿，祝他们一直能够健康、幸福、快乐地成长！

吴国松

2021 年 5 月